も く じ

本書の使い方 ……………………………………………………………………………… 2

Part 1　Listening・Speaking ──────────────── 3

❶　アクセント　　　　　　　例　題 ……………………………………… 4
　　　　　　　　　　　　　　実践演習 ……………………………………… 5
❷　聞き方(1)　応答文　　　　例　題 ……………………………………… 6
　　　　　　　　　　　　　　実践演習 ……………………………………… 8
❸　聞き方(2)　応答文　　　　例　題 ……………………………………… 11
　　　　　　　　　　　　　　実践演習 ……………………………………… 13
❹　聞き方(3)　対話文　　　　例　題 ……………………………………… 15
　　　　　　　　　　　　　　実践演習 ……………………………………… 17
❺　聞き方(4)　長文　　　　　例　題 ……………………………………… 20
　　　　　　　　　　　　　　実践演習 ……………………………………… 22
❻　聞き方(5)　会話文　　　　例　題 ……………………………………… 25
　　　　　　　　　　　　　　実践演習 ……………………………………… 27

まとめてチェック！(1)　会話表現集 ……………………………………… 30

Part 2　Reading ──────────────────────── 31

❼　長文（内容要約）　　　　例　題 ……………………………………… 32
　　　　　　　　　　　　　　実践演習 ……………………………………… 35
❽　会話文（適文挿入）　　　例　題 ……………………………………… 40
　　　　　　　　　　　　　　実践演習 ……………………………………… 42

まとめてチェック！(2)　会話表現集 ……………………………………… 45

Part 3　Writing ──────────────────────── 47

❾　適語選択（短文）　　　　例　題 ……………………………………… 48
　　　　　　　　　　　　　　実践演習 ……………………………………… 50
❿　適語選択（長文）　　　　例　題 ……………………………………… 52
　　　　　　　　　　　　　　実践演習 ……………………………………… 54
⓫　同意文　　　　　　　　　例　題 ……………………………………… 57
　　　　　　　　　　　　　　実践演習 ……………………………………… 59
⓬　語順整序　　　　　　　　例　題 ……………………………………… 61
　　　　　　　　　　　　　　実践演習 ……………………………………… 63

まとめてチェック！(3)　単語・イディオム ……………………………… 65
まとめてチェック！(4)　文法・構文 ……………………………………… 68

模擬試験問題 ───────────────────────── 71

第1回　英語検定模擬試験問題 ……………………………………………… 71
第2回　英語検定模擬試験問題 ……………………………………………… 81

検定試験問題 ───────────────────────── 91

令和5年度（第70回）英語検定試験問題 …………………………………… 91

第1回　英語検定模擬試験　解答用紙 ……………………………………… 107
第2回　英語検定模擬試験　解答用紙 ……………………………………… 108
令和5年度（第70回）英語検定試験　解答用紙 …………………………… 109

JN096356

本書の使い方

　本書は，過去に出題された検定試験問題の出題傾向を徹底的に分析し，その傾向に対応した効率的な学習ができるように作成しました。本書の構成や特徴を以下に記しますので，ご使用の際にお役立てください。

1．本書の構成

　　本書は，「本体」「別冊－解答編」「別冊－級別単語表」「音声データ」（ストリーミング，Webダウンロード，別売CD）「英単語学習アプリ」で構成しています。それぞれの内容は次のとおりです。

　　　　＊「音声データ」のWebダウンロードは，弊社ホームページ（https://www.jikkyo.co.jp/）から行うことができます。

2．「本体」について

　① 学習項目数を12項目に分けています。　→　これは，検定問題の12問構成に対応しています。

　② それぞれの項目は，「出題のポイント」「例題」「実践演習」で構成しています。

　　「出題のポイント」→ 出題形式や習得すべきポイントなどを，箇条書きでまとめています。

　　「例題」→ 過去の検定問題を扱い，解法のポイントを解説しています。

　　「実践演習」→ 過去の検定問題とオリジナル問題の両方を扱いました。

　③ また，各領域の学習後に「まとめてチェック！」を設けました。

　　　　→ 基礎的な知識をまとめています。例題や実践演習とリンクしています。

　④ 各項目の学習を終えたら「模擬試験問題」を2回分掲載しています。

　　　　→ 検定試験にそなえての実践形式です。習熟度を確認してください。

　⑤ 最後に，昨年度の「検定試験問題」を1回分掲載しています。

　　　　→ 実際の試験問題ですので，最終の仕上げとして活用してください。

　　　　＊なお，「検定試験問題」の「音声」は，各種「音声データ」には収録しておりません。全商のホームページ（http://www.zensho.or.jp/puf/examination/pastexams/english.html）からダウンロードできます。

3．「別冊―解答編」について

　解説が充実していますので，知識の整理や，解答の導き方の確認などに活用してください。

4．「別冊―級別単語表」について

　単語表は，2級は3級・2級の単語表，1級は3級・2級・1級の単語表というように，下位級の単語をすべて掲載していますので，復習にも使えます。

5．「音声データ」（ストリーミング，Webダウンロード，別売CD）について

　収録内容は，問題集の該当箇所にトラック番号で示しています。発音のスピードは，検定試験に合わせるように配慮しています。

6．「英単語学習アプリ」（無料）について

　「別冊－級別単語表」に掲載している，英単語学習用のアプリを用意しています。

※ ストリーミングと「英単語学習アプリ」はこちらから

1 級　　　2 級　　　3 級

Part **1**

Listening・Speaking

① アクセント

② 聞き方⑴　応答文

③ 聞き方⑵　応答文

④ 聞き方⑶　対話文

⑤ 聞き方⑷　長文

⑥ 聞き方⑸　会話文

1 アクセント

□ 出題のポイント

● 4つの選択肢の中から，指定された音節をもっとも強く発音する語を選ぶ問題。

● 第1音節（1番目の部分）または第2音節（2番目の部分）をもっとも強く発音する語を選ぶ。

● 出題される単語は，2音節から成る単語が全体の約4割，3音節以上から成る単語が約6割。

● 別冊の級別単語表（1級）に掲載されている単語をくり返し音読したり，下のコラムに書かれているようなアクセントのルールを利用したりして，第1アクセントの位置を確実に覚えよう。

例題

　次の各組の中に，第1音節（1番目の部分）をもっとも強く発音する語が1つずつあります。その語の番号を選びなさい。

　a．① a-rise　② con-cern　③ lec-ture　④ pro-nounce

解説

　選択肢はすべて2音節から成る単語で，**③以外はすべて最後の音節に第1アクセントがある**。①[əráiz]は「（問題などが）起こる，生じる」という意味の動詞。②[kənsə́:rn]は「～に関係する，～を心配させる」という動詞の意味と，「心配，関心」という名詞の意味がある。③[léktʃər]は「講演，講義」という名詞の意味と，「講義をする，講演をする」という動詞の意味がある。④[prənáuns]は「～を発音する」という意味の動詞。①の a-，②の con-，④の pro- は接頭辞と呼ばれ，語幹（語の中心となる部分）に特定の意味や文法的特徴を加える働きをする。このような**接頭辞には原則としてアクセントが置かれない**。

解答　③

　b．① ap-pre-ci-ate　② cer-e-mo-ny　③ in-cred-i-ble　④ ob-ser-va-tion

解説

　選択肢はすべて4音節から成る単語で，**①③は第2音節，②は第1音節，④は第3音節に第1アクセントがある**。①[əprí:ʃièit]は「～の価値を認める，～をありがたく思う，～を正しく理解する」という意味の動詞。②[sérəmòuni]は「儀式，式典」という意味の名詞。③[inkrédəbl]は「信じられない」という意味の形容詞。④[àbzərvéiʃn]はobserve「～に気づく，～を観察する」の名詞形で，「観察（力），観測」という意味。①のように -ate という語尾を持つ語は，**原則として -ate の2つ前の音節に第1アクセントがくる**。また，④のように -tion という語尾を持つ語は，**原則として -tion の直前の音節に第1アクセントがくる**。さらに，③の in- は打ち消しの意味を持つ接頭辞なので，**第1音節にアクセントはこない**。

解答　②

（例題 a・b は第65回 改）

コラム

語尾とアクセントにはルールがある！

　特定の語尾を持つ単語は，アクセントの位置が決まっていることが多いので，ルールを覚えておこう。

・-ate, -ize[ise]：語尾の2つ前　（例）cón-cen-trate「～に集中する」, réc-og-nize「～を認識する」

・-cian,-sion,-tion：語尾の直前　（例）pol-i-tí-cian「政治家」, de-cí-sion「決定」, ob-ser-vá-tion「観察」

・-cial, -tial, -tual：語尾の直前　（例）com-mér-cial「商業の」, es-sén-tial「不可欠の」, ác-tual「実際の」

実 践 演 習

1 次の各組の中に，第1音節（1番目の部分）をもっとも強く発音する語が1つずつあります。その語の番号を選びなさい。

a. ① ap-point ② be-have ③ in-quire ④ swal-low
b. ① af-ford ② au-thor ③ de-lay ④ be-gin
c. ① ev-i-dence ② i-ni-tial ③ in-sur-ance ④ rep-re-sent
d. ① ap-pre-ci-ate ② cer-e-mo-ny ③ e-mer-gen-cy ④ ex-hi-bi-tion

ヒント！ -ate や -tion の語尾を持つ語のアクセントルールを思い出そう。

e. ① lit-er-a-ture ② de-vel-op-ment ③ ec-o-nom-ic ④ re-spon-si-ble

2 次の各組の中に，第2音節（2番目の部分）をもっとも強く発音する語が1つずつあります。その語の番号を選びなさい。

a. ① ab-sence ② con-sist ③ jus-tice ④ sym-bol
b. ① oc-cur ② shal-low ③ sor-row ④ ur-gent
c. ① as-tro-naut ② ar-ti-cle ③ so-lu-tion ④ guar-an-tee
d. ① at-trac-tive ② min-i-mum ③ con-fi-dence ④ sub-sti-tute
e. ① in-de-pend-ence ② un-for-tu-nate ③ pol-i-ti-cian ④ sat-is-fac-to-ry

3 次の各組の中に，第1音節（1番目の部分）をもっとも強く発音する語が1つずつあります。その語の番号を選びなさい。 （第63回）

a. ① ap-prove ② con-clude ③ hu-man ④ tech-nique
b. ① child-hood ② de-fend ③ ex-tent ④ pro-vide
c. ① com-mit-tee ② hes-i-tate ③ pro-fes-sion ④ rep-re-sent
d. ① a-muse-ment ② em-bar-rass ③ in-ten-tion ④ vic-to-ry
e. ① a-vail-a-ble ② e-mer-gen-cy ③ lit-er-a-ture ④ re-li-a-ble

4 次の各組の中に，第2音節（2番目の部分）をもっとも強く発音する語が1つずつあります。その語の番号を選びなさい。 （第68回）

a. ① ar-rest ② chap-ter ③ ho-ly ④ prof-it
b. ① col-lar ② lo-cal ③ oc-cur ④ ra-dar
c. ① cat-a-log ② im-pres-sion ③ mir-a-cle ④ ox-y-gen
d. ① ar-gu-ment ② dec-o-rate ③ i-ni-tial ④ mem-o-rize

ヒント！ -ate や -tial，-ize の語尾を持つ語のアクセントルールを思い出そう。

e. ① es-ca-la-tor ② mis-er-a-ble ③ nec-es-sar-y ④ va-ri-e-ty

2 聞き方(1)　応答文

□ 出題のポイント

●状況説明文で述べられる内容にもっとも即した発言を，4つの選択肢の中から1つ選ぶ問題。

●英語の状況説明文に続いて，質問文が読まれる。多くの場合，What would ～ say (if ...)?「(もし…ならば) ～は何と言いますか」という形で問われる。

●状況説明文に集中して，場面や状況をしっかり聞きとることが重要。

●各質問文が読まれる前に，問題の選択肢に目をとおし，場面や状況を予測しておくとよい。その際，余裕があれば，選択肢ごとの意味の違いをおおまかに確認しておくと，聞きとりのポイントを絞り込むことができる。

●あいさつ，感謝の気持ち，激励，祝い，依頼，勧誘，提案といった場面や状況ごとに，会話特有の決まり文句を覚えておくことは，有効な対策になる。　▶ p. 30, 45, 46

例題

　これからa～cの英語の問いがそれぞれ2回ずつ読まれます。その問いに対するもっとも適当な答えを①～④の中から1つずつ選びなさい。

a. ① The jacket is a little too tight for me to wear.
② The color isn't what I expected, so I want to change it.
③ The jacket didn't fit me well, so I would like to change it.
④ The size is just perfect for me, so I will send it back to you.

［読まれる英文と質問文］

Question a. The jacket you ordered has been delivered to you. You try it on, but find it a little too big. You want to change it for a smaller one. What would you say when you call?

解説

　まず選択肢にざっと目を通そう。①と③の The jacket, tight, fit や，②と③の change から，ジャケットのサイズが合わないので交換したい，という状況が推測できる。ただし，②には color，④には perfect という語があるので，この推測が間違っている可能性もある。

　このように状況を把握してから読まれる英文を聞くと，最初の文の内容から，注文したジャケットが届いた場面だとわかる。さらに，続く a little too big, want to change it for a smaller one から，ジャケットが大きすぎるので交換したいと思っていることがわかる。質問文は「電話するとき，あなたは何と言うでしょうか」という意味なので，③「そのジャケットは私に (サイズが) 合わないので，それを交換したいです」がもっとも適当な応答。

解答　③

訳　あなたが注文したジャケットがあなたのところに配達されました。あなたはそれを試着しますが，少し大きすぎるとわかります。あなたはそれをもっと小さいものと交換したいと思っています。電話するとき，あなたは何と言うでしょうか。

①「そのジャケットは私が着るには少しきつすぎます」，②「その色は思っていたものではないので，それを交換したいです」，④「そのサイズは私にぴったりなので，それをあなたに送り返します」

b. ① **Could we keep the menu with us?**

　　② **Which do you like better, Japanese food or Italian food?**

　　③ **I'd like to make a reservation for two people at six o'clock.**

　　④ **I'll be at your restaurant to pay for the extra food we ordered.**

〔読まれる英文と質問文〕

Question b. You are going out for dinner tomorrow night with your cousin.　He will arrive at the restaurant just before six.　What would you say to the restaurant owner if you want to book a table?

解説

　選択肢に menu, Japanese〔Italian〕food, restaurant といった語句があるので, **レストランでの食事に関係する場面**だと推測できる。

　読まれる英文の最初で「あなたは明日の夜, いとこと夕食に出かける予定です」と言っているので, レストランに行く前の状況だとわかる。質問文は「もしあなたが席を予約したいなら, レストランのオーナーに何と言うでしょうか」という意味なので, **レストランの予約を取るときにふさわしい発言**を選ぶ。いとこは 6 時の直前にレストランに到着すると言っているので, ③「6 時に 2 名の予約を取りたいのですが」が適する。

解答　③

訳　あなたは明日の夜, いとこと夕食に出かける予定です。彼は 6 時の直前にレストランに到着するでしょう。もしあなたが席を予約したいなら, レストランのオーナーに何と言うでしょうか。

　①「私たちのためにメニューを取っておいていただけますか」, ②「日本料理とイタリア料理では, どちらのほうが好きですか」, ④「私たちが注文した追加の料理の支払いをするために, あなたのレストランへ行きます」

c. ① **Everybody is just talking about it without actually buying one.**

　　② **I've managed to get one.**

　　③ **I was lucky to get the last one.**

　　④ **I should have come sooner to get one.**

〔読まれる英文と質問文〕

Question c. The book everybody is talking about has just been sold out at the local bookstore.　You failed to get one.　What would you say to yourself?

解説

　選択肢に出てくる it や one の具体的な内容はわからないが, buying one や get one という表現から, **何かを買う状況**だと推測できる。

　読まれる英文の最初で「みんなが話題にしている本は, 地元の書店でちょうど売り切れてしまいました」と言っているので, 選択肢の it や one は本を指しているとわかる。次の英文で「**あなたはそれを買うことができませんでした**」と言っているのだから, 「あなたは自分自身に何と言うでしょうか」という質問文にもっとも適切な応答は, ④「それを買うためにもっと早く来るべきだった」。①については, 本は売り切れていたのだから, without actually buying one「本当はそれを買っていないのに」という部分が誤り。

解答　④

訳　みんなが話題にしている本は, 地元の書店でちょうど売り切れてしまいました。あなたはそれを買うことができませんでした。あなたは自分自身に何と言うでしょうか。

　①「みんな, 本当は買っていないのに, それについて話しているだけなんだ」, ②「何とかそれを買うことができた」, ③「最後の 1 つを買えるとは幸運だった」　　　　　　　　　　　　（例題 a ～ c は第65回 改）

実▲践▲演▲習

1　これから a ～ e の英語の問いがそれぞれ 2 回ずつ読まれます。その問いに対するもっとも適当な答えを①～④の中から 1 つずつ選びなさい。**CD** **A** 02～08

04 a.　① Good luck to you.
　　　② You didn't do your best.
　　　③ You will do a better job next time.
　　　④ I'm happy to hear that.

05 b.　① Excuse me, but may I have your phone?
　　　② Well, I think you can make a call here.
　　　③ Well, you are doing a right thing.
　　　④ Excuse me, but you aren't allowed to call here.

> ヒント!　be allowed ＋ to 不定詞「～するのを許されている，～することができる」

06 c.　① Let's go Dutch.
　　　② How much do you need?
　　　③ How would you like to pay?
　　　④ Anything will do.

07 d.　① Could you give me a discount?
　　　② I want to try it on.
　　　③ Do you have a bigger size?
　　　④ You've got a deal.

08 e.　① May I take your order?
　　　② Could you bring another cup of coffee?
　　　③ What kind of desserts do you have?
　　　④ Will you put some sugar in it?

2　これから a ～ e の英語の問いがそれぞれ 2 回ずつ読まれます。その問いに対するもっとも適当な答えを①～④の中から 1 つずつ選びなさい。**CD** **A** 09～15

11 a.　① This is just between you and me.
　　　② Leave it to me.
　　　③ I never trust you.
　　　④ I want you to leave me alone.

12 b.　① On my way there.
　　　② By all means.
　　　③ Not at all.
　　　④ You don't want it, do you?

> ヒント!　By all means.＝Certainly., Of course.

13 c.　① I wish you had bought it for me.
　　　② Everything is fine with me.
　　　③ This is exactly what I wanted.
　　　④ I'm kind of disappointed with you.

14 d. ① I think it's out of order.

② The train has already left.

③ I haven't used it before.

④ Tell me the train fare.

15 e. ① I will be out of town all week.

② I am looking forward to hearing from you.

③ Please drop by if you have time.

④ Please feel free to ask any questions.

3 これから a～e の英語の問いがそれぞれ 2 回ずつ読まれます。その問いに対するもっとも適当な答えを①～④の中から 1 つずつ選びなさい。**CD A 16～22** （第62回）

18 a. ① Bite down hard.

② Don't close your mouth until I tell you.

③ Would you like to clean your teeth?

④ Close your mouth if it hurts.

19 b. ① You and I are both heavy sleepers.

② Try not to make any noise when you go to bed.

③ I'm going to wake you up tonight.

④ I'm going to sleep in the guest bedroom tonight.

ヒント! try not to *do* は「～しないようにする」という意味を表す。

20 c. ① Could you help me to check in, please?

② I had a bad accident.

③ Would you mind helping me with my bag?

④ If you like, I can help you with your bag.

21 d. ① Would you like to go through?

② Go to the back of the line.

③ See me after work.

④ I'm going to be late.

22 e. ① You look tired. Go home and relax. I'll clean up.

② Your parents can clean up the room before the PTA meeting.

③ Let's clean up this area after the PTA meeting.

④ Please clean up the room before you go home.

4　これから a 〜 e の英語の問いがそれぞれ 2 回ずつ読まれます。その問いに対するもっとも適当な答えを①〜④の中から 1 つずつ選びなさい。 **CD A 23〜29**　　　　　　　　　　　　　　（第64回）

25 a ．① If you are wondering about directions, please ask yourself.

② Sorry, I'm also a stranger here.

③ I'm glad to see you here again.

④ No.　Can I help you？

26 b ．① There is still plenty of milk left.

② Does anyone want this milk？

③ Please don't use too much milk for your tea.

④ Don't worry.　I can always get some more.

27 c ．① The next stop is my station.

② We have just passed my station.

③ My station is the one after Nagoya.

④ My station is the one before Nagoya.

28 d ．① I'm afraid I won't be here.

② Please come and visit me.

③ I'll let you know my address.

④ Please tell me the details of your stay.

ヒント！　let 〜 know は「〜に知らせる〔教える〕」という意味を表す。

29 e ．① I feel sick, so I won't be able to join you after school.

② I have to call my teacher now to tell him that I'll be there right away.

③ You should leave school now because you seem to have a fever.

④ You can come to the club after seeing a doctor.

3 聞き方(2) 応答文

□ 出題のポイント

● 1つの英文に対する応答としてもっとも適当なものを，4つの選択肢の中から1つ選ぶ問題。

● 会話での決まり文句が問われることが多いので，会話表現を場面ごとに整理して覚えておくと，有効な対策になる。　　　　　　　　　　　　　　　　　　　　　　▶ p. 30, 45, 46

● 読まれる英文が Do you ～? や Could you ～? という疑問文でも，単純に Yes/No で答えるのではなく，肯定／否定の応答を言いかえた表現や，遠回しな応答が正解になる場合も多いので，注意が必要。

● 読まれる英文が1文しかないので，場面・状況をつかむのが難しい。選択肢にあらかじめ目を通して，1回で確実に場面・状況をつかめるよう集中して聞こう。

例 題

　これから a ～ c の英文がそれぞれ2回ずつ読まれます。その応答としてもっとも適当なものを①～④の中から1つずつ選びなさい。

a. ① Keep yourself warm so that you won't catch a cold.

　② Thank you for asking, but I'm not hungry at the moment.

　③ Take your time, and call me if you need anything.

　④ Thanks, but I'd rather have something hot.

［読まれる英文］

Question a. Would you like something cold to drink?

解説

　読まれる英文を聞く前に選択肢に目を通して，選択肢の特徴から**英文の内容を推測する**。hungry「空腹な」や have something hot「熱い〔辛い〕ものを食べる〔飲む〕」という表現があるので，**飲食に関係する内容である可能性**がある。ただし，①は気温・体温に関係する選択肢なので，どちらの可能性も頭に入れておく。また，②と④に感謝の表現があることもチェックしておきたい。

　読まれる英文の〈**Would you like＋名詞 ～?**〉は「～をほしいですか」という意味で，特に**食べ物や飲み物を人に勧める**ときによく使われる。something cold to drink は「何か冷たい飲み物」という意味なので，冷たい飲み物はどうかと勧めている場面だとわかる。以上のことから，④の「むしろ熱いものが飲みたいです」が応答としてもっとも適切となる。

　①の keep yourself warm は〈keep＋O＋C〉「OをCの状態に保つ」の形で，「暖かくしておく」という意味。so that ～ は「～するように」という意味で，目的を表す表現。②の Thank you for asking は「尋ねてくれてありがとう」「お気づかいありがとう」という意味。③の take your time は「ゆっくりやってください」という意味。④の I'd は I would の短縮形。would rather ～は「むしろ～したい」という意味。

解答　④

訳　何か冷たい飲み物はいかがですか。

　① 風邪をひかないように，暖かくしていてください。

　② お気づかいありがとう，でも今のところお腹がすいていません。

　③ ゆっくりやってください，もし何か必要があれば呼んでください。

　④ ありがとう，でもむしろ熱いものが飲みたいです。

b. ① **You should take a deep breath.**

  ② **On the contrary, I'm really looking forward to it.**

  ③ **You should practice hard until you can feel more confident.**

  ④ **I hope you'll get well soon.**

［読まれる英文］

Question b. I'm afraid you are feeling nervous about taking part in the contest.

（解説）

　①と③の You should は忠告・助言の表現で，それぞれの内容から，**緊張したり自信がなかったりするような場面**である可能性がある。②も，On the contrary「それどころか」のあとに「楽しみにしている」という表現が続いていることから，読まれる英文は**消極的で後ろ向きな態度**について述べている可能性がある。

　読まれる英文は I'm afraid you are feeling nervous ...「あなたは緊張しているんじゃないですか」と，コンテストを控えて**緊張している相手を心配する発言**になっているので，②のように応答すれば自然な対話になる。①や③のような忠告・助言の発言は，コンテストに参加する人物の発言としては不適切。

　①の take a deep breath は「深呼吸をする」。②の look forward to ～は「～を楽しみに待つ」。読まれる英文の中の I'm afraid ～は口調を和らげるために使われる表現。

（解答）　②

訳　あなたはコンテストに参加することに緊張しているんじゃないですか。

  ①　深呼吸するといいですよ。　　②　むしろ，私はそれを本当に楽しみにしているんです。

  ③　あなたはもっと自信が持てるまで一生懸命練習すべきです。　　④　早くよくなるといいですね。

c. ① **Not at all. Nobody is watching anyway.**

  ② **Yes, I do. My favorite program is over.**

  ③ **Which program do you like to watch?**

  ④ **Thank you for turning it up for me.**

［読まれる英文］

Question c. Do you mind if I turn off the TV?

（解説）

　①と③の watch，②と③の program，④の turning it up から，**テレビ番組の視聴に関する対話**だと推測できる。

　読まれる英文の中の **Do you mind if I ～？は「～してもかまいませんか」という意味**。mind は「～をいやだと思う」という意味なので，直訳すれば「あなたは私が～することをいやだと思いますか」となる。そのため，**Yes で答えると「はい，いやです（＝やめてください）」，No で答えると「いいえ，いやではありません（＝かまいませんよ）」という意味**になる。①ならば「誰も見ていないから，消してかまわない」という意味になり，対話が成り立つ。②だと，「自分の好きな番組は終わった」のに「消さないで」と言っていることになり，不自然。mind に対する応答は頻出項目なので，しっかり確認しておこう。▶ p. 45 ④

（解答）　①

訳　テレビを消してもかまいませんか。

  ①　かまいませんよ。どうせ誰も見ていませんから。

  ②　いいえ，消さないでください。私の大好きな番組は終わりました。

  ③　あなたはどちらの番組が見たいですか。

  ④　私のために音量を上げてくれてありがとう。　　　　　　（例題 a ～ c は第65回 改）

実践演習

1 これから a ～ e の英文がそれぞれ2回ずつ読まれます。その応答としてもっとも適当なものを①～④の中から1つずつ選びなさい。 **CD A 30～36**

32 a. ① You should have come.
② It's a shame.
③ Neither am I.
④ I don't think so.

33 b. ① No problem.
② Don't mention it.
③ Thanks anyway.
④ I can use it.

34 c. ① Do you have anything in mind?
② Could you tell him to call me back?
③ Is your father there?
④ Did I tell you about that?

35 d. ① No, not at all.
② Yes, please.
③ No, I didn't open it.
④ Yes, I'd love to.

36 e. ① It'll start around five.
② I'll pick you up there.
③ Anything will do.
④ You can join us anytime.

ヒント！ do は「間に合う，役に立つ」という意味の自動詞。

2 これから a ～ e の英文がそれぞれ2回ずつ読まれます。その応答としてもっとも適当なものを①～④の中から1つずつ選びなさい。 **CD A 37～43**

39 a. ① Probably my father is.
② Yes, I'll call you back soon.
③ It's James from Chicago.
④ Yes, your name please.

40 b. ① I feel like a cup of coffee.
② With some cream and no sugar please.
③ Warm up your cup first.
④ You shouldn't put sugar in it.

41 c. ① Let me make it clear.
② May I ask questions?
③ I do care about it.
④ That depends.

ヒント！ make it clear「わかるように説明する」

42 d. ① I'm sure you can.
② I'm afraid not.
③ Why didn't you come?
④ That's the whole point.

43 e. ① Apology accepted.
② You are wrong about that.
③ You are welcome.
④ I'm sorry to hear that.

3 これから a ～ e の英文がそれぞれ２回ずつ読まれます。その応答としてもっとも適当なものを①～④の中から１つずつ選びなさい。**CD A 44〜50**　　　　　　　　　　　　　　　　　　（第62回）

46 a. ① It is on your right.
② Turn left at the first traffic light.
③ It takes about half an hour from here.
④ It's about five kilometers from here.

47 b. ① I'll miss you.
② I appreciate your help.
③ I didn't know that.
④ Sure, how can I help you?

48 c. ① Sure, would you like to call back?
② Hi, it's nice to meet you.
③ Certainly, hold the line, please.
④ Certainly, could I leave a message?

ヒント! hold the line「電話を切らずに待つ」

49 d. ① Where is the ticket office?
② A one-way ticket or a return?
③ Which station is the train from?
④ Do I have to change trains?

50 e. ① I have difficulty in breathing.
② When did your headache start?
③ You can make an appointment on the phone.
④ People speak highly of the one next to the station.

ヒント! speak highly of ～「～をほめる」

4 これから a ～ e の英文がそれぞれ２回ずつ読まれます。その応答としてもっとも適当なものを①～④の中から１つずつ選びなさい。**CD A 51〜57**　　　　　　　　　　　　　　　　　　（第64回）

53 a. ① I'm sure you'll do really well.
② No, thanks. I'm fine.
③ Yes, of course. Go ahead.
④ I'll just go and check.

54 b. ① Never mind. You won't miss it.
② I took the 7:30 train this morning.
③ I need to change trains at the next station.
④ Quite seldom, really.

55 c. ① That's $6.50, please.
② You can pick up your order at the side counter.
③ Please wait a moment until my friend comes back.
④ Would you care for some drinks?　**ヒント!** care for ～「(疑問文・否定文) ～がほしい」

56 d. ① I remember she came to your birthday party last year.
② She said she would come.
③ I knew that she would come.
④ I don't know when her birthday is.

57 e. ① Would you like to leave a message?
② I'll have him call you back.
③ I'm sorry, but his line is busy now.
④ I'll call you back when the meeting is over.

4 聞き方(3) 対話文

□出題のポイント □□

●質問文の答えとしてもっとも適当なものを，4つの選択肢の中から1つ選ぶ問題。

●まず短い対話文が読まれ，続いてその内容に関する質問文が読まれる。

●対話文と質問文が読み上げられる前に，選択肢に目を通して，対話の話題を予想しておくとよい。

例 題

はじめに短い会話があります。次にその内容について問いの文が読まれます。同じ会話と問いの文がもう1回くり返されます。その問いに対するもっとも適当な答えを①～④の中から1つずつ選びなさい。

a．① He hardly talks, but is skilled at art.

　② He speaks a different language.

　③ He is working as a professional artist.

　④ He always speaks frankly.

［読まれる対話文と質問文］

Question a.　Woman：What do you think of your new classmate? Do you like him?

　　　　　　Man：Frankly speaking, I don't know him so well. He's a bit different.

　　　　　　Woman：Why do you think so?

　　　　　　Man：Because he doesn't talk much. But he is very good at art. You would be surprised if you saw his work. I think he'll be a professional artist.

　　　　　　Question：What does the man think about his new classmate?

解説

　選択肢を見て，**He**で表されている人物は美術が得意であることや，その人物が話す様子が話題に上ると予想する。それから読まれる対話文を聞けば，**he doesn't talk much**「彼はあまり話さない」と**he is very good at art**「彼は美術がとても得意だ」から，①「彼はほとんど話しませんが，美術が得意です」が正解だと判断できる。なお，対話文中のFrankly speakingは「率直に言って」という意味で，選択肢④のspeak frankly「遠慮せずに話す」とは意味が違うことに注意。

解答　①

全訳

女性：あなたの新しいクラスメートについてどう思う？　彼のことが好き？

男性：率直に言って，彼のことはよくわからないんだ。彼は少し変わってるよ。

女性：どうしてそう思うの？

男性：彼はあまり話さないんだ。でも彼は美術がとても得意だよ。きみは彼の作品を見たら驚くよ。彼はプロの芸術家になると思うよ。

質問：男性は新しいクラスメートについてどう思っていますか。

b．① The hospital was closed.

　② He has had a fever for a few days.

　③ He could have a fever.

　④ He took some medicine, but it didn't work.

［読まれる対話文と質問文］

Question b.　　Woman : Bill, are you all right?　You don't look so well.

　　　　　　　　Man : Hi, Alice.　No, I'm not feeling very well today.　I may have a fever.

　　　　　　　Woman : Have you taken your temperature?

　　　　　　　　Man : Not yet.　I had no problem until yesterday.　But I'll see a doctor and get some medicine this afternoon.

　　　　　　Question : What is the man's problem?

解説

　選択肢の内容から，**He で表されている男性の体調が悪い**という状況が予想できる。対話の中で，男性は「**熱があるかもしれない**」と言い，さらに「**今日の午後に医者に診てもらって薬をもらうよ**」と言っているので，①，②，④はすべて誤りだとわかる。③「彼は熱があるかもしれない」が正解。

解答　③

全訳

女性：ビル，大丈夫？　あまり元気がないように見えるよ。

男性：やあ，アリス。いや，今日はあまり調子がよくないんだ。熱があるかもしれない。

女性：体温はもう測ったの？

男性：まだだよ。昨日まで何ともなかったんだ。でも今日の午後に医者に診てもらって薬をもらうよ。

質問：男性の問題は何ですか。

---

c．① **She went on to university.**　　② **She worked in Japan for a couple of years.**

　　③ **She flew to Italy right after her graduation.**

　　④ **She started working in an Italian restaurant.**

［読まれる対話文と質問文］

Question c.　　　Man : You didn't go to college, right?

　　　　　　　Woman : No, I didn't.　My dream was to be a cook, so I chose to work and save money to go abroad.

　　　　　　　　Man : What did you actually do after you graduated from high school?

　　　　　　　Woman : I worked in a restaurant in Tokyo for two years before I came to Italy.　Now I'm looking for a restaurant I can work for here.

　　　　　　Question : What did the woman do after graduating from high school?

解説

　選択肢が全部が，〈She＋過去形の動詞〉となっているので，**女性がしたこと**を聞きとる。女性の発言に「**私は 2 年間，東京のレストランで働きました**」とあるので，②「彼女は 2，3 年，日本で働きました」が正解。

解答　②

全訳

男性：あなたは大学へ行かなかったんですよね。

女性：ええ，行きませんでした。私の夢は料理人になることだったので，働いて海外へ行くお金を貯めることを選びました。

男性：高校を卒業したあと，実際には何をしたんですか。

女性：イタリアに来る前に，2 年間，東京のレストランで働きました。今，私はここで働けるレストランを探しているんです。

質問：女性は高校を卒業したあとに何をしましたか。　　　　　　　　　　　　　　（例題 a〜c は第65回 改）

実 践 演 習

1 はじめに短い会話があります。次にその内容について問いの文が読まれます。同じ会話と問いの文がもう１回くり返されます。その問いに対するもっとも適当な答えを①～④の中から１つずつ選びなさい。**CD** A 58～64

60 a．Because
- ① she took the earlier bus.
- ② she drove to school.
- ③ she walked to school.
- ④ her mother drove her to school.

61 b．Molly likes to
- ① sit on the sofa.
- ② play with Max.
- ③ run around.
- ④ be with people.

62 c．
- ① She didn't buy anything.
- ② She bought two shirts.
- ③ She bought one shirt.
- ④ She didn't go shopping.

ヒント! 「女性はどのような買い物をしたのか」が聞きとりのポイント！

63 d．Because
- ① he missed the bus.
- ② he couldn't take a taxi.
- ③ he had a traffic accident.
- ④ he woke up late.

64 e．
- ① He will use Susan's phone.
- ② He will call his mother.
- ③ He will carry his phone with him.
- ④ He will visit Tom's house.

2 はじめに短い会話があります。次にその内容について問いの文が読まれます。同じ会話と問いの文がもう１回くり返されます。その問いに対するもっとも適当な答えを①～④の中から１つずつ選びなさい。**CD** A 65～71

67 a．Because
- ① the weather was fine in the morning.
- ② the weather was terrible in the afternoon.
- ③ there was not enough snow.
- ④ suddenly her plan was changed.

68 b．He orders them
- ① at work.
- ② at a convenience store.
- ③ through the Internet.
- ④ at a bookstore.

ヒント! 彼が「どこで本をみつけているのか」をおさえる。

69 c. ① He and Yuki can go to the restaurant tomorrow.

② He listened to Yuki's message she had left on his phone.

③ He asked Yuki to meet him at his office at noon.

④ He and Yuki had lunch today.

70 d. They practice
- ① every day.
- ② every Monday.
- ③ five days a week.
- ④ twice a week.

71 e. She speaks
- ① neither Korean nor Japanese.
- ② Korean but doesn't speak Japanese.
- ③ Japanese but doesn't speak Korean.
- ④ both Korean and Japanese.

3 はじめに短い会話があります。次にその内容について問いの文が読まれます。同じ会話と問いの文がもう１回くり返されます。その問いに対するもっとも適当な答えを①〜④の中から１つずつ選びなさい。 **CD A 72〜78**   （第62回）

74 a. He asked her
- ① to measure him.
- ② to bring some sweaters in different colors.
- ③ to get him a sweater from his country.
- ④ to take him to a fitting room.

75 b. He will probably
- ① book a seat on the 4:30 bus.
- ② book a seat on the 5:30 bus.
- ③ get on the 4:30 bus.
- ④ wait more than three hours.

ヒント！ 男性が乗ることになったバスは４時30分発と５時30分発のどちらか？

76 c. ① It's not very big.

② It is close to the station.

③ It gets little light.

④ It is located on a busy street.

77 d. He will
- ① check if there is a free room.
- ② clean the room.
- ③ stay there for three nights.
- ④ go to the lake.

78 e. She thinks
- ① Natalie is well-organized.
- ② Natalie is great.
- ③ Natalie isn't very organized.
- ④ Natalie is lazy.

4 はじめに短い会話があります。次にその内容について問いの文が読まれます。同じ会話と問いの文がもう1回くり返されます。その問いに対するもっとも適当な答えを①～④の中から1つずつ選びなさい。**CD A** 79～85

（第64回）

81 a．She wants
① to see the school letter right now.
② to check her son's school letter later.
③ her son to help her clear the table.
④ her son to read out the letter to her.

82 b．① Take a No.5 bus.
② Take a No.10 bus.
③ Walk to the stadium.
④ Walk two blocks and take a bus.

83 c．① She tried not to make as many mistakes as the man.
② She spoke in a lower voice at the office.
③ She worked on speaking louder.
④ She didn't speak as much.

84 d．① The woman is not available on the 2nd.
② The woman prefers either the 1st or the 3rd.
③ The man is busy on the 8th.
④ The man suggests the 5th would be the best.

ヒント！ 9月1日，2日，3日，4日，5日，8日がそれぞれどういう日かを聞きとろう。

85 e．① This meeting is about to finish.
② They won't discuss this topic again.
③ They have solved all the details.
④ They need to decide where they'll meet next time.

5　聞き方(4)　長文

例題

これから英文が2回くり返して読まれます。その内容と一致するものを①～④の中から1つずつ選びなさい。

a．Brexit is a quick way to say
① the British Exit.
② the British Existence.
③ the British Exhibition.
④ the British Excitement.

b．British citizens chose to leave the EU in a national vote on
① June 23rd, 2015.
② June 23rd, 2016.
③ January 31st, 2019.
④ January 31st, 2020.

c．Member countries of the EU
① are carefully separated into small markets.
② have the right not to obey the EU rules.
③ send their representatives to form a government.
④ remain largely independent politically.

d．The UK
① is finally free of problems after Brexit.
② realized Brexit in a short period.
③ has many issues to solve even after Brexit.
④ stopped Brexit in favor of free trade.

[読まれる英文]

Brexit is the word that describes the United Kingdom's decision to leave the European Union. The term is a mix of two words, "British" and "exit." On June 23rd, 2016, more than half of UK citizens voted to leave the EU. After a long preparation period, Britain finally and formally left the EU on January 31st, 2020. Without Britain, the EU is now a group of 27 European countries with close economic and political ties. Thanks to this relationship, EU citizens are allowed to move across borders without a passport. The EU works largely as a single market and has enabled the free movement of its people, goods and money. The member countries send people to make up the EU government. They discuss important topics and make the EU rules. Because Britain was the first nation to leave the union, it was not an easy task to realize Brexit. Also, there are still many problems to overcome.

解説

　選択肢に目を通すと，まずa.の選択肢の共通部分やd.の選択肢から，Brexit という語が出てくることがわかる。また，b.の共通部分から，英国がEUを離脱したこともわかる。さらにb.では，EU離脱に関する国民投票が行われた日付が問われているので，これを聞きとりポイントとして意識しておく。

a. a quick way to say 〜は「〜を手短に言う方法」という意味で，Brexit が何を縮めた言い方かが問われている。読まれる英文の第2文で **The term is a mix of two words, "British" and "exit."**「その単語は British と exit という2つの単語を組み合わせたものです」と言っているので，①が正解。

b. 予測した聞きとりポイントに注意して聞くと，読まれる英文の第3文で **On June 23rd, 2016, more than half of UK citizens voted to leave the EU.**「2016年6月23日，英国国民の半数以上がEUを離脱することを投票で決めました」と言っているので，②が正解。英文の第4文に出てくる January 31st, 2020 は，英国が公式にEUを離脱した日付。日付や数値を聞きとる問題では，「ひっかけ」となる日付や数値が出てくることが多いので，注意して聞きとる必要がある。

c. Member countries of the EU「EUのメンバー国」についての情報が出てくるのは読まれる英文の第8文で，**The member countries send people to make up the EU government.**「メンバー国はEU政府を構成するために人員を派遣します」と言っている。これと同じ内容を表しているのは，③「政府を組織するために自分たちの代表を派遣します」。①「小さな市場に慎重に分割されています」は，英文の第7文の The EU works largely as a single market「EUはほぼ単一の市場として機能しています」に合わない。④「政治的にほぼ独立したままです」も，英文の第5文の the EU is now a group of 27 European countries with close economic and political ties「EUは現在，経済的・政治的に密接に結びついた27か国の集団です」という内容に合わない。

d. 選択肢の共通部分が The UK になっていることに注目。読まれる英文の第5文の Without Britain, the EU is …から第9文の They（＝EU政府を構成するために派遣された人々）discuss …まではEUに関する説明で，**第10文の Because Britain was …で英国の話に戻っている。**話題が変わったことを聞き逃さないようにして，d.の聞きとりポイントに備える。すると，英文の最後で **there are still many problems to overcome**「克服すべき問題はまだたくさんあります」と言っているので，③「ブレグジット以降も解決すべき問題がたくさんあります」が正解だとわかる。①「ブレグジットのあと，最終的に問題がなくなりました」は最終文の内容に反する。②「ブレグジットを短期間で実現しました」は，英文の第4文で After a long preparation period「長い準備期間のあと」と言っているので，誤り。

解答　a. ①　b. ②　c. ③　d. ③

全訳

　ブレグジットとは，ヨーロッパ連合（EU）を離脱するという英国の決定を表す単語です。その単語は British と exit という2つの単語を組み合わせたものです。2016年6月23日，英国国民の半数以上がEUを離脱することを投票で決めました。長い準備期間のあと，英国は最終的に，2020年1月31日に公式にEUを離脱しました。英国を除いて，EUは現在，経済的・政治的に密接に結びついた27か国の集団です。この関係のおかげで，EUの市民はパスポートなしで国境を越えて移動することができます。EUはほぼ単一の市場として機能し，人々や商品や通貨の自由な移動を可能にしました。メンバー国はEU政府を構成するために人員を派遣します。彼らは重要なテーマを議論し，EUの規則を作成します。英国は連合を離脱した最初の国家だったので，ブレグジットを実現させるのは簡単なことではありませんでした。しかも，克服すべき問題はまだたくさんあります。

（例題a〜dは第65回 改）

実 践 演 習

1　これから英文が2回くり返して読まれます。その内容と一致するものを①〜④の中から1つずつ選びなさい。**CD A 86〜88**

a．Saint Patrick's Day is celebrated in the capital of Ireland
① only on March 17.
② between March 15 and 19.
③ on a different day every year.
④ on Sundays in March

ヒント！ 聖パトリックの祝日はいつ祝われる？

b．① Only men wear special clothes
② People wear clothes made from grass
③ Both men and women wear green ribbons
④ Both men and women wear something green
to celebrate Saint Patrick's Day in Ireland.

c．Saint Patrick's Day is celebrated
① all over the world.
② only in Ireland.
③ only in North America.
④ only in the United States.

ヒント！ 聖パトリックの祝日はどこで祝われる？

d．Chicago is famous because, on Saint Patrick's Day,
① its river is colored green.
② it has a huge parade.
③ it grows special plants.
④ the street lines are painted green.

e．① Most of Irish Americans came from Ireland in 1824.
② The number of Irish Americans is as large as that of Ireland.
③ About one out of ten Americans can be of Irish origin.
④ The population of Ireland is around 36 million.

2　これから英文が2回くり返して読まれます。その内容と一致するものを①〜④の中から1つずつ選びなさい。**CD A 89〜91**

a．In a competition, figure skaters try
① not to look nervous.
② to make their skating tough.
③ to put on a lot of weight.
④ to show their beautiful clothes.

b．Figure skaters are nervous because
① they have to perform easily.
② they have to perform on their own.
③ it is easy to concentrate on skating.
④ making a mistake can result in losing.

ヒント！ result in 〜ing「〜する結果に終わる」

c. Figure skating is judged
{
① in a careful manner.
② by the audience.
③ by its appearance.
④ in advance.
}

d. Figure skating has been an Olympic sport
{
① for twenty years.
② in London.
③ for about a century.
④ since 19th century.
}

e. ① Figure skating was first included in the Summer Olympic Games.

② Figure skating was not contested at the 1908 Olympic Games.

③ The 1924 Olympic Games didn't include figure skating.

④ Figure skating has its origin in London.

3 これから英文が2回くり返して読まれます。その内容と一致するものを①〜④の中から1つずつ選びなさい。 **CD A 92〜94** （第62回）

a. Pancake Day is a traditional special day
{
① in the U.K.
② in the U.S.
③ in Japan.
④ all over the world.
}

b. In 2020, Pancake Day falls on
{
① February 3rd.
② February 25th.
③ March 9th.
④ every Tuesday in February and March.
}

c. Traditionally, Pancake Day was a good chance
{
① to have a cooking contest.
② to hope for happiness.
③ to throw beans.
④ to use up some food.
}

d. British pancakes are
{
① thin compared to American ones.
② thick compared to American ones.
③ very similar to American ones.
④ usually eaten with butter on top.
}

e. In a famous pancake race, each runner must
{
① serve a pancake at the end.
② throw their pancake up and down.
③ eat a pancake while running.
④ use eggs and butter at home.
}

ヒント！ イギリスのパンケーキ・デイというイベントがどういうものかしっかり聞きとろう。

4　これから英文が2回くり返して読まれます。その内容と一致するものを①～④の中から1つずつ選びなさい。**CD** **A** **95～97**　　　　　　　　　　　　　　　　　　　　　（第64回）

a．The speaker was on US Airways Flight 1549
- ①　in January 2009.
- ②　in June 2009.
- ③　in January 2019.
- ④　in June 2019.

b．The speaker first noticed something was wrong
- ①　when the pilot made an announcement.
- ②　by seeing the flight attendants getting worried.
- ③　from the unusual airplane conditions.
- ④　when he was woken by a flight attendant.

c．When the pilot lined up the plane with the Hudson River,
- ①　he said, "No problem."
- ②　the speaker still believed a miracle would happen.
- ③　the airplane's engines were weak.
- ④　the airplane's engines were turned off.

d．The speaker says the plane accident
- ①　will become a movie someday.
- ②　was the worst thing in his life.
- ③　has become a lesson to him.
- ④　changed his travel plans.

e．At the end of this speech, the speaker mainly wants to talk about
- ①　how the pilot landed in the Hudson River successfully.
- ②　how the accident changed his life positively.
- ③　how to prepare for a flight accident.
- ④　how to calm down in an emergency.

ヒント！　最後に語られる another gift が何かを聞き逃さないようにしよう。

□出題のポイント

●長めの会話文に続いて，その内容に関する質問文が5つ読まれる。それぞれの質問文に対する答えとしてもっとも適当なものを，4つの選択肢の中から1つ選ぶ問題。

●選択肢にあらかじめ目を通しておき，会話の話題や場面・状況について予想をしておくとよい。

▲ 例 題

Hana と Dave が話をしています。2人の会話の内容について英語で3つの問いが読まれます。同じ会話と問いがもう1回くり返されます。それぞれの問いに対するもっとも適当な答えを①〜④の中から1つずつ選びなさい。

a. Because
- ① he loved the climate there.
- ② the city is beautiful in summer.
- ③ he will be visiting there next year.
- ④ their summer is as hot as in Japan.

b.
- ① They were much hotter.
- ② They were as hot as they are now.
- ③ Hana's mother didn't have to use an air-conditioner.
- ④ Hana's mother had to use an air-conditioner to cool the room.

c. It's been decided
- ① to create more rivers.
- ② to increase their population.
- ③ they want more development to build factories.
- ④ much of their land should be covered with forest.

［読まれる会話文と質問文］

Hana : Hi, Dave. Where would you like to live in the future?

Dave : Well, I visited Vancouver, Canada, last year. I loved the place very much.

Hana : I'm sure you did. What did you like best there?

Dave : I liked the weather. I visited during the summer and it was just perfect. It wasn't too hot like the summer here in Japan.

Hana : I know. The summer heat has become quite terrible in Japan. It seems like it's getting worse year by year.

Dave : Global warming is affecting us heavily here in Japan, right?

Hana : Yeah, my mother said when she was a child, they didn't need to use air-conditioners during summer.

Dave : It's time for all of us to start doing something to stop global warming.

Hana : I know. There are countries which are already doing something. For example, the country of Bhutan has decided that 70% of their land should be covered with forest for all time.

Dave : Great. How will they manage to do that?

Hana : Well, they don't want too much development.　They believe in living with nature and producing green energy from it.

Dave : What's green energy?

Hana : It's like producing electricity from the flow of river water.

Dave : Good idea.　Now I'm interested in visiting there to find out all about it.

Hana : Shall we go together?

Question a.　Why was Dave attracted to Vancouver, Canada?

Question b.　How were Japanese summers according to Hana's mother?

Question c.　What has been decided in a country called Bhutan?

解説

選択肢の summer や hot，air-conditioner という単語から，**夏の暑さを話題にしている**と推測できる。

a．ハナが「そこ（＝バンクーバー）でいちばん気に入ったのは何？」と尋ねたのに対し，デイブは **I liked the weather.** と答えているので，①が正解だとわかる。

b．選択肢のうち 2 つに **Hana's mother** があることに着目する。ハナが「**母は…夏の間にエアコンを使う必要はなかったと言っていたわ**」と言っているので，③が正解だとわかる。

c．選択肢の共通部分である **It's been decided**「〜が決められた」に着目する。ハナが「ブータンという国は，自分たちの国土の70パーセントが永遠に森で覆われることを決めたの」と言っているので，④が正解だとわかる。

解答　**a．**①　　**b．**③　　**c．**④

全訳

　ハナ：こんにちは，デイブ。あなたは将来どこに住みたい？

デイブ：うーん，ぼくは去年，カナダのバンクーバーに行ったんだ。ぼくはその場所がとても気に入ったよ。

　ハナ：でしょうね。そこでいちばん気に入ったのは何？

デイブ：天気が気に入ったよ。ぼくは夏の間に訪れたんだけど，天気はまさに完璧だったよ。ここ日本の夏みたいに暑すぎなかったからね。

　ハナ：そうよね。日本では，夏の暑さは本当にひどくなったわ。それは年々悪化しているように見えるわ。

デイブ：地球温暖化がここ日本でぼくたちに大きく影響しているんだね？

　ハナ：ええ，母は，自分が子どものころは夏の間にエアコンを使う必要はなかったと言っていたわ。

デイブ：ぼくたちみんなが地球温暖化をくい止めるために何かをし始めるべき時だね。

　ハナ：そうね。すでに何かを始めている国もあるわ。例えば，ブータンという国は，自分たちの国土の70パーセントが永遠に森で覆われることを決めたの。

デイブ：すばらしいね。彼らはどうやってそれをやろうとしているの？

　ハナ：そうね，彼らはあまりにも多くの開発は望んでいないの。彼らは自然と共に暮らして，そこからグリーンエネルギーを作り出すほうがよいと思っているの。

デイブ：グリーンエネルギーって何？

　ハナ：川の水の流れから電気をつくり出すようなことよ。

デイブ：いい考えだね。そのことについてあらゆることを理解するためにそこへ行ってみたいな。

　ハナ：一緒に行かない？

a．なぜデイブはカナダのバンクーバーに魅力を感じたのですか。

b．ハナの母親によれば，日本の夏はどのようでしたか。

c．ブータンと呼ばれる国では何が決められましたか。

（例題 a 〜 c は第65回 改）

実 践 演 習

1 Chris と Mary が話をしています。2人の会話の内容について英語で5つの問いが読まれます。同じ会話と問いがもう1回くり返されます。それぞれの問いに対するもっとも適当な答えを①～④の中から1つずつ選びなさい。**CD B 01～09**

04 a．She is a girl
① who has just arrived from Kyoto.
② who will move to Kyoto.
③ who was invited to the party.
④ who has been staying with Chris.

05 b．① Junko's family did.
② Jane and Alex did.
③ Only Chris did.
④ Chris and Junko did.

06 c．① Inviting other Japanese families.
② Celebrating the full moon.
③ Cooking special plants.
④ Giving a birthday present to Junko.

07 d．It will be held
① on August 15 on the old Japanese calendar.
② on August 15 on the Western calendar.
③ on September 15th on the old Japanese calendar.
④ on September 17th on the Western calendar.

ヒント! いつ開催されるのか？ 日本の旧暦なのか西暦なのか聞き分けよう！

08 e．① Making small balls from rice flour.
② Having a party on the weekend.
③ Inviting Chris to her house.
④ Cooking Thanksgiving dinner for Junko's family.

2 　Julie と Taku が話をしています。2 人の会話の内容について英語で 5 つの問いが読まれます。同じ会話と問いがもう 1 回くり返されます。それぞれの問いに対するもっとも適当な答えを①～④の中から 1 つずつ選びなさい。**CD B 10～18**

13 a . It is probably taking place
　① at school.
　② at Taku's house.
　③ at a restaurant.
　④ on the bus.

ヒント！　take place「(会話や行事などが) 行われる」

14 b . ① Yes.　Actually he has been there.
　② Yes, but he misunderstood its meaning.
　③ No.　He knew nothing about it.
　④ No, but he could guess its meaning correctly.

15 c . She found it out
　① by reading today's paper.
　② by talking with Taku.
　③ by writing an ad.
　④ by going to ABC Park.

16 d . They will probably get there
　① at noon.
　② before one o'clock.
　③ at around one thirty.
　④ at around four o'clock.

17 e . They will
　① walk to their destination.
　② ask the waiter which bus to take.
　③ pay for their checks.
　④ buy bus tickets.

3 Sakura と Mike が話をしています。2人の会話の内容について英語で5つの問いが読まれます。同じ会話と問いがもう1回くり返されます。それぞれの問いに対するもっとも適当な答えを①〜④の中から1つずつ選びなさい。**CD** B 19〜27　　　　　　　　　　　　　　　　　（第64回）

22 a．He
① has lost friends and feels homesick now.
② has experienced some culture shock.
③ met another exchange student in Japan.
④ thought about going back to his country to meet his friends again.

23 b．Because
① she couldn't speak English well.
② she felt no need to study abroad.
③ her father didn't allow her to do so.
④ she hated leaving her friends and also studying abroad was expensive.

24 c．She
① is planning to go abroad next year.
② has not been interested from the start.
③ is looking more at what she might be gaining.
④ is looking more at what she might be losing.

25 d．He says
① he can meet them again.
② he would lose his friendship with them.
③ more friends will be waiting for him there.
④ his friends are coming to see him in Japan.

26 e．You
① don't have to do it at all.
② need a lot of courage to go abroad.
③ might be gaining something but you'll lose more.
④ might be losing something but you'll gain more in the end.

ヒント！ 留学することで友達と離れる代わりに，何を得ることができると言っているのか？

まとめて チェック！(1)　会話表現集

　1級の「聞き方 応答文」の問題では，英会話でよく使われる決まり文句の正確な知識が試されることが多い。決まり文句が使われる文脈が瞬時に頭に浮かぶように，場面・状況ごとに決まり文句を整理して覚えておくとよいだろう。ここでは特に試験に出やすい決まり文句をまとめておく。

①健康や安否を気づかう

□どうしたの？　　　　　　　　　　　□What's up?

　　　　　　　　　　　　　　　　　　□What's wrong?

　　　　　　　　　　　　　　　　　　□What's the matter with you?

　　　　　　　　　　　　　　　　　　□Is anything the matter?

　　□ちょっと風邪気味です。　　　　　　□I have a slight cold. [I've got a slight cold.]

　　□ちょっと～のことが心配で。　　　　□I'm a little worried about ～.

　　□交通事故にあいまして。　　　　　　□I had a traffic accident.

□大丈夫？　　　　　　　　　　　　　□Are you (feeling) all right?

□今朝のお加減は？　　　　　　　　　□How are you feeling this morning?

　　□ずっと気分がいいです。　　　　　　□I'm feeling much better.

　　□最悪です。　　　　　　　　　　　　□Couldn't be worse.

□それはお気の毒に。　　　　　　　　□That's too bad.

　　　　　　　　　　　　　　　　　　□I'm sorry to hear that.

②謝罪する

□～について申し訳ありません。　　　□I'm sorry for[about] ～.

　　　　　　　　　　　　　　　　　　□I must apologize for ～.

　　　　　　　　　　　　　　　　　　□Please accept my apologies for ～.

□～して申し訳ありません。　　　　　□I'm sorry＋to 不定詞 ....

□すみませんが，～。　　　　　　　　□I'm sorry, but ～.

□そんなつもりはなかったんです。　　□I didn't mean it.

　　□かまいません。　　　　　　　　　　□That's O.K[all right].

　　□気にしないで。　　　　　　　　　　□Don't worry.

　　　　　　　　　　　　　　　　　　□Never mind.

③礼を述べる

□～をありがとう。　　　　　　　　　□Thank you (very much) for ～. ＊forのあとには名詞(句)がくる。

　　　　　　　　　　　　　　　　　　□Thanks a lot for ～.

　　　　　　　　　　　　　　　　　　□Many thanks for ～.

　　　　　　　　　　　　　　　　　　□I appreciate ～. ＊名詞句あるいは名詞節（that節）が続く。

□ご親切にありがとう。　　　　　　　□That's very kind of you.

□A(人)にBのことを感謝します。　　□I'm thankful to A for B. ＊Bには名詞（句）がくる。

　　□どういたしまして。　　　　　　　　□You are welcome.

　　　　　　　　　　　　　　　　　　□Don't mention it.

　　　　　　　　　　　　　　　　　　□My pleasure.

　　　　　　　　　　　　　　　　　　□Not at all.　　　　　（p.45 に続く）

Part 2

Reading

7 長文（内容要約）

8 会話文（適文挿入）

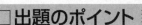

7　長文（内容要約）

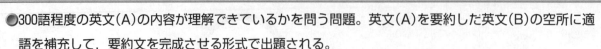

▲ 例 題

　次の英文（A）の内容を要約して英文（B）を完成させるには，ⓐ〜ⓔの（　　）の中にはどの語句が入りますか。もっとも適当なものを①〜④の中から1つずつ選びなさい。

（A）

　You may know the word "malaria," and if you do, you ought to know it is one of the world's most serious public health issues.　Malaria is a disease spread by *¹mosquitoes, and according to the World Health Organization, around 228 million cases of malaria occurred worldwide in 2018, with about 93% of all cases occurring in Africa. The estimated number of malaria deaths stood at 405,000 worldwide, and children aged under 5 years accounted for 67%.　If something is not done, more will continue to die. So, how could malaria be prevented?

　Special bed nets might be one simple, effective and inexpensive solution.　They are called mosquito nets.　Sleeping under a mosquito net prevents people from being bitten by mosquitoes.　These nets are treated with chemicals that kill mosquitoes but do not affect humans.　Each net costs about two to five dollars, lasts for 3-4 years, and protects, on average, two people.　One organization, Project Mosquito Net, is trying to promote these nets and save lives.　It has gathered *²donations and *³distributed 450 million of the nets in Africa, which has helped cut malaria-related deaths by 50% since 2000.

　However, malaria is not the only problem facing people in Africa.　Another big problem is hunger.　Many people suffer from hunger every day.　So even though they should use the mosquito nets to protect themselves from mosquito bites, they often sew them together to make large fishing nets.　Then they use the nets to catch fish for food.　Regarding this practice, one father with a large family said, "I know it's not right but without these nets, we wouldn't eat."

　We need to take all actions to *⁴eradicate both malaria and hunger.　Let's consider what we can do for this.

　　*¹mosquito(es)：蚊　　*²donation(s)：寄付　　*³distribut(ed)：分配する　　*⁴eradicate：〜を撲滅させる

（B）

　Malaria is one of the most serious health problems in the world.　In 2018, it killed about 405,000 people worldwide.　About（　ⓐ　）of them were children under 5 years old.　One solution is to use mosquito nets.　Chemicals that kill mosquitoes, but（　ⓑ　）, are put on them.　One organization has passed out the nets in Africa, and has helped reduce malaria deaths by（　ⓒ　）.　However, not only malaria but also（　ⓓ　）is a big problem there.　To get food, some people use mosquito nets（　ⓔ　）.　We should work hard to solve these problems.

- ⓐ　（① one-third　② half　③ two-thirds　④ 93%）
- ⓑ　（① do not hurt other insects　② do not harm people
  　③ are expensive　　　　　　　④ last forever）
- ⓒ　（① 450 million　② half　③ 67%　④ 2000）
- ⓓ　（① dirty water　　　　　　② a lack of medicine
  　③ a lack of food　　　　　④ a shortage of water）
- ⓔ　（① as fishing nets　　　　② to grow vegetables
  　③ to catch wild animals　④ to clean their water）

解説

　まず(B)の英文を読んで文章の内容をつかもう。(B)の第1文から，(A)はマラリアという病気がテーマの文章だとわかる。また，第4文から，1つの解決策が蚊帳を使うことだとわかる。さらに，第7文に However, not only malaria but also（　ⓓ　）is a big problem there.「しかし，マラリアだけでなく（　ⓓ　）もそこでは大きな問題です」とあるので，マラリア以外に別の問題もあることがわかる。次に，文章の展開についても推測しよう。(B)の文章の流れから，(A)は「マラリアのこと」→「蚊帳のこと」→「マラリア以外の問題のこと」という順番で話が進んでいくと推測できる。このように，内容と展開に見当をつけたところで，(B)の空所に入るものを考えていこう。

ⓐ　ⓐを含む文は「彼らのうちの約（　ⓐ　）は5歳未満の子どもでした」という意味なので，「5歳未満の子ども」という記述を(A)の本文中から探すと，第1段落第3文の後半に **children aged under 5 years accounted for 67%**「5歳未満の子どもが67パーセントを占めました」とあるのが見つかる。「67%」という選択肢はないが，③ two-thirds「3分の2」が67パーセントとほぼ同じ値なので，③が正解になる。

ⓑ　ⓑを含む文は「蚊を殺すけれども（　ⓑ　）化学物質がそれに塗られています」という意味。chemicals「化学物質」に関する記述を(A)の本文中から探すと，第2段落第4文に **These nets are treated with chemicals that kill mosquitoes but do not affect humans.**「このネットは，蚊は殺すけれども人間には影響を与えない化学物質で処理されています」とあるのが見つかるので，ⓑには②「人間に害を与えない」が入る。

ⓒ　ⓒを含む文は「ある団体は…マラリアによる死者を（　ⓒ　）に減らすのを助けました」という意味。one organization「ある団体」に関する記述を(A)の本文中から探すと，第2段落第6文に「蚊帳プロジェクト」という団体が出てくる。そこでこの続きを読んでいくと，第2段落最終文後半に … **has helped cut malaria-related deaths by 50% since 2000**「2000年以降にマラリア関連の死者を50パーセント減らすのに役立ちました」と書かれている。「50%」という選択肢はないが，② half「半分」が同じ意味なので，これが正解。

ⓓ　ⓓを含む文は「しかし（However），マラリアだけでなく（　ⓓ　）もそこでは大きな問題です」という意味。ここでは However に注目しよう。(A)の第3段落は **However, malaria is not the only problem facing people in Africa.**「しかし，マラリアはアフリカの人々が直面する唯一の問

題ではありません」という文で始まっているので，ここの続きを読めば⒟に入る語句がわかるはず。直後の文に**Another big problem is hunger.**「もう１つの大きな問題は飢餓です」とあるので，⒟にはhunger「飢餓」を言いかえた③a lack of food「食糧不足」が入るとわかる。

⒠　⒠を含む文は「食べ物を得るために，蚊帳を（　⒠　）使う人もいます」という意味。「食べ物を得るために」とあるので，飢餓の話が出てきた第３段落以降にヒントがあるとわかる。第３段落第４文後半に**they often sew them together to make large fishing nets**「彼らはしばしば大きな漁網を作るためにそれ（＝蚊帳）を一緒に縫い合わせてしまうのです」とあるので，①as fishing nets「漁網として」が正解だとわかる。

解答　　ⓐ—③　　ⓑ—②　　ⓒ—②　　ⓓ—③　　ⓔ—①

全訳

(A)　あなたは「マラリア」という単語を知っているかもしれません，そしてもし知っているなら，あなたはそれが世界でもっとも深刻な公衆衛生上の問題の１つであることを知っているはずです。マラリアは蚊によって広まる病気で，世界保健機関によれば，2018年には世界中でおよそ２億2800万件の症例が発生し，全症例の約93パーセントがアフリカで発生しました。マラリアによる死者の数は世界中で推計40万５千人を数え，５歳未満の子どもが67パーセントを占めました。もし何も行われなければ，もっと多くの人が亡くなりつづけるでしょう。では，どうすればマラリアを防ぐことができるのでしょうか。

ベッドを覆う特別なネットが，単純で効果的で費用のかからない１つの解決策になるかもしれません。それは蚊帳(かや)と呼ばれます。蚊帳の下で寝ることで，人々が蚊に刺されるのを防ぐことができます。このネットは，蚊は殺すけれども人間には影響を与えない化学物質で処理されています。ネット１枚の費用はおよそ２〜５ドルで，３〜４年もち，平均して２人を守ることができます。「蚊帳プロジェクト」という団体は，このネットを奨励して命を救おうとしています。それは寄付を集めて，アフリカで４億5000万枚の蚊帳を配布しましたが，そのことは2000年以降にマラリア関連の死者を50パーセント減らすのに役立ちました。

しかし，マラリアはアフリカの人々が直面する唯一の問題ではありません。もう１つの大きな問題は飢餓です。多くの人々が毎日飢えに苦しんでいます。だから，彼らは自分たちを蚊に刺されることから守るために蚊帳を使うべきであるにもかかわらず，しばしば大きな漁網を作るためにそれを一緒に縫い合わせてしまうのです。そして彼らはその網を使って食用の魚を捕るのです。このような行為に関して，大家族を抱えるある父親は，「それが正しくないことはわかっていますが，この網がなければ，私たちは食べられないでしょう」と言いました。

私たちはマラリアと飢餓の両方を撲滅するためにあらゆる行動を起こす必要があります。このために私たちに何ができるか，一緒に考えましょう。

(B)　マラリアは世界でもっとも深刻な健康問題の１つです。2018年には，それは世界で約40万５千人を死なせました。彼らのうちの約（３分の２）は５歳未満の子どもでした。１つの解決策は蚊帳を使うことです。蚊を殺すけれども（人間に害を与えない）化学物質がそれに塗られています。ある団体はアフリカでそのネットを配布し，マラリアによる死者を（半分）に減らすのを助けました。しかし，マラリアだけでなく（食糧不足）もそこでは大きな問題です。食べ物を得るために，蚊帳を（漁網として）使う人もいます。私たちはこれらの問題を解決するために熱心に取り組むべきです。

（例題は第65回）

実▲践▲演▲習

1 次の英文(A)の内容を要約して英文(B)を完成させるには，ⓐ～ⓔの（　）の中にはどの語句が入りますか。もっとも適当なものを①～④の中から1つずつ選びなさい。

(A)

Shopping malls have had a huge influence on shopping and living habits in developed countries. Since the first covered shopping mall was opened in Minnesota in 1956, an increasing number of shopping malls have been built all over the world. Now almost every city in developed countries has one.

A shopping mall is a collection of small stores such as clothing stores for all ages, book stores, toy and shoe stores. Often included are restaurants, banks, theaters, and gas stations. These businesses were once spread over the blocks of the main street of a town or city, but now all are in one place at the mall. By shopping, eating, watching movies, and drawing money there, people can save time. Thus, the mall has become popular enough to be a part of their daily lives.

While people can enjoy many benefits from shopping malls, they have some bad effects too. Many of stores and services found in malls belong to large corporations. They have taken away customers from smaller stores in nearby towns and forced many of them to close. What is worse, malls can be harmful to the environment. They are often built on land that is home to various wild plants and animals. No matter where shopping malls are built, they cover large areas of land with buildings and parking lots instead of plants and trees. Finally, shopping malls are usually located in rural areas where not so many people live. This means that shoppers must drive their cars miles to the nearest malls, resulting in increased energy use and *emissions.

*emissions：自動車の排気ガス量

(B)

Shopping malls have largely （　ⓐ　） life in developed countries in just half a century. Now almost every city has at least one shopping mall. Malls have become popular because people can save time by shopping, eating, watching movies and drawing money in （　ⓑ　）. People can enjoy many benefits from shopping malls while they have （　ⓒ　） effects too. Malls have （　ⓓ　） the place of the main street of a city. In other words, they have done harm to local small businesses. Also, （　ⓔ　） building shopping malls, nature can be destroyed, more energy consumed, and air pollution increased.

ⓐ （① calmed ② changed ③ had ④ made）

ⓑ （① a bank ② a parking lot ③ one place ④ the main street）

ⓒ （① both negative and positive ② either negative or positive ③ negative ④ positive）

ⓓ （① bought ② covered ③ sold ④ taken）

ⓔ （① as a result of ② in addition to ③ instead of ④ without）

2 次の英文（A）の内容を要約して英文（B）を完成させるには，ⓐ～ⓔの（　）の中にはどの語句が入りますか。もっとも適当なものを①～④の中から１つずつ選びなさい。

（A）

Although Leonardo da Vinci drew designs for a flying machine which looked like wings of a bird in about 1500, the first kind of air transportation was not a plane. It was a balloon. People traveled by balloon one hundred years before there were planes or jet *¹aircraft. Those early days of ballooning were exciting, but they were also dangerous. Sometimes the balloons fell suddenly. Sometimes they burned. However, the danger did not stop the balloonists.

The first real balloon flight was in France in 1783. Two Frenchmen, the Montgolfier brothers, made a balloon. They filled a very large paper bag with hot air. Hot air is lighter than cold air, so it goes up. The Montgolfiers' hot air balloon went up 1,000 feet in the sky.

Later that same year, two other Frenchmen *²ascended in a basket under a balloon. They built a fire under the balloon to make the air hot. This made the balloon stay up in the air for a few hours. But their balloon was tied to the ground. So it could not go anywhere.

The first free balloon flight was in December, 1783. The balloon flew for 25 minutes over Paris. It traveled about five and a half miles.

Flying a balloon is not like flying a plane. The balloon has no engine, no power of its own. The wind controls the balloon. It goes where the wind blows. The pilot can only control the *³altitude of the balloon. He can raise and lower the balloon to find the right wind direction. That is how a good pilot controls where the balloon goes.

Very soon balloonists tried longer flights. A major event in the history of ballooning was the first long flight over water. In 1785, an American and a Frenchman flew over the English Channel. They left England on a cold, clear January day. Finally, after about three hours, they landed safe in France.

*¹aircraft：飛行機　　*²ascend：上昇する　　*³altitude：高度

(B)

The first invention that made people travel in the sky was not a plane but a balloon. It was (ⓐ) after the first balloon flew over France that planes were invented. Two Frenchmen used a very large paper bag and hot air. The (ⓑ) balloons go up is that hot air is lighter than cold air. Later two other Frenchmen made the air hot by building a fire under the balloon. Flying a balloon is not the same as flying a plane. Balloon flights (ⓒ) whether the wind blows or not. Balloon pilots can do nothing (ⓓ) raise or lower the balloon. In 1785, an American and a French man flew over the English Channel, and about three hours (ⓔ), they made a safe landing in France.

ⓐ （① about a century　② not so long　③ until　④ when）

ⓑ （① chance　② fact　③ moment　④ reason）

ⓒ （① decide　② depend on　③ make sure　④ wonder）

ⓓ （① as well as　② nor　③ but　④ that）

ⓔ （① ago　② before　③ later　④ until）

3　次の英文(A)の内容を要約して英文(B)を完成させるには，ⓐ～ⓔの（　　）の中にはどの語句が入りますか。もっとも適当なものを①～④の中から１つずつ選びなさい。　　　　　（第66回）

(A)

A job interview can be one of the most stressful experiences you'll ever have, especially the first one. What should you expect when you've been invited for an interview? While it's impossible to *¹predict exactly what you will be asked, many Japanese companies take a rather *²formulaic approach. It would be in your best interest to become familiar with this approach.

First, you will likely be asked to introduce yourself. It's a good idea to keep your answer fairly short and to the point, without getting into too much detail. In addition, you will almost certainly be asked why you want to work for the company. It's very important that you prepare carefully for this question in advance. Your answer represents an opportunity to make a strong impression on the interviewers by showing your in-depth knowledge of the company and stating clearly why the company best fits your qualifications, skills, and long-term goals. You should also be prepared to discuss your strengths and weaknesses. You're advised to *³emphasize your strengths without sounding *⁴overconfident. If you're asked about your weaknesses, mention one that isn't related to the position. For example, admitting that you're not a good public speaker probably won't hurt your chances of being hired as a software engineer.

At the end of the interview, you may be asked if you have any questions.

It's a good idea to prepare some questions in advance in case this opportunity arises.　Questions such as career advancement opportunities and working hours are suitable questions.　Finally, end the interview in a polite manner by standing, stating that it was an honor meeting everyone, and bowing.　If all goes well, you'll hear from them again soon.　Good luck!

　　*1predict：予測する　　*2formulaic：型にはまった　　*3emphasize：強調する　　*4overconfident：自信過剰な

(B)

The first job interview can be one of your （ ⓐ ） experiences.　It is impossible to know what you will be asked, but to prepare for typical questions would be particularly useful.　When you are asked to introduce yourself, a （ ⓑ ） answer is good.　When you are asked the reason for applying for the job, try to let them know your deep knowledge of the company and your （ ⓒ ） clearly.　For your strong points, try not to be overconfident.　When you talk about your weak points, try to talk about one that is （ ⓓ ） to the job.　You also need to prepare some questions you will ask.　Finish the interview politely （ ⓔ ）.

　　　　ヒント!　〈let＋O＋do〉「Oに自由に～させる」だから，let them know の意味は？

ⓐ　（① toughest　② most exciting　③ most boring　④ happiest）
ⓑ　（① detailed　② quick　③ long　④ short and exact）
ⓒ　（① former career　② abilities　③ family　④ weaknesses）
ⓓ　（① connected　② not connected　③ important　④ not good）
ⓔ　（① by shaking hands　② without saying a word
　　　③ by showing respect　④ without bowing）

4　次の英文(A)の内容を要約して英文(B)を完成させるには，ⓐ～ⓔの（　）の中にはどの語句が入りますか。もっとも適当なものを①～④の中から1つずつ選びなさい。　　　（第68回）

(A)

Do you know when restaurants were invented?　The first ones were invented thousands of years ago.　However, they were very different from restaurants today.

The first restaurants were in ancient Greece and Rome.　They served food in large stone bowls.　People didn't order food from a menu.　Everyone shared the food from the big bowls.　People believe that these places were very popular because most homes in ancient Greece and Rome did not have kitchens.　Also, people didn't have to store food at home if they ate their meals at these restaurants.

Later, restaurants began to open in China. In the early 1100s, more than 1 million people lived in the city of Hangzhou, China. It was a very busy city, and people had money. All of these people had to eat. Smart cooks started cooking and selling food along a very big street in the city. Unlike in ancient Greece and Rome, people in China could choose food from a menu. They didn't have to eat the same food as everyone else.

For the next several centuries, there were restaurants all over the world. People could buy food on the street or at small hotels. Then, in the middle of the 1700s, restaurants started opening in Paris. These restaurants were more similar to restaurants we know today. There was a bigger variety of food, and eating in these restaurants was a more enjoyable experience. In the 19th century, trains made travel much faster and simpler. Soon, this type of restaurant began to appear all over Europe and in other parts of the world.

Now, restaurants are everywhere. You can buy a variety of different types of food. You can have food delivered to your door. But remember it wasn't always like this.

(B)

The first restaurants were invented thousands of years ago and they were (ⓐ) restaurants today. The first restaurants were in (ⓑ). People could (ⓒ) from a menu. In the early 1100s, restaurants began to open in a big city in China. People there (ⓓ). For the next several centuries, there were restaurants all over the world. Then in the mid 1700s, the restaurants that were more similar to restaurants we know today appeared. In the 19th century, as (ⓔ) was developing, these restaurants spread all over the world. Now, restaurants are everywhere and we can buy a variety of different foods even from home.

ⓐ (① very similar to ② almost the same as
   ③ not similar to ④ not much different from)

ⓑ (① Asia ② Europe ③ America ④ many different countries)

ⓒ (① not choose food ② choose various foods
   ③ order food ④ take food home)

ⓓ (① didn't choose food from a menu ② chose food from a menu
   ③ ate the same food as everyone else ④ cooked food they liked)

ⓔ (① public transportation ② electricity generation
   ③ telephone communication ④ the Internet)

39

8　会話文（適文挿入）

□出題のポイント

●会話文中に5か所の空所があり，もっとも適当なものを6つの選択肢の中から1つ選ぶ問題。

●友人同士や親子間の会話，ホテルの受付係と客の会話など，日常的な会話文が例年出題されている。

●最初の会話のやりとりから，場面や状況，2人の関係，話題などをつかむ。

●空所の前だけでなく，後ろがヒントになることも多いので，会話の流れを丁寧に追っていくことが大切。

●5つの空所に対して選択肢が6つあることに注意。すべての選択肢が関連する内容のため，最後まで気を抜かずに解くことが大切。

例題

次の会話文を読んで，(a)～(e)に入るもっとも適当なものを①～⑥の中からそれぞれ1つずつ選びなさい。

Ken : Hi, Lisa.　How are you?　How is your job going?

Lisa : Great.　I'm lucky to work in the movie industry.

Ken : Working on movies must be really exciting.

Lisa : Oh, yes, but it also requires a lot of time.　_____(a)_____

Ken : Why is that?

Lisa : Well, each scene isn't filmed just once.　You have to take a lot of different shots for each scene.　_____(b)_____　The others aren't used.

Ken : Wow, that sounds like a lot of work.　_____(c)_____

Lisa : It depends, but sometimes as many as twenty.　One scene may be shot from five or six different angles.

Ken : Wow!　I didn't know that.　But it sounds interesting. _____(d)_____　I'm really curious about it.

Lisa : Yes, of course.　Why don't you come visit the set?　You can see how the special effects are done.　And perhaps you might also see a famous movie star.

Ken : Great, I'd love to!　When can I come and see the set?

Lisa : _____(e)_____

① I'll ask my boss about it.

② Only the best ones are used in the film.

③ So, how many shots does each scene need?

④ You must use a lot of cameras to shoot angles.

⑤ Can I have a chance to see how a movie is made?

⑥ It can take many days to make even a one-minute scene for a film.

（解説）

　最初の会話のやりとりから，ケンとリサが友人同士であることや，リサが最近，映画業界で働きはじめたことがわかる。

(a) 直前にリサが「それ（＝映画を製作すること）にはとても時間がかかるのよ」と言っている。また，(a)の発言を受けてケンが「それはどうしてなの？」と尋ねたのに対し，リサは **each scene isn't** filmed just once「1つのシーンはたった1回では撮影されないのよ」と答えている。これらのことから，(a)には「映画の撮影に時間がかかる」という内容の文が入ると推測できる。この内容にあてはまるのは，⑥「ある映画のためのたった1分のシーンを作るのに何日もかかることがありえるの」。

(b) 直後の The others aren't used.「それ以外は使われないのよ」に注目する。(b)の直前で「たくさんの違うショットを撮らなければならないの」と言っているので，The others とは「たくさんの違うショット」のうち，一部のショットを除いた残り全部を指していると判断できる。だから，(b)には「使われるショット」のことが書かれている②「いちばんいいショットだけが映画に使われるの」が適する。

(c) (c)の発言に対してリサが It depends, but sometimes as many as twenty.「場合によるわね，でも20ショットになることもあるわ」と答えているのだから，(c)にはショットの数を尋ねる疑問文が入るはず。これにあてはまるのは，③「そうすると，1つのシーンには何ショットが必要なの？」だけ。

(d) 直前で「でも，おもしろそうだね」と言い，直後に「ぼくはそれにとても興味があるよ」と言っているので，映画の製作に対する興味が示されている文が入るはず。さらに，リサが Yes, of course. と答えているので，(d)には疑問文が入ると推測できる。これらの条件を満たすのは，⑤「どんなふうに映画が作られるかを見る機会はあるかな」。

(e) 直前の When can I come and see the set?「いつセットを見に行けばいい？」というケンの問いに対する答えが入る。「いつ」に直接答えている選択肢はないが，①「そのことについて上司に聞いてみるわ」を入れれば会話が成り立つので，これが正解。

How is ～ going? は「～はどうですか」と近況を尋ねるときに使われる表現。film は「映画」という名詞の意味と，「～を撮影する」という動詞の意味で使われている。It depends. は「状況次第だ」という意味。come visit は come and visit と同じで，「～しにくる」という意味。

解答 (a)―⑥　　(b)―②　　(c)―③　　(d)―⑤　　(e)―①

全訳

ケン：やあ，リサ。元気？　仕事の調子はどう？

リサ：いい調子よ。映画業界で仕事ができてラッキーだわ。

ケン：映画を製作するのはきっと本当にわくわくするだろうね。

リサ：ええ，そうなのよ，だけどそれにはとても時間がかかるのよ。(a)⑥ある映画のためのたった1分のシーンを作るのに何日もかかることもありえるの。

ケン：それはどうしてなの？

リサ：ええとね，1つのシーンはたった1回では撮影されないのよ。1つのシーンのためにたくさんの違うショットを撮らなければならないの。(b)②いちばんいいショットだけが映画に使われるの。それ以外は使われないのよ。

ケン：わあ，それは大変な作業みたいだね。(c)③そうすると，1つのシーンには何ショットが必要なの？

リサ：場合によるわね，でも20ショットになることもあるわ。1つのシーンは5つか6つの違う角度から撮影されることもあるの。

ケン：へえ！　それは知らなかったよ。でも，おもしろそうだね。(d)⑤どんなふうに映画が作られるかを見る機会はあるかな。ぼくはそれにとても興味があるよ。

リサ：ええ，もちろんあるわ。セットを訪ねてきたらどう？　どんなふうに特撮が行われるかを見ることができるわ。それにひょっとすると有名な映画スターにも会えるかもよ。

ケン：すごいね，ぜひ行きたいよ！　いつセットを見に行けばいい？

リサ：(e)①そのことについて上司に聞いてみるわ。

（例題は第65回）

実践演習

1　次の会話文を読んで，(a)〜(e)に入るもっとも適当なものを①〜⑥の中からそれぞれ1つずつ選びなさい。

Julie :　Hi, Kosuke. _____(a)_____

Kosuke :　Each day is a learning experience, but I think I'm doing all right.

Julie :　I've heard you are going on a business trip to New York next week.

Kosuke :　Yes. _____(b)_____ This is my first time and I'm not sure whether I can take care of everything I'm supposed to do.

Julie :　Relax.　You'll be fine.　Besides, you'd love the city.

Kosuke :　_____(c)_____

Julie :　Yes.　New York is one of my favorite places to visit. _____(d)_____

Kosuke :　Thank you.　I'm worried about *jet lag too.　There is a 14 hour difference between here and New York.

Julie :　That's something.　When I came back from a trip to Paris, I realized how terrible jet lag could be.　I couldn't sleep well at night for a couple of days.

Kosuke :　I've never had that bad jet lag before, but I will do some research on it to find good tips for preventing jet lag. _____(e)_____

Julie :　I'm not sure, but I think the term comes from the simple fact that jet planes travel so fast that they leave your body clock behind.　Oh well, don't worry too much.　I'm sure you'll have a wonderful trip.

*jet lag：時差ぼけ

①　Actually I'm a little nervous about it.

②　I'll tell you where to visit and what foods to try.

③　Will you buy something for me there?

④　Have you ever been there?

⑤　How are you doing with everything so far?

⑥　By the way, why is it called jet lag?

2　次の会話文を読んで，(a)〜(e)に入るもっとも適当なものを①〜⑥の中からそれぞれ1つずつ選びなさい。

⟨*In the elevator*⟩

Michael :　Hi, Mary.

Mary :　Hi, Michael. _____(a)_____

Michael :　First floor, please.　So crowded.

Mary :　I know.　Elevators start to get crowded around this time.

Michael :　Yeah, it's lunch time.　Actually I'm going to lunch.

Mary :　Me too. _____(b)_____

Michael :　Not at all. _____(c)_____ Do you know Henry from accounting?

Mary :　I think I've heard the name, but I'm not sure whether I can link it to the right face.

Michael : Henry is a quite friendly guy, so he'll enjoy lunch with you.

Mary : Great. I like to meet new people too. So have you decided where to eat?

Michael : Yes, we have. We're going to meet at an Italian restaurant a couple of blocks east of here.

Mary : Oh, I know there's a place called "Tony's Restaurant" around here.
_____ (d) _____

Michael : That's right. They offer the best value lunch in this area. They have different lunch specials every day. The only problem is they are so popular their lunch specials are often sold out.

Mary : _____ (e) _____

① We should wait for Henry there.   ② Is that the place?

③ What floor are you going to?   ④ We'd better hurry, then.

⑤ I'd like to join you if you don't mind.   ⑥ But I'm already meeting someone.

ヒント! I'm already meeting someone. は「すでに人に会う約束がある」と言うときに使われる。

3 次の会話文を読んで，(a)～(e)に入るもっとも適当なものを①～⑥の中からそれぞれ１つずつ選びなさい。　　　　　　　　　　　　　　　　　　　　　　　　（第66回）

Mark : Hi, Peter! How have you been getting along?

Peter : Oh hi, Mark. _____ (a) _____

Mark : I'm sorry to hear that. What seems to be the problem?

Peter : As you know, I've been looking for work. I can't seem to find anything suitable.

Mark : That's too bad. Why did you leave your last job?

Peter : Well, I wanted more time with my family. _____ (b) _____

Mark : I see. Finding the right balance between work and family life is important.

Peter : Exactly. So, I decided to find a new job. I wrote to more than twenty companies.
_____ (c) _____

Mark : Have you tried looking online for a job?

Peter : Yes, but so many of the jobs require moving to another city. I don't want to do that.

Mark : I understand. _____ (d) _____

Peter : I haven't tried those. What are they?

Mark : They're groups of people who are also looking for work.
_____ (e) _____

Peter : That sounds great. I'll try some of those.

Mark : I'm glad to hear that. Good luck!

① Unfortunately, I've only had two interviews so far.

② They help each other discover new opportunities.

③ Why weren't you content with the job?

④ Not too well, actually.

⑤ How about going to some of those networking groups?

⑥ At my old job, I had to work at night.

ヒント！ How have you been getting along?「調子はどうだい」

4   次の会話文を読んで，(a)〜(e)に入るもっとも適当なものを①〜⑥の中からそれぞれ１つずつ選びな
さい。

（第68回）

Ayako : Zensho company. Ayako speaking. How can I help you?

Sam : Hi, Ayako, this is Sam. Last week, you asked me to find a piano for your office
party.

Ayako : Oh, yes. _____(a)_____ He is a good pianist and we're looking forward
to hearing him. Don't disappoint me, Sam!

Sam : I found a grand piano, and it's available for the date you want.
_____(b)_____

Ayako : What's wrong? Is it too expensive?

Sam : No, it's reasonably priced. That's not the problem. _____(c)_____

Ayako : Oh, I see. What do you suggest then?

Sam : Well, maybe we could pay a moving company to lift it up to the second floor.
_____(d)_____

Ayako : Great. That sounds like it might work. _____(e)_____

Sam : Sure, no problem. I'll wait for your call.

① But there's a problem.

② So, how much would it cost to rent the piano?

③ It's too wide to go in through the door.

④ My boss would love one.

⑤ I'll think about it and call you back.

⑥ There's a really big window there.

ヒント！ What's wrong?「どうしたの?」, lift 〜 up「〜を吊り上げる」

（p.30 から続く）

④依頼する

□～してくれませんか。 □Could[Would, Will, Can] you ～（, please）？

　　　　　　　　　　　　 □Would you be kind enough ＋ to 不定詞 ～？

　　　　　　　　　　　　 □Would you be so kind as ＋ to 不定詞 ～？

□～していただきたいのですが。 □I wonder if you could ～.

　　　　　　　　　　　　 □I'd like you ＋ to 不定詞 ～.

□ご面倒をおかけしますが～。 □I'm sorry to trouble you, but ～.

　　□もちろんですとも。 □Sure（enough）.

　　　　　　　　　　　　 □Certainly.

　　　　　　　　　　　　 □Of course.

　　　　　　　　　　　　 □No problem.

　　　　　　　　　　　　 □Why not？

　　　　　　　　　　　　 □By no means.

　　□私に任せてください。 □Leave it to me.

　　□当てにしていいですよ。 □You can count on me[it].

　　□残念ながらできません。 □I'm afraid I can't.

　　　　　　　　　　　　 □I'm sorry, but I can't.

　　□できればそうしたのですが～。 □I wish I could, but ～.

◎mind を使った表現も頻出なので注意しよう！

□～していただけませんか。 □Would[Do] you mind ～ing？

　　□もちろんです。 □No, not at all.

　　　　　　　　　　　　 □Certainly not.

　　　　　　　　　　　　 □Of course not.

⑤誘う，提案する

□～しましょうか。 □Shall we ～？

　　　　　　　　　　　　 □Why don't we ～？

□～しましょう。 □Let's ～.

　　　　　　　　　　　　 □Suppose we ～.

□～してはどうですか。 □How[What] about ～ing？　□Why don't you ～？

　　　　　　　　　　　　 □What do you say to ～ing？

□～しませんか。 □Would you like ＋ to 不定詞 ～？

　　　　　　　　　　　　 □Do you want ＋ to 不定詞 ～？

　　□いいですね。 □That's a good idea.

　　　　　　　　　　　　 □That sounds[would be] great.

　　　　　　　　　　　　 □That sounds like a good idea.

　　　　　　　　　　　　 □Why not？

　　□ぜひ～したいです。 □I'd love ＋ to 不定詞 ～.

□残念ながらできません。　　　　　　　□I'm sorry, but I can't.

□〜できなくて残念です。　　　　　　　□What a pity[shame] 〜.

□残念ながら，先約があります。　　　　□I'm sorry, but I have an(other) appointment.

□すみませんが，ほかに予定があります。　□I'm sorry, but I have other plans.

□ありがとう，むしろしたくありません。　□Thank you, but I'd rather not.

□ありがとう，むしろ〜したいです。　　□Thank you, but I'd rather 〜.

⑥許可を求める

□〜してもいいですか。　　　　　　　□May[Can, Could] I 〜?

　　　　　　　　　　　　　　　　　□Is it O.K.[all right] if I 〜?

　　□もちろん。　　　　　　　　　　□Certainly. / Sure. / Of course.

　　□どうぞ。　　　　　　　　　　　□Go ahead.

　　□いいですよ。　　　　　　　　　□That's O.K.[all right, fine].

　　□ご自由にどうぞ。　　　　　　　□Be my guest.

　　□そうは思いません。　　　　　　□I'm afraid you can't.

　　　　　　　　　　　　　　　　　□I'm afraid not.

　　□そうしないでいただきたい。　　□Please don't.

　　□とんでもありません。　　　　　□That's out of the question.

◎mind を使った表現も頻出なので注意しよう！

□〜してもよろしいですか。　　　　　　　　　□Would[Do] you mind if I 〜?

　　　　　　　　　　　　　　　　　　　　　□Would[Do] you mind me[my] 〜ing?

　　　　＊直訳すると「私が〜することをあなたは気にしますか〔嫌がりますか〕」。

　　□もちろんいいですよ。　　　　　□Not at all.

　　　　　　　　　　　　　　　　　□Certainly[Of course] not.

　　　　＊直訳すると「もちろん気にしません〔嫌ではありません〕」。

　　□そうしてもらいたくありません。　□I'd rather you didn't.

　　　　　　　　　　　　　　　　　□I (do) mind.

⑦何か物を勧める（食べ物など）

□〜はいかがですか。　　　　　　　□Would you like 〜?

　　　　　　　　　　　　　　　　　□Won't you have 〜?

□〜をご自由にどうぞ。　　　　　　□Help yourself to 〜.

⑧激励する，祝福する

□よくやったね！　　　　　　　　　□Good job!

　　　　　　　　　　　　　　　　　□Well done!

□〜おめでとう！　　　　　　　　　□Congratulations on 〜!

□がんばって！（幸運を祈る！）　　　□Good luck!

　　　　　　　　　　　　　　　　　□All the best!

□元気を出して！　　　　　　　　　□Cheer up!

Part **3**

Writing

9 適語選択（短文）

10 適語選択（長文）

11 同意文

12 語順整序

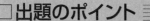

9 適語選択（短文）

□ 出題のポイント

●空所に適語を補い，意味の通る英文を完成させる問題。

●もっとも適当な語を，4つの選択肢の中から1つ選ぶ。

●選択肢には同一の品詞の語が並んでいる場合がほとんどなので，文意から補充すべき語を判断する。

●各設問で，次のような知識が問われる。

　(ア)　同じアルファベットから始まる語の意味の違い

　　　……同じ品詞で同じアルファベットで始まる，紛らわしい選択肢が並んでいるので，注意が必要。

　(イ)　文法・語法的特徴が共通している語の意味の違い

　　　……目的語に to 不定詞をとる動詞が並んでいるなど，共通する特徴を持つ語が並んでいることがある。空所の周辺だけを見ても答えが決まらないので，文全体を読んで場面や状況をつかみ，文意にもっとも合う選択肢を選ぼう。

　(ウ)　決まり文句，定型表現

　　　……会話の決まり文句や定型的な表現の一部が空所になっていることがある。このような問題は知識の有無が成否を分ける。

●次のような対策が有効。

　・別冊の級別単語表や「まとめてチェック」を活用して，語彙力を高める。　▶ p. 65〜67

　・熟語や連語，定型的な表現や会話の決まり文句などの知識を確かなものにする。　▶ p. 30, 45, 46

例題

次のa〜eの英文の（　　）に入るもっとも適当なものを①〜④の中から1つずつ選びなさい。

a . Mary gave her（　　）to elect the politician.

　　① **grade**　　② **price**　　③ **rate**　　④ **vote**

解説

　空所のあとの to elect the politician は「その政治家を選ぶために」という意味。**elect「〜を選ぶ」は特に公的な役職を投票によって選ぶ場合に使われる動詞**なので，④vote が正解。give *one's* vote で「投票する」。vote には「票，投票」という名詞の意味と，「（〜に）投票する」という動詞の意味がある。その他の選択肢は，①grade「等級，成績」，②price「値段，価格」，③rate「割合，速度」という意味。

解答　④

訳　メアリーはその政治家を選ぶために投票しました。

b . The shop was crowded and the clerk asked the（　　）to wait in line.

　　① **applicants**　　② **customers**　　③ **employers**　　④ **players**

解説

　The shop was crowded「店は混雑していました」という部分から，その次の the clerk は「店員」の意味だとわかる。asked the（　　）to wait は〈ask＋人＋to不定詞〉「（人）に〜するように頼む」の形なので，and 以下は「店員は（　　）に，1列に並んで待つように頼みました」という意味になる。この文意に合うのは，②customers「客」。

①applicant(s) は「志願者，応募者」という意味。②customer(s) は「商店や企業で物を買ったりサービスを受けたりする客」のことをいう。同じ「客」でも，弁護士や医者といった専門家にお金を払ってサービスを受ける客は client，ホテルやレストランの客や，パーティーの招待客などは guest を用いる。③employer(s) は「雇い主，雇用者」という意味。「雇われる人，従業員」は employee という。employer－employee のように「-er〔-or〕＝する人」と「-ee＝される人」という組み合わせは，ほかに interviewer「インタビュー〔面接〕する人」－interviewee「インタビュー〔面接〕される人」や，trainer「訓練する人，訓練士」－trainee「訓練される人，訓練生」などがある。④player(s) は「選手，競技者」という意味。

解答 ②

訳 その店は混雑していて，店員は客に１列に並んで待つように頼みました。

---

c．Tom（　　）to make a lot of mistakes when he is busy.
　　① decides　　② helps　　③ hopes　　④ tends

解説

空所に入るのは動詞で，そのあとに to 不定詞が続いている。選択肢はすべて to 不定詞を目的語にとる動詞なので，形だけで正解を絞り込むことはできない。〈decide＋to 不定詞〉は「～することに決める」，〈help＋to 不定詞〉は「～するのを助ける」，〈hope＋to 不定詞〉は「～することを望む」，〈tend＋to 不定詞〉は「～する傾向がある，～しがちだ」という意味。to 不定詞以下の make a lot of mistakes when he is busy は「忙しいときにミスをたくさんする」という意味だから，④tends を入れれば「**忙しいときにミスをたくさんする傾向があります**」となり，文意が通る。

解答 ④

訳 トムは忙しいときにミスをたくさんする傾向があります。

---

d．Jill is never satisfied.　She is always（　　）.
　　① complaining　　② confusing　　③ containing　　④ creating

解説

１文目は「ジルは決して満足しません」という意味。２文目は１文目の**「決して満足しない」**を**「いつも（　　）している」**と言いかえていると判断する。①complaining は complain「不満を言う」の～ing 形なので，①を入れれば「いつも不満を言っている」となり，文意が通る。②の confuse は「～を困惑させる，～を混同する」，③の contain は「～を含む」，④の create は「～を作り出す」という意味。

解答 ①

訳 ジルは決して満足しません。彼女はいつも不満を言っています。

---

e．He is（　　）to live in such a nice house.
　　① dependent　　② false　　③ fortunate　　④ necessary

解説

英文の意味は**「彼はそのようなすてきな家に住んで（　　）です」**という意味。①dependent「依存している，頼っている」，②false「間違った，うその」，③fortunate「幸運な」，④necessary「必要な」の中で文意が通るのは，③fortunate だけ。

解答 ③

訳 彼はそのようなすてきな家に住むことができて幸運です。

（例題は第65回）

49

実 践 演 習

1 次のa〜eの英文の（　）に入るもっとも適当なものを①〜④の中から１つずつ選びなさい。

a. My grandfather exercises every day to stay in (　).

 ① danger ② good ③ harm ④ shape

b. Jane enjoyed the book and (　) it to the library.

 ① borrowed ② lent ③ rented ④ returned

c. Thank you for attending the meeting on such short (　).

 ① advice ② notice ③ opinion ④ remark

d. A (　) is an instrument for measuring the temperature.

 ① task ② thermometer ③ transportation ④ treasure

e. The building is very tall; it is over 100 feet in (　).

 ① depth ② height ③ length ④ width

ヒント! The building is over 100 feet high. とも言える。

2 次のa〜eの英文の（　）に入るもっとも適当なものを①〜④の中から１つずつ選びなさい。

a. She will (　) to take part in anything against the law.

 ① avoid ② disturb ③ prevent ④ refuse

b. The plane was (　) by almost five hours.

 ① defeated ② defended ③ delayed ④ denied

c. You will (　) a lot of time if you travel by plane instead of by bus.

 ① cost ② save ③ take ④ waste

d. The book (　) well, so it will be translated into Japanese soon.

 ① costumes ② pays ③ sells ④ spends

e. My first (　) was that she was very shy.

 ① imitation ② impression ③ intention ④ investigation

ヒント! 「私の最初の〜は彼女がとても内気だということでした」

3 次のa〜eの英文の（　）に入るもっとも適当なものを①〜④の中から１つずつ選びなさい。

（第62回）

a. It is (　) to reduce our garbage to protect our environment.

 ① necessary ② fearful ③ harmful ④ original

b. It's better to (　) your own feelings in the letter.

 ① import ② export ③ express ④ intend

c. She couldn't find a good (　) to the problem.

 ① solution ② reason ③ profit ④ way

d. My parents didn't give me (　) to go out.

 ① passage ② payment ③ permission ④ policy

e. You should (　) eating too much if you want to stay healthy.

 ① enjoy ② avoid ③ continue ④ begin

ヒント! a.とb.はともに〈It is＋形容詞＋to do〉の形式主語構文であることに注意。

4 次のa〜eの英文の（　　）に入るもっとも適当なものを①〜④の中から1つずつ選びなさい。

（第64回）

a. You will get paid according to the （　　） of work.

　① amount 　　　　② cheer 　　　　③ damage 　　　　④ lesson

b. Her brother went abroad to study, so she feared for his （　　）.

　① danger 　　　　② offer 　　　　③ pity 　　　　④ safety

c. Nancy （　　） him as the best football player in the world.

　① regards 　　　　② repairs 　　　　③ reserves 　　　　④ retires

d. The party was not so good and （　　） everyone.

　① disappointed 　　② pleased 　　　　③ satisfied 　　　　④ served

e. In order to keep it （　　）, Ted cleans his desk every day.

　① loose 　　　　② steady 　　　　③ still 　　　　④ tidy

5 次のa〜eの英文の（　　）に入るもっとも適当なものを①〜④の中から1つずつ選びなさい。

（第66回）

a. It is a （　　） of time to play a video game for so many hours.

　① matter 　　　　② plenty 　　　　③ waste 　　　　④ worth

b. We need to improve the （　　） of our English study.

　① angle 　　　　② quality 　　　　③ root 　　　　④ trade

c. Don't （　　） your cat too much, or it will get fat.

　① brush 　　　　② exercise 　　　　③ feed 　　　　④ touch

d. He is at a loss, but your words will （　　） him.

　① bother 　　　　② confuse 　　　　③ encourage 　　　　④ upset

ヒント! at a loss「困って，途方に暮れて」

e. My father will be （　　） with the result of my tennis match today.

　① covered 　　　　② familiar 　　　　③ filled 　　　　④ satisfied

6 次のa〜eの英文の（　　）に入るもっとも適当なものを①〜④の中から1つずつ選びなさい。

（第68回）

a. Everyone trusts him because of his （　　）.

　① effect 　　　　② honesty 　　　　③ trade 　　　　④ amount

b. After moving to the country, his family lived in （　　） with nature.

　① attitude 　　　　② signal 　　　　③ instance 　　　　④ harmony

c. We need to catch the （　　） train in order to get there in time.

　① express 　　　　② fluent 　　　　③ bold 　　　　④ actual

ヒント! in order to *do*「〜するために」

d. The tax is （　　） in the price.

　① hired 　　　　② included 　　　　③ provided 　　　　④ delivered

e. Teachers （　　） her excellent essay.

　① slipped 　　　　② folded 　　　　③ praised 　　　　④ supplied

10 適語選択（長文）

□出題のポイント

- ●長文中の空所に適語を補って英文を完成させる問題。
- ●空所は5つあり，それぞれ文脈に合うものを4つの選択肢の中から1つ選ぶ。
- ●空所の前後の文脈から判断し，意味の通じる選択肢を選ぶ。
- ●空所になっている語は，文の意味から判断できる動詞や形容詞などだけでなく，文と文の論理的関係を示す接続詞やディスコースマーカー（論理関係を表す語句）などもある。
- ●意味のわからない語が出てくることも想定されるので，前後の文脈から語彙の意味を推測する練習も必要。

例題

　次の英文のⓐ〜ⓔの（　　）中にはどんな語句が入りますか。もっとも適当なものを①〜④の中から1つずつ選びなさい。

History is about what has happened in the past. It is usually a *1chronological record of events to do with a civilization or a group. We study history not only because it is interesting to know about the past, but also because a knowledge of this can help us to understand the present. It can also help us （　ⓐ　） making mistakes in the future.

Nowadays, historians have many *2resources for understanding the past. However, long ago their resources were very limited, and in some cultures and societies they are still limited. （　ⓑ　）, there are *3isolated tribes in the country of Papua New Guinea who have no written language. They can communicate only orally and with simple pictures. Their history, therefore, is limited to what has been handed down or drawn on bark or stone walls. There can be no written history （　ⓒ　） there is a form of writing, a material to write with, a material to write on, and so on. The first materials for writing on were stone, tree bark, and animal skins, with paper being used later.

Modern historians have a （　ⓓ　） of written records to consult. These include books, newspapers and personal letters. In more recent years, voice recordings, film, and video records have become available. Furthermore, scientists can study ruins and the remains of cities and civilizations for information about the past. Historians also have records of the actual speeches of many historical leaders.

In an attempt to make as many historical records as possible available to researchers, all this material is now stored, often *4digitally, in libraries. At （　ⓔ　） time in the future, someone will no doubt invent an even more *5efficient way of storing historical information.

*1chronological：年代順の　　*2resource(s)：資料　　*3isolated tribe(s)：未接触部族　　*4digitally：デジタル方式で
*5efficient：効率が良い

ⓐ　（① admit　　　　② avoid　　　　③ deny　　　　④ mind）

ⓑ　（① For example　② In addition　③ In contrast　④ On the other hand）

ⓒ　（① after　　　　② because　　　③ if　　　　④ until）

ⓓ	① lack	② limit	③ wealth	④ welfare）
ⓔ	① any	② each	③ every	④ some）

解説

　冒頭に「歴史とは，過去に起こったことがらです」とあるので，歴史について述べた文章だとわかる。

ⓐ　ⓐを含む文の文頭のIt は歴史を指している。「**歴史を学ぶことで私たちは将来誤りを犯すのを（　　）することができる**」と言っているのだから，② avoid「〜を避ける」を入れれば文意が通る。

ⓑ　直前の文は「しかし，昔は彼ら（＝歴史家）の資料は非常に限られていましたし，いくつかの文化や社会では，今でも資料が限られています」という意味。**空所のあとに書かれている「パプアニューギニアの筆記文字を持たない未接触部族」は，「今でも資料が限られている文化や社会」の具体例にあたる**ので，①「たとえば」が適する。

ⓒ　空所の前は「文字による歴史は存在しません」という意味で，空所のあとは「文字の形式や，文字を書く道具や，文字を書きつける素材などがあります」という意味。**文字や文字を書くための道具がなければ，文字による歴史もありえない**のだから，④「〜まで」を入れれば，「文字の形式…などが存在するまでは，文字による歴史は存在しえない」，つまり「文字の形式…などが存在してはじめて，文字による歴史が存在しうる」となり，文意が通る。

ⓓ　**第2段落が「過去の歴史資料の少なさ」を述べていたのに対し，ⓓのある段落はwritten records to consult「参照するための文字による記録」**のさまざまな例が挙げられているので，ⓓを含む文は，「現代の歴史家には参照するための資料がたくさんある」という内容だと判断できる。**a wealth of 〜 で「豊富な〜」**という意味になるので，③が正解。

ⓔ　ⓔを含む文は「将来の（ ⓔ ）に，きっと誰かが，歴史資料をよりいっそう効率的に保存する方法を発明するでしょう」という意味。**at some time「いつか」**とすれば文意が通るので，④が正解。

解答　ⓐ—②　ⓑ—①　ⓒ—④　ⓓ—③　ⓔ—④

全訳

　歴史とは，過去に起こったことがらです。それはたいてい，ある文明や集団に関係する出来事の，年代順の記録です。私たちが歴史を学ぶのは，過去について知ることが興味深いからというだけでなく，歴史の知識が，私たちが現在を理解するのに役立つ可能性があるからです。さらに，それは私たちが将来誤りを犯すのを（避ける）のにも役立つかもしれません。

　現在，歴史家は過去を理解するための資料をたくさん持っています。しかし，昔は彼らの資料は非常に限られていましたし，いくつかの文化や社会では，今でも資料が限られています。（たとえば），パプアニューギニアという国には，筆記文字を持たない未接触部族がいます。彼らは口頭で，あるいは簡単な絵によってしかコミュニケーションをとることができません。だから彼らの歴史は，伝承されてきたものか，木の皮や石の壁に描かれたものに限られています。文字の形式や，文字を書く道具や，文字を書きつける素材などが存在（してはじめて），文字による歴史は存在しうるのです。文字を書きつける最初の素材は，石や木の皮や動物の皮で，あとになって紙が使われました。

　現代の歴史家には，参照するための文字による記録が（豊富に）あります。その中には書籍や新聞や個人の手紙が含まれます。もっと最近では，音声の録音や映画や動画が利用できるようになりました。さらに，科学者は過去の情報を求めて，遺跡や，都市や文明の遺物を研究することができます。歴史家もまた，多くの歴史上の指導者による実際のスピーチの記録を持っています。

　できるだけ多くの歴史の記録を歴史家が利用できるようにしようとして，このような素材は現在，しばしばデジタル方式で図書館に保管されます。将来の（いつか），きっと誰かが，歴史資料をよりいっそう効率的に保存する方法を発明するでしょう。

（例題は第65回）

実践演習

1 次の英文の ⓐ～ⓔの（　）にはどの語が入りますか。もっとも適当なものを①～④の中から1つずつ選びなさい。

Whether you're young or old, exercise can make your health better. Even though you know about it, many of you want to spend more time watching TV or sitting in front of your computer than exercising your body. If you are busy working, it (ⓐ) you little time to exercise. But you should stop to think about exercise seriously.

The benefits of exercise may (ⓑ) too good to be true, but years of scientific studies have proved that exercise improves health and can extend your life. Just by exercising your body as (ⓒ) as half an hour a day, you are more likely to prevent various health problems such as high blood pressure and bone loss. Regular and proper exercise can also help you sleep better, reduce (ⓓ), control your weight, and feel good.

If you don't exercise at all, what will happen? Your muscles will get small and your heart will get weak. The heart is the most important muscle in the body, which makes blood flow through your body. The heart requires exercise in order to stay in shape. In other words, if you exercise regularly and properly, you can reduce the risks of heart disease. It has been observed that millions of people die from health problems related to (ⓔ) of exercise every year.

ⓐ（① leaves　② makes　③ produces　④ wastes）
ⓑ（① become　② go　③ have　④ sound）
ⓒ（① late　② little　③ light　④ long）
ⓓ（① health　② money　③ liberty　④ stress）
ⓔ（① benefit　② effect　③ goal　④ lack）

ヒント！ exercise と health がキーワード。

2 次の英文の ⓐ～ⓔの（　）にはどの語が入りますか。もっとも適当なものを①～④の中から1つずつ選びなさい。

American people love to have people in their homes. So if you are invited, don't (ⓐ) to accept invitations from them; they will be pleased if you accept their friendship and have a good time with them.

Invitations are often made by telephones or (ⓑ) person. For a formal party or dinner, you will have to answer an invitation either in writing or by telephone. (ⓒ) when you are not asked to answer the invitation, you should let your host know whether you are going to attend or not.

When you later discover that you cannot attend, you had better call the host or hostess and explain (ⓓ) you cannot make it. You should do this as early as possible.

You should arrive at the time when you are supposed to or within five or ten minutes after that time. In the United States, (ⓔ) the hostess is often the cook, she may be busy preparing the meal until the moment the party or dinner begins. If you find that you are going to be more than fifteen minutes late, telephone your hostess and tell her the time when you will arrive.

ⓐ （① agree　② forget　③ have　④ hesitate）

ⓑ （① at　② by　③ for　④ in）

ⓒ （① But　② Even　③ Or　④ So）

ⓓ （① but　② because　③ when　④ why）

ⓔ （① although　② before　③ since　④ until）

ヒント! アメリカにおける人を招く習慣がテーマ。第2段落以降は招待を受けた場合の対応の仕方が述べられている。

3 次の英文のⓐ〜ⓔの（　）の中にはどんな語句が入りますか。もっとも適当なものを①〜④の中から1つずつ選びなさい。　（第66回）

Mr. Yagi's wonderful design for an *LED lamp, which lights from the end of a tube, has （　ⓐ　） a prize in Japan and Germany.

"Using computers, it takes one-tenth of the time it used to take to create an electronic product," Yagi said in his office, which occupies about 30 square meters with its neatly organized bookshelves and the lamps set up on his desk.

"It took about ten months for me to invent this desk light," Yagi continued. "But it would take about a year for 10 to 100 workers to develop a similar product at a big company. I don't even need to hold any useless meetings," he said. "I hate the organizational manners that slow bigger companies."

（　ⓑ　）, design drawings for possible products had to be shown around to various companies on paper to find someone who could make it. After that, it would take about a week to get the first sample.

But thanks to dramatic advances in technology, Yagi can get a sample the very next day. He only emails the data of the design for the item to his staff, who build a sample from it using （　ⓒ　） a printer, which makes the shape of an item from heated plastic, or a machine, which can automatically cut out the sample.

（　ⓓ　） the movement to begin businesses growing in Japan, Yagi said he is aware of his responsibility as one of the up-and-coming starters.

"The government will not support a new business if there are no successful examples," he said. "So, I have to make my business an effective model. I hope I can bring about new waves in the （　ⓔ　） with a new product idea."

*LED：発光ダイオード

ⓐ （① lost　② spoiled　③ thrown　④ won）

ⓑ （① In the past　② In the future　③ In the middle　④ In spite of this）

ⓒ （① another　② both　③ either　④ neither）

ⓓ （① Against　② Unlike　③ With　④ Without）

ⓔ （① economy　② education　③ employment　④ ocean）

ヒント! as one of the up-and-coming starters「将来有望な起業家の1人として」

4 次の英文の@〜@の（　　）の中にはどんな語句が入りますか。もっとも適当なものを①〜④の中から1つずつ選びなさい。　　　　　　　　　　　　　　　　　　　　　　　　　（第68回）

Every day of our lives we can see examples of travel and tourism marketing around us — commercials on TV, advertisements in newspapers, magazines, and on the Internet, posters in stations, etc. This is （　@　） all tourism businesses need to market their products if they hope to be successful. But marketing is not just advertising; it is about researching and identifying the needs of a particular group of customers, and then creating a product that satisfies them.

A large hotel chain, for example, will spend a lot of time and money finding out what its （　ⓑ　） want — what kind of services and *¹facilities they need most, which location they prefer, and how much they are prepared to pay. It will then develop a new product that meets its customers' needs. Then, once the company has the right product, it will use different marketing techniques to let people know about it.

Private companies are not the only ones that do this. *²Tourist boards and other public organizations （　ⓒ　） have products, and it is important that their customers are aware that these exist. From a museum in a country village to the many attractions of a major city like Tokyo, all travel and tourism products need good marketing.

（　ⓓ　）, after-services are also important. The marketing process does not end after a product has been sold. Customers might not be happy with it, and of course people's tastes change over time. Because of this, it is essential to keep in touch with how customers feel about a product. With good research and *³analysis, it is possible to （　ⓔ　） your product, and in this way continue to meet your customers' expectations.

　　　　　　　　*¹facility(ies)：施設・設備　　*²tourist board(s)：観光庁　　*³analysis：分析

@　（① when　② whether　③ because　④ until）

ⓑ　（① staff　② guests　③ hosts　④ employers）

ⓒ　（① also　② never　③ seldom　④ probably）

ⓓ　（① In contrast　② Instead　③ Otherwise　④ In addition）

ⓔ　（① remove　② improve　③ waste　④ admire）

　ヒント！　spend＋O＋〜ing「Oを〜することに費やす」, find out 〜「〜を調べる」

▶ p. 68～70

□ 出題のポイント □□

● 1題ごとに2つの文が与えられ，2文目の文中に（　）があり，4つの選択肢が示されている。

● 2文がほぼ同じ内容を表すように，もっとも適当な選択肢を1つ選ぶ問題。

● 2つの文を読み比べて，どの部分を書きかえるのかを確認する。

● 出題されることの多い書きかえパターンをしっかり把握しておくことが大切。

● 多くの問題を解いて，書きかえの練習を積もう。

例題

次のa～eの各組の英文の内容をほぼ同じにするには（　）の中にどんな語句が入りますか。①～④の中から1つずつ選びなさい。

a. As soon as Lola set eyes on the beautiful dress, she wanted it.

Lola wanted the beautiful dress at（① any moment　② first sight　③ last　④ the time）.

解説

1つ目の文は「ローラはその美しいドレスを目にしたとたん，それが欲しくなりました」という意味。as soon as ~ は「~するとすぐに，~したとたん」という意味。at first sight で「ひと目で，ただちに」という意味を表すので，②が正解。

その他の選択肢は，①は at any moment で「今すぐに（でも），いつなんどきでも」，③は at last で「ついに，とうとう」，④は at the time で「そのときに（は），その時点で」という意味を表す。

解答　②

訳　ローラはひと目でその美しいドレスが欲しくなりました。

b. To tell the truth, I didn't have a good time at the concert.

（① Frankly　② Generally　③ Loosely　④ Roughly）speaking, I didn't have a good time at the concert.

解説

1つ目の文は「正直に言うと，そのコンサートはあまり楽しくありませんでした」という意味。2つ目の文のコンマ以降は1つ目の文とまったく同じなので，to tell the truth を（　）speaking で書きかえればよいとわかる。to tell the truth は「本当のことを言うと，正直に言うと」という意味。① Frankly は「率直に，ありのままに」という意味で，frankly speaking で「率直に言うと，正直に言えば」という意味になるので，これが正解。

②は generally speaking で「一般的に言うと」，③は loosely speaking で「おおざっぱに言うと」，④は roughly speaking で「大まかに言うと」という意味。①～④の〈副詞＋speaking〉という形は文修飾の副詞句としてよく出てくるので，まとめて覚えてしまおう。

書きかえポイント！　to tell the truth ⇒ frankly speaking「正直に言えば」

解答　①

訳　正直に言えば，そのコンサートはあまり楽しくありませんでした。

> **c.** The police officer looked into the details of the accident.
>
> The police officer（① organized　② suspected　③ doubted　④ investigated）the details of the accident.

［解説］

　1つ目の文は「警察官はその事故の詳細を調べました」という意味。2つ目の文の（　　）以外は1つ目の文とまったく同じなので，**look into ～「～を調べる」**と同じ意味を持つ語を選択肢から選べばよい。④ investigated は **investigate「～を調査〔捜査〕する，～を研究する」**の過去形なので，これが正解。

　① の organize は「～を準備する，（考えなど）をまとめる」という意味を表す。② の suspect は that 節を目的語にして「～ではないかと疑う」という意味を表す。③ の doubt は「～を疑う」という意味の動詞だが，suspect と違って「～ではないと思う」という意味を表す。

　　　　書きかえポイント!　look into ～「～を調べる」⇒ investigate「～を調査〔捜査〕する」

［解答］　④

［訳］　警察官はその事故の詳細を調べました。

> **d.** There is no building a fire with wet wood.
>
> It is（① careless　② impossible　③ possible　④ unnatural）to build a fire with wet wood.

［解説］

　1つ目の文は「濡れたたきぎで火をおこすことはできません」という意味。**There is no ～ing. で「～することはできない」**という意味を表すことに注意。2つ目の文は〈**It is ～＋to 不定詞 ....**〉「…することは～だ」の形式主語構文になっているので，（　　）には「～できない」という意味を表す語が入ることになる。① careless は「不注意な」，② impossible は「不可能な」，③ possible は「可能な」，④ unnatural は「不自然な」という意味なので，② が正解。

　　　　書きかえポイント!　There is no ～ing.「～することはできない」

　　　　　　　　　　⇒〈It is impossible＋to 不定詞 ～.〉「～することは不可能だ」

［解答］　②

［訳］　濡れたたきぎで火をおこすことは不可能です。

> **e.** This medicine can get rid of your headache.
>
> This medicine can（① increase　② reduce　③ remove　④ soften）your headache.

［解説］

　1つ目の文は「この薬はあなたの頭痛を取り除くことができます」という意味。**get rid of ～ は「～を捨てる，取り除く」**という意味で，これと同じ意味を持つ語を選べばよい。① increase は「～を増やす，高める」，② reduce は「～を減少させる，減らす」，③ remove は「～を撤去する，取り除く」，④ soften は「～を柔らかくする」という意味なので，③ が正解。

　　　　書きかえポイント!　get rid of ～「～を捨てる，取り除く」⇒ remove「～を撤去する，取り除く」

［解答］　③

［訳］　この薬はあなたの頭痛を取り除くことができます。

（例題は第65回）

実 践 演 習

1 次のa～eの各組の英文の内容をほぼ同じにするには（　　）にどの語が入りますか。もっとも適当なものを①～④の中から1つずつ選びなさい。

a. I'm on a diet, so I will never eat sweets.

I'm on a diet. By no (① accidents　② chances　③ means　④ opportunities) will I eat sweets.

ヒント! never ＝by no ～?

b. Your grandmother is very active. I cannot believe she is eighty.

I think your grandmother is very active (① against　② for　③ on　④ without) her age of eighty.

c. Bob and Eileen moved to Chicago to stay there forever.

Bob and Eileen moved to Chicago to stay there for (① free　② good　③ nothing　④ themselves).

d. My sister always bites her nails.

My sister has a (① costume　② habit　③ rule　④ tradition) of biting her nails.

e. Mike has been friendly with me.

Mike and I have been on good (① ends　② sides　③ terms　④ points).

2 次のa～eの各組の英文の内容をほぼ同じにするには（　　）にどの語が入りますか。もっとも適当なものを①～④の中から1つずつ選びなさい。

a. The actor showed up at the ceremony late.

The actor (① affected　② amused　③ announced　④ appeared) at the ceremony late.

ヒント! show up「姿を現す」

b. Production slows down and in turn prices go up.

As a (① rent　② relation　③ respect　④ result) of decreased production, prices go up.

c. I found some old photos by chance while cleaning my room.

I came (① across　② at　③ for　④ with) some old photos while cleaning my room.

d. I barely arrived at school before the bell rang.

I barely (① came　② made　③ visited　④ went) it to school before the bell rang.

e. New York is twice as large as our city.

New York is twice the (① condition　② number　③ pressure　④ size) of our city.

3 次のa～eの各組の英文の内容をほぼ同じにするには（　　）の中にどんな語句が入りますか。①～
④の中から１つずつ選びなさい。 （第66回）

a．People should do all they can to get a good job.

People should（① lose ② give ③ miss ④ use）every opportunity to get a good job.

b．Betty felt ill at ease when she was taking the English exam.

Betty felt（① comfortable ② uncomfortable ③ easy ④ satisfied）when she was taking the English exam.

ヒント！ ill at ease「不安な，落ち着かない」

c．Tim visits his old school once in a while.

Tim（① hardly ever ② often ③ never ④ sometimes）visits his old school.

d．Students must account for being late for school.

Students must（① consider ② discuss ③ explain ④ imagine）why they were late for school.

e．The mayor doesn't agree with building a shopping mall there.

The mayor is（① against ② for ③ making ④ supporting）the plan for the new shopping mall.

4 次のa～eの各組の英文の内容をほぼ同じにするには（　　）の中にどんな語句が入りますか。①～
④の中から１つずつ選びなさい。 （第68回）

a．They made great efforts to solve their problems with computers.

They worked very hard to（① overcome ② figure ③ inquire ④ prevent）their issues with computers.

b．Grey clouds lie across the Kanto area.

There are grey clouds（① serving ② leaving ③ ruining ④ covering）the Kanto area.

ヒント！ there is[are]＋名詞＋～ing「(名詞)が～している」

c．He is never appreciated as the best tennis player at the university.

He is（① nothing but ② often ③ far from ④ depending on）being recognized as the best tennis player at the university.

d．Thanks to the 1964 Tokyo Olympics, the Japanese economy developed rapidly.

The 1964 Tokyo Olympics（① delayed ② congratulated ③ advanced ④ spoiled）the economic growth of Japan.

e．Many employees asked the company for higher salaries.

Many employees（① heard about ② questioned ③ doubted ④ requested）higher salaries from the company.

□出題のポイント

● 4つの語句を並べかえて意味のとおる英文を作る問題。

● 語句の正しい並び順を4つの選択肢の中から1つ選ぶ。

● 与えられた語句の中や（　）の直前に動詞がある場合は，動詞を中心に考えていくとよい。動詞の語法や文型の知識を活用して，語句を組み立てていこう。

● 文法・イディオムの知識が試される問題が多い。特に近年は倒置が頻繁に出題されている。多くの問題を解いて，知識を身につけておこう。　　　　　　　　　　　　▶ p. 65〜70

例題

次のa〜eの英文の意味が通るようにするには，（　）の中の語句をどのように並べたらよいですか。正しい順序のものを①〜④の中から1つずつ選びなさい。

a. Cathy's grandfather tried to（1. **her**　2. **get**　3. **stop**　4. **to**）**crying.**

[① 2-1-4-3　② 2-4-3-1　③ 3-1-4-2　④ 3-1-2-4]

解説

（　）の前の tried to は〈try＋to 不定詞〉「〜しようとする」の形なので，最初にくるのは動詞の原形だとわかる。語群にある動詞の原形は get と stop だが，get は〈get＋人＋to 不定詞〉で「（人）に〜させる」という使役の意味を表すことを思い出そう。get her to stop と並べれば，「キャシーの祖父は彼女に泣くのをやめさせようとしました」となり，文意が通る。

なお，使役動詞 get が to 不定詞を使うのに対し，使役動詞 make, let, have は〈make〔let, have〕＋人＋動詞の原形〉という形をとることも確認しておこう。

ポイント!　・〈try＋to 不定詞〉「〜しようとする」

・〈get＋人＋to 不定詞〉「（人）に〜させる」　※make, let, have との違いに注意。

解答　①

訳　キャシーの祖父は彼女に泣くのをやめさせようとしました。

b. We should（1. **advantage**　2. **the fine weather**　3. **take**　4. **of**）**to go on a picnic.**

[① 1-4-2-3　② 3-1-4-2　③ 3-2-1-4　④ 3-4-1-2]

解説

（　）の直前に should があるので，最初にくるのは動詞の原形の take に決まる。語群に advantage と of があるので，**take advantage of 〜「〜を活用する」**という表現を思い出せば，take advantage of the fine weather で「よい天気を活用すべきです」となり，文意が通る。（　）のあとの to go on a picnic は「ピクニックに行くために」という目的を表している。

なお，take advantage of 〜 には「〜を悪用する，〜につけこむ」という意味もある。

ポイント!　・take advantage of 〜「〜を活用する」

解答　②

訳　私たちはピクニックに行くためによい天気を活用すべきです。

c．No（1. sooner　2. I　3. come　4. had）to my office than the phone rang.
　　　[① 1-2-4-3　② 1-4-2-3　③ 1-4-3-2　④ 3-2-4-1]

解説

　文頭に No があり，語群に sooner があり，さらに文の途中に than があるので，**No sooner 〜 than ....「〜するとすぐに…する」**を使った文だとわかる。**文頭に no などの否定語がくる場合は，主語と動詞が倒置されて疑問文の語順になる。**また，過去のことを言う場合，No sooner のあとでは過去完了〈had ＋過去分詞〉を使うので，No sooner had I come という語順になる。問題の文は As soon as I came to my office, the phone rang. と書きかえることができる。

　　　　　　　ポイント!　・No sooner 〜 than ....「〜するとすぐに…する」
　　　　　　　　　　　　・No sooner のあとは過去完了で，さらに倒置が起こって疑問文の語順になる。

解答　②

訳　私が会社に着くとすぐに，電話が鳴りました。

d．The 20ᵗʰ century（1. in　2. progress　3. great　4. saw）science.
　　　[① 1-2-4-3　② 4-1-3-2　③ 4-2-3-1　④ 4-3-2-1]

解説

　語群の中で動詞の可能性があるのは progress と saw だが，**主語の The 20ᵗʰ century が 3 人称単数なので，動詞は 3 単現の s がついた形か，または過去形のはず。**よって saw が動詞で，progress は「進歩，前進」という意味の名詞だと判断できる。形容詞 great を progress につけて great progress「大きな進歩」とし，in science「科学における」をあとに続ければ，「20世紀は科学における大きな進歩を見ました」，つまり「20世紀には科学における大きな進歩が見られました」となり，文意が通る。

　　　　　　　　　ポイント!　・主語や時制を考えて，述語動詞として使える語を見極める。

解答　④

訳　20世紀には科学における大きな進歩が見られました。

e．I usually（1. make　2. manage　3. myself　4. to）understood in Spanish.
　　　[① 1-2-3-4　② 1-3-4-2　③ 2-4-1-3　④ 2-4-3-1]

解説

　主語が I なので，make と manage の両方に述語動詞の可能性がある。そこで to に注目する。この to を to 不定詞の一部だと考えれば，〈**manage＋to 不定詞**〉「**何とか〜する，どうにかして〜する**」の形で使える。さらに，（　　）のあとの understood に注目して，**make *oneself* understood「自分自身を理解してもらう，自分の意思を伝える」**というイディオムを思い出せれば，manage to make myself understood in Spanish で「スペイン語で自分の意思を伝える」となり，文意が通る。

　　　　　　ポイント!　・〈manage＋to 不定詞〉「何とか〜する，どうにかして〜する」
　　　　　　　　　　　・make *oneself* understood「自分自身を理解してもらう，自分の意思を伝える」

解答　③

訳　私はふだん，何とかスペイン語で自分の意思を伝えています。

（例題は第65回）

実践演習

1 次の a ～ e の英文の意味が通るようにするには，（　　）の中の語をどのように並べたらよいですか。正しい順序のものを①～④の中から１つずつ選びなさい。

a．Bad economy（1. companies　2. from　3. creating　4. prevents）jobs.

[① 3-2-1-4　② 3-4-1-2　③ 4-1-2-3　④ 4-3-1-2]

ヒント！ prevent＋O＋from ～ing「O が～するのを妨げる」

b．There（1. to　2. seems　3. be　4. some）misunderstanding between you and me.

[① 2-1-3-4　② 2-3-4-1　③ 3-1-2-4　④ 3-1-4-2]

ヒント！ There seems to be ～.「～があるようだ」

c．It（1. goes　2. saying　3. that　4. without）if you have a lung problem, you should not smoke.

[① 1-2-3-4　② 1-3-2-4　③ 1-3-4-2　④ 1-4-2-3]

d．The day will（1. come　2. when　3. we　4. can）travel to the moon.

[① 1-2-3-4　② 1-2-4-3　③ 1-3-4-2　④ 1-4-3-2]

e．All you（1. have　2. do　3. to　4. is）open the can and water it.

[① 1-2-3-4　② 1-3-2-4　③ 3-1-4-2　④ 3-2-4-1]

2 次の a ～ e の英文の意味が通るようにするには，（　　）の中の語をどのように並べたらよいですか。正しい順序のものを①～④の中から１つずつ選びなさい。

a．Tom was in（1. habit　2. taking　3. the　4. of）a walk before breakfast.

[① 1-4-3-2　② 2-3-1-4　③ 2-3-4-1　④ 3-1-4-2]

b．Keep（1. mind　2. in　3. that　4. it）there are few gas stations in the area.

[① 1-2-4-3　② 2-1-3-4　③ 3-2-1-4　④ 4-2-1-3]

c．He was worn out and（1. like　2. home　3. going　4. felt）to sleep.

[① 1-3-4-2　② 1-4-2-3　③ 4-1-2-3　④ 4-1-3-2]

d．Had（1. it　2. for　3. not　4. been）her death, she would have become the first female president in the country.

[① 1-2-3-4　② 1-2-4-3　③ 1-3-4-2　④ 1-4-3-2]

e．The government（1. do　2. not　3. to　4. decided）away with the law.

[① 1-2-4-3　② 1-4-3-2　③ 4-2-3-1　④ 4-3-2-1]

3　次のa～eの英文の意味が通るようにするには，（　　）の中の語句をどのように並べたらよいですか。正しい順序のものを①～④の中から1つずつ選びなさい。　（第66回）

a．Mary turned out to （1. be　2. better　3. than　4. far） the other girls at tennis.
　　［① 1-2-3-4　② 1-4-2-3　③ 4-1-2-3　④ 4-2-3-1］

b．Hardly （1. game　2. had　3. started　4. the） in the stadium when my smartphone rang.
　　［① 2-4-1-3　② 2-4-3-1　③ 4-1-2-3　④ 4-3-1-2］

c．Sandra （1. be　2. anxious　3. may　4. well） about the test result.
　　［① 3-1-2-4　② 3-4-1-2　③ 3-4-2-1　④ 4-3-1-2］

　　　　　　　　　　　　　　　ヒント！　「～するのも無理はない」という意味を表すには？

d．Don't （1. the rain　2. caught　3. get　4. in） without an umbrella.
　　［① 1-3-2-4　② 2-4-3-1　③ 3-2-4-1　④ 3-4-2-1］

e．It used to be （1. taken　2. granted　3. for　4. that） the earth was flat.
　　［① 1-3-2-4　② 1-4-2-3　③ 2-3-1-4　④ 4-2-3-1］

4　次のa～eの英文の意味が通るようにするには，（　　）の中の語句をどのように並べたらよいですか。正しい順序のものを①～④の中から1つずつ選びなさい。　（第68回）

a．China and Japan have （1. strengthening　2. been　3. ties　4. cultural） in recent years.
　　［① 2-1-4-3　② 2-3-1-4　③ 3-1-2-4　④ 4-3-1-2］

b．He is not （1. so　2. as　3. a scientist　4. much） a doctor.
　　［① 1-3-2-4　② 1-4-3-2　③ 2-1-3-4　④ 4-1-3-2］

　　　　　　　　　　　　　　　ヒント！　「AというよりはむしろB」という意味を表すには？

c．The city park was （1. blooming　2. with　3. roses　4. filled） and tulips.
　　［① 1-4-2-3　② 3-1-2-4　③ 3-4-2-1　④ 4-2-1-3］

d．The old toy is one （1. most　2. of　3. prized　4. his） presents.
　　［① 1-3-2-4　② 2-4-1-3　③ 2-4-3-1　④ 3-4-2-1］

e．The marriage of （1. what　2. was　3. made　4. their daughter） them happy last year.
　　［① 2-3-1-4　② 3-4-1-2　③ 4-2-1-3　④ 4-2-3-1］

5　次のa～eの英文の意味が通るようにするには，（　　）の中の語句をどのように並べたらよいですか。正しい順序のものを①～④の中から1つずつ選びなさい。　（第64回）

a．I （1. a flight　2. had　3. reserve　4. my secretary） to London.
　　［① 2-1-4-3　② 2-3-4-1　③ 2-4-3-1　④ 3-1-4-2］

b．Seldom （1. he　2. to　3. write　4. would） his old friends.
　　［① 1-4-3-2　② 2-3-1-4　③ 4-1-2-3　④ 4-1-3-2］

c．These pictures （1. our vacation　2. me　3. remind　4. of） in Hawaii.
　　［① 3-1-4-2　② 3-2-4-1　③ 4-1-3-2　④ 4-2-3-1］

d．I didn't （1. mean　2. hurt　3. to　4. her） feelings by saying so.
　　［① 1-3-2-4　② 1-4-3-2　③ 2-3-1-4　④ 2-4-3-1］

e．No （1. paid　2. attention　3. was　4. to） the elders' advice.
　　［① 2-3-1-4　② 2-3-4-1　③ 3-1-2-4　④ 4-2-3-1］

まとめて チェック！(3) 単語・イディオム

頻繁に問題の題材に使われるトピックに関連する単語・イディオム・複合語などをまとめておく。

①経済（economy）

□economic	□経済の；経済学（上）の　*economical との意味の違いに注意！
□economical	□（物事が）経済的な；（人が）倹約する，節約する
□consumer	□消費者　*反意語はproducer「生産者」。
□consume	□〜を消費する
□commercial	□商業（上）の，貿易の；広告放送，コマーシャル
□customer	□顧客，取引先
□customer service	□カスタマーサービス，アフターサービス
□employ	□〜を雇う〔雇用する〕　*be employed「雇われて〔勤めて〕いる」
□employee	□従業員，社員　*hire an employee「従業員を雇い入れる」
□employer	□雇い主，社長；企業主
□employment	□雇用（量）；勤務　*反意語は unemployment。
□unemployment	□失業（状態）；失業者数，失業率
□factory	□工場
□industry	□産業；工業；勤勉
□industrial	□産業の，工業の　*industrial society「工業社会」
□manufacture	□製造（業）；〜を製造する，〜を生産する
□produce	□〜を製造する；〜を生み出す　*名詞形は production。
□production	□製造，生産
□product	□製品；生産物
□purchase	□〜を購入する；購入；購入品
□company	□会社　*enjoy 〜's company「〜と一緒にいることを楽しむ」, keep company with〜「〜と付き合う」の company は「同席すること；仲間」を意味する
□organization	□組織体，団体；組織化；組織
□labor	□労働，賃金労働；骨折り；労働者階級　*英国式の綴りは labour。
□sale	□販売；（〜sで）売上高，販売数；特売 　*for sale は「売り物の」, on sale は「販売されて；特価で」。
□salary	□給料，サラリー　*His salary is high[low].「彼の給料は高い〔低い〕」
□sell	□売る；売られる　*The book sells well.「この本は売れ行きがよい」
□wage	□（通例〜sで）賃金，給料 　*My wages are 600 dollars a week.「私は週給600ドルもらっている」
□demand	□需要；要求；〜を要求する
□manage	□〜を経営する，〜を管理する　*manage＋to 不定詞「なんとか〜やる」
□provide A with B[B for A]	□A（人・場所）に B（必要な物）を供給する，備えつける
□profit	□利潤，利益　*profit from 〜「〜から利益を得る」
□supply	□供給；（supplies で）必需品；〜を供給する
□debt	□借金，借り，負債　*be in debt（to 〜）「（〜に）借金をしている」

□job interview	□就職の面接　＊have a job interview「就職の面接がある」
□shop	□店；買い物をする　＊go shopping「買い物に行く」
□expensive	□高価な，値段が高い，費用がかかる
□inexpensive	□費用のかからない，割安の，安い
□cheap	□（品物が）安い；（店などが）商品の安い
□ad	□advertisement「広告」の略。
□catalog	□カタログ，目録
□fix	□〜を修理する，治す；〜を固定する；〜を整える
□repair	□〜を修理する；修理
□guarantee	□（品質などの）保証；保証書；保証金；〜を保証する
	＊There is a three-year guarantee on 〜.「〜には３年間の保証が付いている」
□deliver	□〜を配達する；（意見など）を述べる
□delivery	□配達，送付；配達物　＊express delivery「速達便」
□service	□業務；勤務；（バスなどの）便；アフターサービス

②出張旅行（business trip）

□go on a trip to 〜	□〜へ旅行に行く
□book	□本；帳簿；（部屋など）を予約する
□reserve	□（部屋など）を予約する　＊名詞形はreservation。
□reservation	□予約；予約席〔室〕　＊have a reservation「予約を入れている」
□cancel	□〜を取り消す　＊cancel a reservation「予約を取り消す」
□flight	□飛行便　＊a non-stop flight「直行便」
□check in	□（ホテルなどに）チェックインする；搭乗手続きをする
□check out	□（ホテルなどから）チェックアウトする

③健康（health）

□suffer from 〜	□（病気など）にかかる；〜に苦しむ
□die of[from] 〜	□〜（が原因）で死ぬ
□disease	□病気　＊illness, sicknessに対して，病名のはっきりしたものを言う。
□medicine	□（内服）薬，薬剤；医学　＊take medicine(s)「薬を飲む」
□temperature	□温度，気温，体温　＊take 〜's temperature「〜の体温を測る」
□cough	□咳をする
□cure	□（病気）を治す，治療する；治療（法）
□recover	□〜を回復する　＊recover from 〜「（病気など）から回復する」
□digest	□（食物）を消化する
□injure	□（人など）を傷つける　＊She injured her knee.「彼女は膝をけがした」
□welfare	□福利，幸福；福祉の

④社会（society）

□nation	□国家
□developed	□先進の，発達した　＊a developed country[nation]「先進国」
□developing	□発展途上の　＊a developing country[nation]「発展途上国」
□aging society	□高齢化社会
□face	□顔；（問題など）に直面する

□fight against ～　　　　　□(困難など) と闘う；(敵) と戦う

□fight for ～　　　　　　　□～のために〔～を求めて〕戦う

□solve　　　　　　　　　　□～を解決する　＊名詞形は solution。

□solution　　　　　　　　　□解決策；解答；解明　＊seek a solution of ～「～の解決策を模索する」

□be concerned about ～　　□～について心配している〔憂慮している〕

□poverty　　　　　　　　　□貧困；欠乏　＊形容詞 poor の名詞形；live in poverty「貧しい生活をする」

□hunger　　　　　　　　　□飢え，空腹感，飢饉　＊形容詞 hungry の名詞形

□starve (to death)　　　　　□餓死する，飢える；～を餓死させる

⑤環境 (environment)，エネルギー (energy)

□(the) earth　　　　　　　□(しばしば the Earth で) 地球；地球の全住民；土

　　　　　　　　　　　　　　＊on earth「地球上で，世界中で；(疑問詞の直後で) いったい全体」

□exist　　　　　　　　　　□存在する；存続する，生存する

□existence　　　　　　　　□存在；存続，生存　＊動詞 exist の名詞形。

□extinct　　　　　　　　　□(種などが) 絶えた，絶滅した

□dying　　　　　　　　　　□死にかけている，廃れつつある　＊動詞 die から派生した形容詞。

□garbage　　　　　　　　　□生ゴミ，くず

□last　　　　　　　　　　　□持ちこたえる，持続する

□use ～ up　　　　　　　　□～を使い果たす〔使い尽くす〕

□waste　　　　　　　　　　□～を浪費する，消耗する，～を荒廃させる

□shortage of ～　　　　　　□～の不足　＊shortage は形容詞 short の名詞形。

□lack　　　　　　　　　　　□～を欠いている；(be lacking で) 不足している

　　　　　　　　　　　　　　＊lack of ～「～の欠如〔欠乏〕」

□the future[past] generation(s)　□未来の〔前代の〕人々

□nature　　　　　　　　　　□自然

□pollute　　　　　　　　　□～を汚染する

□pollution　　　　　　　　□汚染，公害

□protect　　　　　　　　　□～を保護する，～を守る　＊protected species「天然記念物，保護種」

□save　　　　　　　　　　　□～を保護する；～を節約する；～を残しておく

□disappear　　　　　　　　□姿を消す；存在しなくなる，消滅する

□disappearance　　　　　　□消失，消滅　＊動詞 disappear の名詞形。

□energy　　　　　　　　　　□エネルギー；活力　＊an energy crisis「エネルギー危機」

□electricity　　　　　　　　□電気　＊The electricity was cut off.「電気が止められた，停電した」

□coal　　　　　　　　　　　□石炭

□gasoline　　　　　　　　　□ガソリン

□natural gas　　　　　　　□天然ガス

□power　　　　　　　　　　□電力，エネルギー；力；権力，勢力；～に電力を供給する

　　　　　　　　　　　　　　＊a power plant「発電所」

□plant　　　　　　　　　　□植物；製造工場；施設；～を植える

□reduce　　　　　　　　　　□～を減らす

□decrease　　　　　　　　　□～を減らす，減る

□increase　　　　　　　　　□～を増やす，増える

まとめて チェック！⑷　文法・構文

　1級の同意文の書きかえ問題を解くにあたっては，文法事項や慣用表現の広範な知識が要求される。ここでは，比較的よく出る書きかえのパターンを列挙する。

①動作主名詞構文を用いた書きかえ……「～な人」を表す名詞を用いて，S（動作主）is a ～.の文に

□（例1）　Jane cooks well.（ジェーンは上手に料理します）

　　　　⇔Jane is a good cook.（ジェーンは上手な料理人です）

　　　　＊「料理する」を表す動詞 cook を「料理をする人」を表す名詞 cook に書きかえている。

　　　　　→上の副詞 well が形容詞 good に変わっている。

□（例2）　My father gets up early.（父は朝早く起きます）

　　　　⇔My father is an early riser.（父は早起きです）

　　　　＊「起きる」を表す動詞句 get up を「起きる人」を表す名詞 riser に書きかえている。

　　　　　→上の副詞の early「（朝）早く」が，形容詞「（朝の）早い」に変わっている。

□（例3）　I don't know much about this place.（私はこのあたりの場所についてはあまり知りません）

　　　　⇔I am a stranger here.（私はこのあたりには不慣れです）

　　　　＊「（場所に）不案内な人」を表す名詞 stranger で書きかえている。

②動詞派生名詞構文を用いた書きかえ……動詞から派生した名詞を用いる

□（例1）　I was surprised that he didn't pass the exam .

　　　　（彼がその試験に合格しなかったので驚きました）

　　　　⇔I was surprised that he failed in the exam .（彼がその試験に失敗したので驚きました）

　　　　⇔I was surprised at his failure in the exam .（彼の試験の失敗に驚きました）

　　　　＊動詞 fail「失敗する」から派生した名詞 failure「失敗」を用いて書きかえている。not pass「～を合格しない」→fail in ～「～に失敗する」→failure in ～「～の失敗」

□（例2）　I'm sure that he will succeed.（彼は必ず成功するでしょう）

　　　　⇔I'm sure of his success.（彼の成功を確信しています）

　　　　＊動詞 succeed「成功する」から派生した名詞 success「成功」を用いて書きかえている。

③形容詞派生名詞構文を用いた書きかえ……形容詞から派生した名詞を用いる

□（例1）　She is worried that her mother is ill .（彼女は母親が病気であることを心配しています）

　　　　⇔She is worried about her mother's illness .（彼女は母親の病気について心配しています）

　　　　＊形容詞 ill「病気の」から派生した名詞 illness「病気（の状態）」を用いて書きかえている。

④無生物主語の構文を用いた書きかえ

　　　　＊無生物主語の構文とは…原因や理由，条件，手段など（無生物）を主語にして，それが人を「～させる」
　　　　　　　　　　　　　　　という形で表す。

□（例1）　The plane could not take off because of heavy snow.

　　　　⇔Heavy snow prevented the plane from taking off.

　　　　　（激しい雪のために飛行機は離陸できませんでした）

　　　　＊下の文を直訳すると「激しい雪は飛行機が離陸するのを妨げました」。heavy snow は原因を表す無生物主語で，これが飛行機の離陸を妨げているので，**prevent＋O＋from ～ing「Oが～するのを妨げる」**の形を用いて書きかえている。prevent の代わりに stop，keep を使うこともできる。

□（例2）　Thanks to the scholarship, he was able to study at college.

⇔The scholarship enabled him to study at college.

⇔The scholarship allowed him to study at college.

（奨学金のおかげで，彼は大学で勉強することができました）

＊the scholarship は「私が大学で勉強できる」ための理由にあたる。**enable＋O＋to 不定詞**「**O が～するのを可能にする**」，**allow＋O＋to 不定詞**「**O が～するのを許す**」の形を用いて書きかえている。enable は able から派生した動詞。

□（例3）　If you take this train, you can get to ～.（この電車に乗れば～に着きます）

⇔This train will take you to ～.（この電車があなたを～へ連れて行くでしょう）

＊this train は手段を表す無生物主語で，**take＋O＋to ～**「**O を～へ連れて行く**」の形を用いて書きかえている。

□（例4）　If you do exercise regularly, you will be healthier.

（定期的に運動すれば，もっと健康になるでしょう）

⇔Regular exercise will make you healthier.（定期的な運動であなたはもっと健康になるでしょう）

＊regular exercise は条件を表す無生物主語で，**make＋O＋C**「**O を C（の状態）にする**」の形を用いて書きかえている。

□（例5）　Because of the noise, I couldn't sleep all night.

⇔The noise kept me awake all night.

（その騒音のために，私は一晩中眠れませんでした）

＊the noise は原因を表す無生物主語で，**keep＋O＋C**「**O を C（の状態）に保つ**」の形を用いて書きかえている。

□（例6）　He had an accident and lost his sight.（彼は事故にあって失明しました）

⇔An accident deprived him of his sight.（事故は彼の視力を奪いました）

⇔An accident cost him his sight.（事故は彼に視力を失わせました）

＊an accident は原因を表す無生物主語で，**deprive＋O＋of ～**「**O（人）から～を奪う**」，**cost＋O_1＋O_2**「**O_1（人）に O_2（損失・犠牲）を支払わせる**」の形を用いて書きかえている。

□（例7）　When I look at this picture, I remember my childhood.

⇔This picture reminds me of my childhood.

（私はこの写真を見ると，子どもの頃を思い出します）

＊**remind＋O＋of ～**「**O（人）に～を思い出させる**」の形を用いて書きかえている。

□（例8）　If you use this machine, you will not have to waste a lot of time.

（あなたがこの機械を使えば，たくさんの時間を浪費する必要はなくなるでしょう）

⇔This machine will save you a lot of time.

（この機械を使えば，あなたはたくさんの時間を節約することになるでしょう）

＊**save＋O_1＋O_2**「**O_1（人）の O_2（時間など）を省く〔節約する〕**」の形を用いて書きかえている

□（例9）　Why do you feel so lonely?（なぜあなたはそれほど孤独を感じるのですか）

→What makes you feel so lonely?（何があなたをそれほど孤独に感じさせるのですか）

＊Why で始まる疑問文は，**What makes＋O＋動詞の原形?**「**何が O を～させるのか**」の形を用いて書きかえることができる。ここでは what が原因・理由を表す無生物主語。

□（例10）　How did the war start?（その戦争はどのように始まりましたか）

⇔What brought about the war?（何がその戦争を引き起こしましたか）

　　　＊what は原因を表す無生物主語で，bring about ～「～を引き起こす」の表現を用いて書きかえ
　　　ている。bring about の代わりに cause を使うこともできる。

⑤ ④と類似の書きかえ……主語と目的語を入れ替える

□（例1）　She <u>came up with</u> a good idea.（彼女はよい考えを思いついた）
　　　⇔She <u>hit on</u> a good idea.
　　　⇔A good idea <u>occurred to</u> her (mind).（よい考えが彼女の心に浮かんだ）
　　　＊**S＋come up with ～＝S＋hit on ～「S（人）が～を思いつく」**
　　　⇔**S＋occur to ～「S（考えなど）が～の心に浮かぶ」**

⑥疑問詞で始まる節の書きかえ

□（例1）　Do you know <u>where he lives</u>?（あなたは彼がどこに住んでいるか知っていますか）
　　　⇔Do you know <u>his address</u>?（あなたは彼の住所を知っていますか）
　　　＊「彼がどこに住んでいるか」を「彼の住所」に言いかえる。

□（例2）　<u>How many people</u> live in Tokyo?（東京には何人の人が住んでいますか）
　　　⇔What is <u>the number of people</u> living in Tokyo?（東京に住んでいる人の数はどのくらいですか）
　　　⇔What is <u>the population</u> of Tokyo?（東京の人口はどのくらいですか）
　　　＊「(場所)に住んでいる人の数」は「(場所)の人口」を意味する。population のように尺度など
　　　を表す名詞を使って「どのくらい～か？」と尋ねるときは how ではなく what を使う。
　　　（類例）・How much is ～? ⇔ What is the price of ～?（～の値段はいくらですか）
　　　　　　　・How tall is ～? ⇔ What is the height of ～?（～の高さはどのくらいですか）
　　　　　　　・How far is it from ～ to ...? ⇔ What is the distance from ～ to ...?
　　　　　　　　　　　　　　　　　　　　　　　　　　　（～から…の距離はどのくらいですか）

⑦接続詞と前置詞の書きかえ

□（例1）　The plane could not take off <u>because</u> it snowed heavily.
　　　（雪が激しく降ったので飛行機は離陸できませんでした）
　　　⇔The plane could not take off <u>because of</u> heavy snow.　＊because of ～「～のために」
　　　⇔The plane could not take off <u>due to</u> heavy snow.　＊due to ～「～が原因で」
　　　⇔The plane could not take off <u>on account of</u> heavy snow.　＊on account of ～「～が原因で」
　　　（激しい雪のために飛行機は離陸できませんでした）

□（例2）　Bob came to see you <u>while</u> you were out.（あなたが外出している間にボブが会いに来ました）
　　　⇔Bob came to see you <u>during[in]</u> your absence.（あなたの留守中にボブが会いに来ました）
　　　＊接続詞 **while**「～する間」は前置詞 **during**「～の間」で書きかえることができる。上の文の
　　　out は「外出中で」。下の文の absence は absent「不在の」の名詞形。

□（例3）　<u>Although</u> it was raining, they went out.（雨が降っていましたが，彼らは外出しました）
　　　⇔<u>In spite of</u> the rain, they went out.（雨にもかかわらず，彼らは外出しました）
　　　＊接続詞 **although**「～にもかかわらず」は前置詞句 **in spite of ～**「～にもかかわらず」で書き
　　　かえることができる。of のあとの the rain は上の文中の節 it was raining を言いかえたもの。

□（例4）　<u>Whenever[No matter when]</u> I read this novel, I am brought to tears.
　　　⇔I can't read this novel <u>without</u> being brought to tears.
　　　（私は涙なしにこの小説を読むことはできません）
　　　＊～ **whenever[no matter when]** ...「…するときはいつでも～」
　　　⇔**not[never] ... without ～ing**「～することなしに…しない，…すれば必ず～する」

第1回

英 語 検 定 模 擬 試 験 問 題

1 級

─── 注 意 ───

1. 解答にあたえられた時間は90分です。試験開始後の途中退場はできません。

2. 問題は全部で12問あります。

3. 問題 ②〜 ⑥ は「聞き方」の試験です。15分程経ってから開始されます。余裕があれ
   ば，放送が始まる前に問題に目を通しておいてもかまいません。

4. いっさい声を出して読んではいけません。

5. 印刷不明のところのほかは，問題についての質問はいっさいできません。

6. 解答用紙は別紙になっています。**答えはすべて解答用紙にマークしなさい。**

7. 筆記用具はBまたはHBの黒鉛筆またはシャープペンシルを用いなさい。
   （万年筆，ボールペンは使用不可）

8. 氏名等，必要事項を解答用紙の決められた欄に記入およびマークしなさい。

解答用紙 p.107

解答用紙番号	
受験番号	

年	組	番
氏名		

1 次の各組の中に，第1音節（1番目の部分）をもっとも強く発音する語が1つずつあります。その語の番号を選びなさい。

a.　① con-sist　　② op-pose　　③ voy-age　　④ be-have
b.　① tech-nique　② ac-count　 ③ a-gent　　 ④ re-gret
c.　① at-trac-tive　② hon-es-ty　③ em-ploy-er　④ de-ter-mine
d.　① cel-e-brate　② pro-pos-al　③ in-vest-ment　④ em-bar-rass
e.　① ca-pac-i-ty　② in-de-pend-ence　③ pol-i-ti-cian　④ cal-cu-la-tor

2 これから a～e の英語の問いがそれぞれ2回ずつ読まれます。その問いに対するもっとも適当な答えを①～④の中から1つずつ選びなさい。 **CD B 29～35**

31 a.　① I'm so delighted with the excellent piano.
　　　② I would like you to play it for me.
　　　③ There seems to be something wrong with the piano.
　　　④ I think you should work harder to save electricity.

32 b.　① Could you give me a few more minutes?
　　　② Have you finished your order yet?
　　　③ Do you need a little more time?
　　　④ Did you receive any messages from my friend?

33 c.　① Do you mind if I keep using the bathroom?
　　　② How much longer do I have to wait?
　　　③ I don't want to be bothered while I'm relaxing.
　　　④ Would you like me to clean the bathroom?

34 d.　① Would you like to see what I bought for you?
　　　② You will be surprised if I give you a present.
　　　③ Close your eyes until I say OK.
　　　④ Look closer and tell me anything you notice.

35 e.　① You should have asked others for help.
　　　② I wish you had applied for the competition.
　　　③ It's very kind of you to encourage me.
　　　④ You'll have better luck next time.

3 これから a～e の英文がそれぞれ2回ずつ読まれます。その応答としてもっとも適当な答えを①～④の中から1つずつ選びなさい。**CD** B 36～42

38 a. ① That's OK. I'll send him an email.

② No problem. I'll be back soon.

③ No thanks. I'll have him call you back.

④ Could you read the message out loud?

39 b. ① You can book a table online.

② I recommend fried fish.

③ Sorry, but I'm not from around here.

④ I'm glad you liked it.

40 c. ① It's about 2,700 meters long.

② It was built in the early 20th century.

③ It depends on how busy the roads are.

④ It'll take only three minutes to cross it.

41 d. ① My pleasure. Here you are.

② Sure. This is my little brother Ashley.

③ Yes. The movie theater is on the other side.

④ Oh, I'm sorry. I didn't notice you.

42 e. ① Should I add some salt?

② I'm happy to hear that.

③ Would you like to add some water?

④ Do you want me to share the recipe?

4 はじめに短い会話があります。次にその内容について問いの文が読まれます。同じ会話と問いの文がもう1回くり返されます。その問いに対するもっとも適当な答えを①〜④の中から1つずつ選びなさい。**CD B 43〜49**

45 a. She will
① take her son to the hospital.
② hurry to City Hospital.
③ ask the school nurse to treat her son.
④ call the doctor at City Hospital.

46 b. She wants
① to stay home to do the work.
② to borrow a computer from David.
③ David to help her write the report.
④ David to carry the books she needs.

47 c. It
① has enough trunk capacity.
② needs more fuel.
③ makes a lot of noises.
④ looks like a luxury car.

48 d. Because
① he is sick.
② he can't find his locker key.
③ the gym is closed today.
④ he has lost something important.

49 e. ① In half an hour.
② Immediately.
③ After the woman goes to her boss's desk.
④ After he had a break.

5 これから英文が2回くり返して読まれます。その内容と一致するものを①～④の中から1つずつ選びなさい。 **CD** **B 50～53**

a. The teddy bear
① was a bear kept by a man named Roosevelt.
② was named after Theodore Roosevelt.
③ was created by a president of the U.S.
④ was bought for his daughter by Roosevelt.

b. Theodore Roosevelt
① was the owner of the toy shop in New York.
② was a hunter who invited the president on the trip.
③ was born on November 26th.
④ was a former president of the U.S.

c. Roosevelt went on a hunting trip in
① October in 1902.
② October in 1926.
③ November in 1902.
④ November in 1926.

d. During the trip,
① there were no bears shot by hunters.
② hunters let the injured bear go.
③ Roosevelt caught an injured bear.
④ Roosevelt didn't kill the tied bear.

e. A toy maker in New York
① thought of making and selling toy bears.
② started selling teddy bears without permission.
③ was among the hunters that went on the three-day trip.
④ was asked to make toy bears by a newspaper.

6 Kaori と Paul が話をしています。2人の会話の内容について英語で5つの問いが読まれます。同じ会話と問いがもう1回くり返されます。それぞれの問いに対するもっとも適当な答えを①〜④の中から1つずつ選びなさい。**CD B 54〜62**

57 a. ① He even enjoys experiencing earthquakes.

② He really wants to leave Japan.

③ There is something that worries him.

④ There isn't any trouble so far.

58 b. He wonders why they
① don't seem to be afraid of earthquakes.
② lose their calm during an earthquake.
③ rarely do emergency drills.
④ always learn what to do in an office.

59 c. In
① the United States.
② China and Brazil.
③ his school.
④ his office.

60 d. He
① had to give instructions in Japanese.
② couldn't hear any instructions.
③ had to speak to other workers in Chinese.
④ didn't understand much about what to do.

61 e. It should
① announce things in several languages.
② use symbols so that everyone can understand the instructions.
③ lead their workers to the stadium in an emergency.
④ try to see what kind of pictograms are used in town.

7 次の英文(A)の内容を要約して英文(B)を完成させるには，ⓐ～ⓔの（　）の中にはどの語句が入りますか。もっとも適当なものを①～④の中から 1 つずつ選びなさい。

(A)

*1Concrete is the most widely used man-made material in the world. We use it to make roads, buildings, bridges and dams. In fact, the amount of concrete we have used is larger than the mass of every tree on the planet.

Concrete has a lot of advantages. It can be made into any shape when it is wet, but once it is dry, it is very strong and lasts long. Many Roman buildings made of concrete centuries ago are still standing. In the 19th century, concrete was combined with steel rods to make it stronger, which allowed huge modern buildings to be made. Another advantage is that it is easily available. Concrete is made from cheap raw materials, such as *2cement, sand, stones and water, and requires no special technique. Thanks to this, people in poor areas can make concrete houses and wells, which enable them to lead safer and healthier lives.

However, concrete has some disadvantages. A lot of CO_2 is produced in the process of making concrete. Collecting a large amount of sand for concrete production damages beaches and rivers around the world. Concrete is also responsible for loss of *3wildlife. When coasts and river banks are covered with concrete, plants and insects living there cannot survive. This means animals that feed on them cannot survive, too.

In spite of efforts by scientists and engineers, materials that can replace concrete have not been discovered yet. Steel and *4asphalt require more energy than concrete when they are produced. Since forests around the world are disappearing, wood cannot be the answer. It's time we found ways to build a good relationship between our civilization and the natural world.

*1concrete：コンクリート　　*2cement：セメント　　*3wildlife：野生生物　　*4asphalt：アスファルト

(B)

Concrete is a very (ⓐ) material for making large buildings. It is so strong that concrete buildings (ⓑ). Also, it doesn't take much money or any (ⓒ) to make concrete. However, producing concrete (ⓓ). When concrete is produced, a large amount of CO_2 is released in the air, and a lot of sand is taken away from beaches. Experts are trying to find solution to these problems, but (ⓔ) can replace concrete so far. We should make our civilization more friendly to the earth as soon as possible.

ⓐ（① dangerous　　　　　② harmful　　　　　③ natural　　　　　④ popular）

ⓑ（① can be combined with steel rods　　　　② cannot be made into any shapes
　　③ can remain for a long period　　　　　④ wasn't used in ancient times）

ⓒ（① houses and wells　　② raw materials　　③ sand and stones　　④ special skills）

ⓓ（① allows people to live healthy lives　　② has bad effects on the environment
　　③ helps us live in harmony with nature　　④ requires a lot of time and money）

ⓔ（① asphalt　　　　　　② nothing　　　　　③ steel　　　　　④ wood）

8 次の会話文を読んで，(a)～(e)に入るもっとも適当なものを①～⑥の中からそれぞれ 1 つずつ選びなさい。

Greg : Hi, Sally. I haven't seen you lately.

Sally : ＿＿＿＿＿＿(a)＿＿＿＿＿＿ I work in the factory section in Yamanashi now.

Greg : Oh, I didn't know that.

Sally : I'm here for the first time in three weeks. I have to clear out my desk here by today.

Greg : I see. So how do you like your new environment?

Sally : ＿＿＿＿＿(b)＿＿＿＿＿ I was tired of looking at figures and charts on a computer screen, as well as attending meetings day after day.

Greg : That's for sure. ＿＿＿＿＿(c)＿＿＿＿＿ And desk work is not for everyone.

Sally : And I'm free from packed trains in Yamanashi.

Greg : That's great. ＿＿＿＿＿(d)＿＿＿＿＿ Are they nice to you?

Sally : Yeah. I think I'm getting along with them so far. But I'm struggling to remember their names. Each name is really long!

Greg : I agree, but a close relationship starts with calling people by their name. ＿＿＿＿＿(e)＿＿＿＿＿ Why don't we have dinner together if you have time?

Sally : Sounds good.

① Anyway, I'm relieved to know that you are doing well.

② How about the new people in the factory?

③ I moved to another department.

④ Sometimes I miss my former section.

⑤ It's much better than my old job in Tokyo.

⑥ Most of the meetings are just a waste of time.

9 次の a ～ e の英文の（　）に入るもっとも適当なものを①～④の中から 1 つずつ選びなさい。

a. (　) a doctor as soon as possible if high fever continues for three days.
　　① Consult　　　② Conclude　　　③ Contain　　　④ Contrast

b. You should get the latest model if you can (　) it.
　　① afford　　　② fold　　　③ leak　　　④ ruin

c. Several musical (　) were displayed in the shop windows.
　　① festivals　　　② concerts　　　③ instruments　　　④ theaters

d. There will be a slight (　) in the arrival of the plane.
　　① aim　　　② delay　　　③ profit　　　④ sum

e. The engine in this car is (　) to that of mine.
　　① familiar　　　② grateful　　　③ subject　　　④ superior

10 次の英文の@〜@の（　）にはどの語句が入りますか。もっとも適当なものを①〜④の中から1つずつ選びなさい。

Thanks to electronic devices such as smartphones, tablets, and *¹laptops, we have had fewer opportunities to write by hand. Handwritten notes and letters are disappearing from classrooms and offices. It is true that typing messages is more convenient than writing by hand. So you may think that you no longer need handwriting skills. However, some recent studies have shown the (@).

To understand whether and how handwriting is connected with *²cognitive abilities, a researcher named Virginia Berninger asked some children in grades two to five to write an essay, both by pen and paper and by keyboard. The result was that they not only (ⓑ) more words but also expressed more ideas when writing by hand than by keyboard. And from *³brain imaging tests, she found that while they were writing by hand, the parts of the brain *⁴associated with reading and writing worked more actively.

Another study done on college students showed that those who took notes during a lecture by hand learned better than those who used laptops. This is because handwriting is (©) than typing. A skilled typist — today's young people can type very quickly — would be able to type almost every word the lecturer says. This is done *⁵automatically, so your brain doesn't care what those words mean while you are typing. (ⓓ), you cannot write down the whole lecture by hand, so you need to pick out only the important parts and change them into your own words. This process enables you to remember the information more successfully and understand the lecture more deeply.

Although using electronic devices in the classroom has become very common, it may be too (@) to say handwriting is a useless custom.

*¹laptop(s)：ノートパソコン　　*²cognitive ability(-ies)：認知能力　　*³brain imaging test(s)：脳の画像検査

*⁴associate：結びつける　　*⁵automatically：自動的に

@ (① details　　② method　　③ opposite　　④ same)

ⓑ (① practiced　　② produced　　③ pronounced　　④ promised)

© (① easier　　② faster　　③ older　　④ slower)

ⓓ (① For example　　　　② In addition

　　③ On the other hand　　④ To begin with)

@ (① early　　② important　　③ late　　④ natural)

11　次のa〜eの各組の英文の内容をほぼ同じにするには（　　）にどの語句が入りますか。もっとも適当なものを①〜④の中から1つずつ選びなさい。

a．You should consider the fact that Ted is still a child.
　　You should take into（① account　② amount　③ accident　④ appointment）the fact that Ted is still a child.

b．We had to walk up the stairs because the elevator was out of order.
　　We had to walk up the stairs because the elevator was（① broken　② crowded　③ charged　④ requested）.

c．Finally he was elected mayor.
　　（① At least　② At once　③ At last　④ In case）he was elected mayor.

d．The chances are that the Leopards will win the game.
　　It is（① awful　② likely　③ impossible　④ unusual）that the Leopards will win the game.

e．You should have been wise enough not to trust such a story.
　　You should have（① felt easier　② gone farther　③ had more　④ known better）than to trust such a story.

12　次のa〜eの英文の意味が通るようにするには，（　　）の中の語句をどのように並べたらよいですか。正しい順序のものを①〜④の中から1つずつ選びなさい。

a．Not（1. did　2. invite　3. only　4. he）us to dinner, but also he gave my daughter a small gift.
　　〔① 1-3-4-2　② 3-1-4-2　③ 3-4-1-2　④ 4-3-1-2〕

b．I'd like（1. cut　2. have　3. my hair　4. to）even shorter.
　　〔① 2-4-1-3　② 3-2-4-1　③ 4-2-1-3　④ 4-2-3-1〕

c．John seems to（1. as　2. think　3. himself　4. of）a good husband.
　　〔① 2-1-3-4　② 2-3-1-4　③ 2-4-3-1　④ 3-1-2-4〕

d．You should（1. good　2. make　3. of　4. use）your experience as a nurse.
　　〔① 2-1-4-3　② 2-3-1-4　③ 4-1-2-3　④ 4-2-1-3〕

e．The man found（1. difficult　2. get　3. it　4. to）a driver's license.
　　〔① 1-3-4-2　② 1-4-2-3　③ 3-1-4-2　④ 4-1-3-2〕

第2回

英語検定模擬試験問題

1 級

注 意

1. 解答にあたえられた時間は90分です。試験開始後の途中退場はできません。

2. 問題は全部で12問あります。

3. 問題 [2] ～ [6] は「聞き方」の試験です。15分程経ってから開始されます。余裕があれば，放送が始まる前に問題に目を通しておいてもかまいません。

4. いっさい声を出して読んではいけません。

5. 印刷不明のところのほかは，問題についての質問はいっさいできません。

6. 解答用紙は別紙になっています。**答えはすべて解答用紙にマークしなさい。**

7. 筆記用具はBまたはHBの黒鉛筆またはシャープペンシルを用いなさい。
   （万年筆，ボールペンは使用不可）

8. 氏名等，必要事項を解答用紙の決められた欄に記入およびマークしなさい。

解答用紙 p.108

解答用紙番号	
受験番号	
年　　　組　　　番	
氏名	

1 次の各組の中に，第2音節（2番目の部分）をもっとも強く発音する語が1つずつあります。その語の番号を選びなさい。

a. ① ac-id   ② con-sult   ③ in-come   ④ prof-it

b. ① ca-reer   ② in-jure   ③ mod-est   ④ pas-sage

c. ① ben-e-fit   ② hand-i-cap   ③ im-pres-sion   ④ u-ni-verse

d. ① fu-ner-al   ② gen-er-ous   ③ cir-cum-stance   ④ ap-par-ent

e. ① in-ves-ti-gate   ② lit-er-a-ture   ③ ob-ser-va-tion   ④ cer-e-mo-ny

2 これから a～e の英語の問いがそれぞれ2回ずつ読まれます。その問いに対するもっとも適当な答えを①～④の中から1つずつ選びなさい。 **CD B 65～71**

67 a. ① My son can't eat any food with nuts.

② Are there any foods some of you have to avoid?

③ Please let me know what you would like to eat.

④ How was the taste of the dishes I brought?

68 b. ① You should ask the owner before shooting.

② It's not polite to look at your smartphone at the table.

③ Put the camera in your bag so it won't be stolen.

④ I'd like you to enjoy the dishes while they are hot.

69 c. ① I wish you had given me a hand.

② I could have managed without your help.

③ I can't express how grateful I am to you.

④ Thank you for giving me the opportunity to help you.

70 d. ① Sorry, but I'll leave the meeting in the middle.

② I'm happy to continue discussing the issue.

③ The meeting lasted longer than I had expected.

④ Can you come to pick me up when I call you?

71 e. ① I don't care as long as I can sleep in a bed.

② Let's book whichever is cheaper.

③ I've always wanted to stay at a luxury hotel.

④ I'll leave it up to you.

3 これから a ～ e の英文がそれぞれ 2 回ずつ読まれます。その応答としてもっとも適当な答えを①～④の中から 1 つずつ選びなさい。**CD B 72～78**

74 a．① That sounds fair enough.

② Only a few copies of the first printings exist.

③ The repair charge will be about 200 dollars.

④ You shouldn't do that at the cost of your health.

75 b．① It says that the boarding gate changed from 25 to 40.

② I can't understand American Sign Language.

③ I haven't seen them over the past two weeks.

④ I'll visit some sightseeing spots. How about you?

76 c．① It is a song sung by Stevie Wonder.

② No, I don't think so, either.

③ I don't like you wandering around.

④ I guess it's my little sister Sherley.

77 d．① Don't worry. I won't.

② Of course you can do it.

③ I see. May I take a message?

④ Sure. You don't have to call me.

78 e．① It takes one hour and a half by plane.

② I've been there on business.

③ Sapporo is famous for its Snow Festival.

④ I go there once a month.

4 はじめに短い会話があります。次にその内容について問いの文が読まれます。同じ会話と問いの文がもう1回くり返されます。その問いに対するもっとも適当な答えを①〜④の中から1つずつ選びなさい。**CD B 79〜85**

81 a. Because
① they've already finished preparing.
② the party has been put off.
③ the kitchen is too dirty.
④ the weather is nice.

82 b. They will probably
① have something sweet first.
② go to the station first.
③ cancel their job first.
④ check the traffic conditions first.

83 c. Because
① the air conditioner hasn't been set up yet.
② the woman hasn't asked for repair yet.
③ he found out the air conditioner wouldn't be fixed today.
④ the temperature will drop a little this afternoon.

84 d. They need to
① let the people know that the hall is bigger this year.
② let the people know where the exhibition is going to be held.
③ tell the people that the date for the exhibition has been changed.
④ ask the people to look for the exhibition place as soon as possible.

85 e. It is a good opportunity
① to make his dream come true.
② to dance with professional dancers.
③ to learn to control himself.
④ to win a big prize.

5 これから英文が 2 回くり返して読まれます。その内容と一致するものを①〜④の中から 1 つずつ選びなさい。 **CD B** 86〜89

a．Boxing Day is
① another name for Christmas Day.
② a public holiday just before Christmas.
③ celebrated on December 26th.
④ the day when boxing events are held.

b．Boxing Day is not celebrated in
① England.
② Australia.
③ Canada.
④ America.

c．The name of Boxing Day
① comes from the name of a sport.
② will remind us of a famous boxer.
③ has much to do with gifts from Santa Claus.
④ has a relationship to a custom in the old days.

d．On Christmas Day,
① servants had to work for their masters.
② servants had a day off to spend time with their family.
③ masters gave some gifts to their servants.
④ masters had their servants make "Christmas boxes."

e．On Boxing Day, people
① go to work as usual.
② stay home with family or friends.
③ go out shopping.
④ play some sports for their health.

6　Shinji と Linda が話をしています。2人の会話の内容について英語で5つの問いが読まれます。同じ会話と問いがもう1回くり返されます。それぞれの問いに対するもっとも適当な答えを①〜④の中から1つずつ選びなさい。**CD** **B** **90〜98**

93 a. ① The streets are always busy.

　② There are too many people.

　③ It is attractive.

　④ The weather is cool.

94 b. We ① have a lot of opportunities to get a job.

　② can keep up with the latest fashions.

　③ can get involved in a crime.

　④ must pay high house rent.

95 c. Because ① he was born in a town in the country.

　② he suffers from a health problem.

　③ life in the city is too busy for him.

　④ life in the country has a lot of things to do.

96 d. ① It had little excitement.

　② People got along with each other.

　③ It wasn't as healthy as the life in the city.

　④ The natural environment was disappearing.

97 e. Because ① Linda didn't want Shinji to leave Tokyo.

　② Linda didn't know how old Shinji was.

　③ Shinji told Linda to return her hometown.

　④ Shinji talked as if he were an old man.

7　次の英文(A)の内容を要約して英文(B)を完成させるには，ⓐ～ⓔの（　）の中にはどの語句が

入りますか。もっとも適当なものを①～④の中から１つずつ選びなさい。

(A)

For about 150 years, scientists have been thinking about why *1zebras have *2stripes on their body.　Some thought the stripes made it difficult to see the animal's outline, which allowed them to escape from *3predators.　Others thought the stripes kept the animals cool. However, all of those ideas have turned out to be false, or lacking in enough evidence.

Tim Caro at the University of California, Davis, noticed a curious fact.　Zebras tend to live in areas where a lot of flies that carry serious diseases live.　The flies can be a big problem especially to zebras because their coats are very thin.　In spite of that, why do they take the risk of living surrounded by flies?　Caro thought that they developed their stripes to avoid flies.　In order to support his *4hypothesis, he went to a farm in Britain where several zebras and horses live, and flies naturally occur.　He set up video cameras to watch closely how flies behave around the animals.

From a distance, the insects seemed to be attracted to zebras and horses to the same extent.　However, when they were about to land on zebras, they failed to slow down, and passed over the stripes, or crashed into them and *5bounced off.　Next, Caro covered some horses with different types of cloth — black cloth, white cloth, and striped cloth — and counted the number of successful landings.　The results showed a sharp contrast.　For 30 minutes, only five flies landed on the horses covered with striped cloth, while 59 landed on those in black cloth, and 82 in white cloth.

Though it is not yet clear how stripes disturb flies, evidence clearly showed that the stripes prevented flies from biting zebras.　Caro's findings suggest zebra-striped coats may protect horses, or perhaps humans, from insects.

*1zebra(s)：シマウマ　　*2stripe(s)：縞模様　　*3predator(s)：捕食者　　*4hypothesis：仮説

*5bounce off：跳ね返る

(B)

Scientists have been trying to solve the mystery of（　ⓐ　）.　Tim Caro thought it had to do with the fact that zebras live surrounded by（　ⓑ　）.　He visited a farm in（　ⓒ　）to see whether his hypothesis was true.　Close observation showed that flies were poor at landing on stripes.　The rate of successful landings on striped coats was（　ⓓ　）lower than the rate on any single-colored coat.　From the results, Caro concluded that zebra's stripes （　ⓔ　）.

ⓐ　（① the lives of zebras　　　　② the pattern of a zebra's coat

　　③ the origin of zebras　　　　④ the areas in which zebras live）

ⓑ　（① predators　　② water　　③ flies　　④ horses）

ⓒ　（① the U.K.　　② California　　③ Africa　　④ his university）

ⓓ　（① less than 5%　　② 59%　　③ 82%　　④ more than 90%）

ⓔ　（① allowed them to escape from hunters　　② helped keep harmful insects away

　　③ kept them cool enough　　　　　　　④ forced them to attract flies）

8 次の会話文を読んで，(a)～(e)に入るもっとも適当なものを①～⑥の中からそれぞれ1つずつ選びなさい。

Guest : Hello there. I have a reservation under Yoko Takahashi, and...

Clerk : I'm sorry, Ms. Takahashi. _____(a)_____

Guest : I know, but could I leave my bags here while I'm exploring the town?

Clerk : Certainly. _____(b)_____

Guest : Of course. Oh, what is the date today?

Clerk : It's the second of August.

Guest : Thank you. _____(c)_____ Here you are. Could you recommend any good places to visit?

Clerk : Sure. _____(d)_____

Guest : I'm a little tired today, so I don't want to walk too far.

Clerk : Then, let me suggest Green Castle. You can see a lot of beautiful treasures there. There's a regular bus from just in front of the hotel.

Guest : _____(e)_____ I hear I can't see the whole collection in only a couple of hours.

Clerk : That's very true. Then, how about the tower? It's a symbol of the city, and you can see the whole city from the top. It's next to the castle.

Guest : Sounds great. I'll go there. Thanks a lot.

① Actually, I was hoping to go there tomorrow.

② Can you put your information on this card, please?

③ Check-in isn't for another two hours.

④ How far are you willing to travel?

⑤ How many bags do you have in all?

⑥ I've lost my sense of time due to the long trip.

9 次のa～eの英文の（　）に入るもっとも適当なものを①～④の中から1つずつ選びなさい。

a. Henry's first novel （　） a lot of attention from the media.

　① attached　　　② attacked　　　③ attracted　　　④ attended

b. Don't （　） to contact us if you need any further information.

　① hesitate　　　② pretend　　　③ claim　　　④ refuse

c. After a long discussion, they finally reached a （　）.

　① confidence　　② improvement　　③ majority　　　④ conclusion

d. It is （　） for the committee to explain the process for decision-making.

　① equal　　　　② necessary　　　③ joyful　　　　④ original

e. Some of the souvenir shops still don't accept （　） by credit card.

　① payment　　　② principle　　　③ suggestion　　　④ welfare

10 次の英文の@〜@の（　　）にはどの語句が入りますか。もっとも適当なものを①〜④の中から１つずつ選びなさい。

You wake up at 8 a.m. and want to stay in bed for another hour. At the same time, you know you will feel guilty if you (@) a gym class at 9 o'clock. However, according to experts, you should not feel guilty about staying in bed at all. They say that getting enough sleep can be as good for your health and your weight as going to the gym.

An expert who has been studying sleeping for years (ⓑ) that sleeping less than seven hours a night has something to do with higher levels of body fat. His research shows that people who sleep only six hours are 27% more likely to be *¹overweight, and those who sleep only five hours are 73% more likely to be overweight. It is because of two *²hormones, ghrelin and leptin. Ghrelin makes you feel hungry, and leptin makes you feel (ⓒ). When you don't have enough sleep, ghrelin increases and leptin decreases. This leads you to feel hungrier and eat more.

Another expert refers to a recent study that showed lack of sleep can increase fat around your waist. In the study, scientists measured the levels of the stress hormone called cortisol in people who didn't sleep. They found that when people didn't sleep, the levels of cortisol became higher. "High levels of cortisol can order your body to (ⓓ) more fat around the waist," the expert says.

The expert also says, "Muscle *³tissue is repaired and produced during sleep. (ⓔ), lack of sleep is the enemy of building muscle mass, which burns fat." So if you want to stay healthy and keep in shape, you should sleep enough and do exercise.

*¹overweight：太りすぎの　　*²hormone(s)：ホルモン　　*³tissue：組織

@ (① book	② forget	③ have	④ miss)	
ⓑ (① denies	② doubts	③ indicates	④ intends)	
ⓒ (① full	② happy	③ sad	④ upset)	
ⓓ (① burn	② control	③ store	④ use)	
ⓔ (① For instance	② Of course	③ On the other hand	④ Therefore)	

11 次のa～eの各組の英文の内容をほぼ同じにするには（　）にどの語句が入りますか。もっとも適当なものを①～④の中から1つずつ選びなさい。

a．I can't understand the last sentence of the essay.
　　The last sentence of the essay doesn't make（① use　② decisions　③ efforts　④ sense）to me.

b．Do you know what TTP stands for?
　　Do you know what TTP（① prevents　② presents　③ represents　④ reserves）?

c．In most cases, bright colors make people happier and more active.
　　（① Frankly　② Generally　③ Strictly　④ Sadly）speaking, bright colors make people happier and more active.

d．There are a lot of mistakes in this report.
　　This report（① contains　② composes　③ recommends　④ follows）a lot of mistakes.

e．I sometimes hear from my aunt in London.
　　I hear from my aunt in London every（① more or less　② on and off　③ then and there　④ now and then）.

12 次のa～eの英文の意味が通るようにするには，（　）の中の語をどのように並べたらよいですか。正しい順序のものを①～④の中から1つずつ選びなさい。

a．The（1. became　2. famous　3. more　4. she），the less private time she had.
　　［① 2-3-4-1　② 3-2-4-1　③ 3-4-1-2　④ 4-1-3-2］

b．If it（1. been　2. for　3. had　4. not）your advice, we would not be successful.
　　［① 2-4-1-3　② 2-4-3-1　③ 3-4-1-2　④ 4-3-2-1］

c．You shouldn't speak（1. full　2. mouth　3. with　4. your）while eating.
　　［① 1-3-4-2　② 3-4-1-2　③ 3-4-2-1　④ 4-2-3-1］

d．（1. did　2. dream　3. I　4. little）that I would win first prize in the contest.
　　［① 1-3-2-4　② 3-1-2-4　③ 3-1-4-2　④ 4-1-3-2］

e．I asked the doctor to（1. me　2. keep　3. about　4. informed）any changes in my son's condition.
　　［① 2-1-4-3　② 2-3-1-4　③ 2-4-3-1　④ 3-4-1-2］

令和 5 年 度（ 第 70 回 ）

英 語 検 定 試 験 問 題

1 級

令和5年9月10日（日）実施

―― 注　　意 ――

1. 解答にあたえられた時間は 90 分です。試験開始後の途中退場はできません。

2. 問題は全部で 12 問あります。

3. 問題 2 ～ 6 は「聞き方」の試験です。15 分程経ってから開始されます。余裕があれ
   ば、放送が始まる前に問題に目を通しておいてもかまいません。

4. いっさい声を出して読んではいけません。

5. 印刷不明のところのほかは、問題についての質問はいっさいできません。

6. 解答用紙は別紙になっています。**答えはすべて解答用紙にマークしなさい。**

7. 筆記用具はＢまたはＨＢの黒鉛筆またはシャープペンシルを用いなさい。

   （万年筆、ボールペンは使用不可）

8. 氏名等、必要事項を解答用紙の決められた欄に記入およびマークしなさい。

9. 問題用紙、解答用紙ともに提出してください。

解答用紙 p.109

主催　公益財団法人全国商業高等学校協会

解答用紙番号	
受験番号	
年　　　組　　　番	
氏名	

学校名＿＿＿＿＿＿＿＿＿＿＿＿＿＿＿＿＿

[1] 次の各組の中に、第2音節（2番目の部分）をもっとも強く発音する語が1つずつあります。
その語の番号を選びなさい。

a. ① bit-ter   ② in-clude   ③ nor-mal   ④ se-ries

b. ① cur-rent   ② ex-tra   ③ re-ward   ④ wor-thy

c. ① ad-di-tion   ② cel-e-brate   ③ in-stru-ment   ④ u-ni-verse

d. ① ar-ti-cle   ② di-rec-tor   ③ or-gan-ize   ④ pol-i-cy

e. ① ag-ri-cul-ture   ② com-pe-ti-tion   ③ ec-o-nom-ic   ④ re-la-tion-ship

2 　これから a 〜 e の英語の問いがそれぞれ 2 回ずつ読まれます。その問いに対するもっとも適当

な答えを①〜④の中から 1 つずつ選びなさい。

a. ① I can't find my host family.

② I need to return to my country soon.

③ I'm planning to stay in Canada.

④ I'll be sad to leave you.

b. ① I'll finish it by the end of the day.

② I've just finished it and here it is.

③ I'll give it to you tomorrow first thing.

④ I'll give it to you on Monday morning.

c. ① I think I lost it on the way home.

② You must have dropped it at school.

③ It was just after I left home.

④ I need to find it as soon as possible.

d. ① Excuse me. I may have picked up your bag by mistake.

② Excuse me. Are you sure that's your bag?

③ Are you stealing my bag?

④ Oh, airports are so confusing, aren't they?

e. ① We should ask if the library is open today.

② We should go home and study there.

③ We should look for books while waiting for available seats.

④ We should book a table for two.

3 これから a～e の英文がそれぞれ 2 回ずつ読まれます。その応答としてもっとも適当なものを
①～④ の中から 1 つずつ選びなさい。

a. ① It takes ten minutes to get there by bicycle.

② It's three minutes on foot.

③ You have to get there as soon as possible.

④ It costs you about three hundred yen to go there.

b. ① It's designed by a famous artist.

② It looks good on you.

③ It's not real.

④ It doesn't go well with a white dress.

c. ① I'll hand it in by tomorrow.

② No, I don't mind. What can I do for you?

③ Can you spare me a few minutes?

④ I'm sorry, but I didn't mean it.

d. ① I'm keeping it for my son.

② I'm afraid I'm not.

③ It's heading for Tokyo.

④ It's seen from here.

e. ① I need to go home before it gets dark.

② You're not permitted to go abroad.

③ I can't bring as many items as I want.

④ You can't take sharp items with you.

4　はじめに短い会話があります。次にその内容について問いの文が読まれます。同じ会話と問いの文がもう 1 回くり返されます。その問いに対するもっとも適当な答えを①〜④の中から 1 つずつ選びなさい。

a.　At
- ① 6:00.
- ② 6:30.
- ③ 7:00.
- ④ 7:30.

b.　He will
- ① help the woman to finish her homework.
- ② write his science report.
- ③ go skiing with his friends.
- ④ enjoy a winter sport.

c.　The girl
- ① already finished baking the cookies.
- ② didn't have enough time to buy cookies.
- ③ is waiting for the cookies to bake.
- ④ isn't allowed to play the video game.

d.　He will
- ① return home to get his ID.
- ② ask the woman about his library card.
- ③ write down his personal information.
- ④ have his new student ID issued.

e.　She probably
- ① feels happy that she was able to book a table.
- ② appreciates that the restaurant accepts her offer.
- ③ wants to book a table away from the window.
- ④ feels regretful for not calling earlier.

5 これから英文が2回くり返して読まれます。その内容と一致するものを①〜④の中から1つずつ選びなさい。

a. People can see more planets because of
  ① improvements in the telephone.
  ② a better water system.
  ③ scientists' imagination.
  ④ technological advancement.

b. ① Over 4,000 planets were found in 13 years.
  ② Over 4,000 planets were found in 30 years.
  ③ Over 40,000 planets were found in 13 years.
  ④ Over 40,000 planets were found in 30 years.

c. ① Scientists are discovering new planets even now.
  ② Scientists say planets can't be either too hot or too cold.
  ③ Scientists are looking for an easier way to find planets.
  ④ Scientists invent new planets all the time.

d. Scientists are most interested in
  ① finding ice frozen forever.
  ② discovering planets where water boils away.
  ③ looking for planets where liquid water exists.
  ④ searching for stars similar to our own sun.

e. To find planets like the Earth, scientists search around
  ① the brightest stars in the sky.
  ② stars less bright than the sun.
  ③ stars smaller than the Earth.
  ④ stars of the same size as the sun.

6　MichaelとYukiが話をしています。2人の会話の内容について英語で5つの問いが読まれます。同じ会話と問いがもう1回くり返されます。それぞれの問いに対するもっとも適当な答えを①〜④の中から1つずつ選びなさい。

a.　Because
　　① they are cheap.
　　② Japanese people are concerned about the environment.
　　③ their quality is better than ordinary ones.
　　④ Japanese people tend to buy new things.

b.　① They are less expensive than ordinary cars.
　　② They need less gasoline and produce less CO_2.
　　③ They don't consume any gasoline and run faster.
　　④ They are good for the environment because they don't produce any CO_2.

c.　Because
　　① their price is higher than ordinary cars.
　　② they are different from electric cars.
　　③ they still need gasoline to run.
　　④ many people prefer electric cars.

d.　① They provide some gasoline for the owners.
　　② They reduce the price of gasoline and taxes.
　　③ They buy the electricity produced from the cars.
　　④ They offer some money and cut taxes.

e.　Because
　　① he is not interested in one.
　　② he is going to buy an ordinary car this time.
　　③ he can't afford one.
　　④ he wants an electric car.

7 次の英文（A）の内容を要約して英文（B）を完成させるには、ⓐ〜ⓔの（　）の中にはどの語

句が入りますか。もっとも適当なものを①〜④の中から１つずつ選びなさい。

(A)

Japan has a word which shows great respect for *¹natural resources and the efforts people make to get us our food. That word is *mottainai* (Don't waste)! Though Japan created the idea of *mottainai*, the country still throws away a lot of food. About 61% is imported, but a lot is wasted. Japan burns or buries 3.3 million tons of food waste every year. In 2015, 6.46 million tons of food was thrown away. That was much more than the amount of food that *²the World Food Programme(WFP) provides to developing countries.

Food waste has a negative *³impact on the environment. For example, many trees are cut down to grow food, and this has *⁴contributed to the problem of global warming. If we continue to waste food, this problem will become more serious.

Some people think they don't waste much food. However, about 50% of food waste comes from homes. Many people in Japan throw away food which has passed its *⁵"best-by date." They think these products are bad for their health. However, when food has passed its best-by date, it doesn't mean that it can't be eaten. Each of us should make efforts to reduce food waste. For example, we should be more careful to buy only as much as we will eat.

Some groups are also helping with the problem. 'Food banks' gather products that companies would throw away because they are not perfect enough to sell. The food banks also organize 'food drives' to ask people to *⁶donate unused food. Such food is given to welfare organizations and homeless people. Food manufacturers and supermarkets are also trying to extend *⁷the shelf life of food products. If we work together, we can reduce food waste.

*¹natural resource(s)：天然資源
*²the World Food Programme(WFP)：国連世界食糧計画
*³impact：影響　*⁴contribute(d) to：の一因となる　*⁵best-by date：賞味期限
*⁶donate：寄付する　*⁷the shelf life：保存期間

(B)

Although Japan has a word, *mottainai,* which shows respect for natural resources and efforts to (ⓐ) food, it still throws a lot away. The amount in 2015 was (ⓑ) the amount provided by the WFP to developing countries.　Also, if we keep wasting food, (ⓒ) problems caused by this will become worse.　(ⓓ) food waste accounts for about 50%, so we should be more careful not to buy unnecessary food. Some groups, organizations, food manufacturers, and supermarkets are also working on solving the food waste problem. We should work together to (ⓔ) food waste.

ⓐ (① eat　　　　② waste　　　③ store　　　　④ provide)

ⓑ (① far larger than　　　② a little larger than
　　③ a little smaller than　　④ almost the same as)

ⓒ (① aging　　　② debt　　　③ environmental　④ economic)

ⓓ (① Household　② Asian　　③ International　④ Industrial)

ⓔ (① increase　② decrease　③ burn　　　　④ bury)

8 次の会話文を読んで、(a)〜(e)に入るもっとも適当なものを①〜⑥の中からそれぞれ1つずつ選びなさい。

Toru : Hi, Sally. How are you doing in Japan?

Sally : Toru, I went to a movie theater here in Japan for the first time. It was quite surprising.

Toru : _____(a)_____

Sally : I was laughing loudly, but I stopped when I realized no one else was.

Toru : Another British friend of mine told me something similar.

Sally : _____(b)_____

Toru : Yes, that's polite in Japan, but manners are different in each culture.

Sally : True, true.

Toru : Have you been to the theater in other countries?

Sally : Yes, once I went to one in New York. _____(c)_____ Some of the audience shouted things out to the screen. Have you seen any movies abroad?

Toru : Yes. _____(d)_____ I saw a dance movie there.

Sally : Did the audience enjoy it?

Toru : They loved it! Some of them danced together to the music.

Sally : _____(e)_____

Toru : No, but it's interesting to see how different cultures are.

① That was also surprising to me.

② I stayed in India many years ago.

③ Did you join them?

④ Was the ticket expensive there?

⑤ I realized that people didn't want to disturb others.

⑥ What happened?

9　次の a ～ e の英文の（　　）に入るもっとも適当なものを①～④の中から 1 つずつ選びなさい。

a.　A thief（　　）me of my bag last night.
　　① robbed　　　② cured　　　③ told　　　④ reminded

b.　She's thinking of choosing a medical（　　）in the future.
　　① sorrow　　　② importance　　③ quality　　　④ career

c.　This dress is（　　）for the party tonight.
　　① humid　　　② upset　　　③ evident　　　④ suitable

d.　This new medicine has a（　　）effect on the disease.
　　① classical　　② considerate　　③ remarkable　　④ formal

e.　This book hasn't been（　　）into any other language.
　　① dug　　　② translated　　③ expanded　　④ persuaded

10 次の英文の@~@の（　　）の中にはどんな語句が入りますか。もっとも適当なものを①～④
の中から1つずつ選びなさい。

Did you know that there are nearly one million kinds of insects on the Earth? They are usually small, and most of them can fly. (@) their size, they can live in *¹tiny spaces, and they don't need a large amount of food. Some insects are harmful to humans because they eat crops or (ⓑ) diseases. On the other hand, some insects are helpful to us by making honey or *²pollinating flowers. Others are useful as food for animals, including people.

There are about eight *³billion people in the world today, and that number will reach nine billion before 2050. Between now and then, the demand for meat will double. (ⓒ), raising animals requires large areas of farmland. Also, feeding them can be expensive. One solution is for more people to start eating insects.

In fact, people in many parts of the world have been eating insects for thousands of years. They are healthy, easy and cheap to raise and, (ⓓ) insect eaters, delicious. More than 1,700 kinds of insects are safe to eat, but very few people in Europe, the United States and some other countries eat insects. If those people have a chance to try eating insects, they might also learn how to prepare them as food. Then a habit of eating insects could become more (ⓔ) in the world.

If you get a chance to eat insects, do you think you'll try them?

*¹tiny：極小の　　*²pollinating：受粉させること　　*³billion：10億

ⓐ (① In charge of　② Next to　　③ For fear of　④ Because of)

ⓑ (① prevent　　② cure　　③ carry　　④ stop)

ⓒ (① Otherwise　② Oppositely　③ However　④ Thankfully)

ⓓ (① thanks to　② according to　③ in spite of　④ as well as)

ⓔ (① popular　② dangerous　③ strange　④ awful)

11　次の a ～ e の各組の英文の内容をほぼ同じにするには（　　）の中にどんな語句が入ります
か。①～④の中から1つずつ選びなさい。

a.　If we don't play well, we will lose the game.

（① Unless　② Though　③ Because　④ Even if）we play well, we will lose the game.

b.　Sharing cars and bicycles could help make eco-friendly cities.

Eco-friendly cities can be（① spoiled　② created　③ damaged　④ proposed）by sharing cars and bicycles.

c.　Keeping friendships among nations requires clever methods.

Clever（① exams　② plans　③ stories　④ articles）are required to keep friendships among nations.

d.　We have to take action to prevent climate change.

It is（① dangerous　② terrible　③ clear　④ necessary）for us to take action to prevent climate change.

e.　Increasing demand is causing serious water shortages.

The water shortages are（① unrelated to　② apart from　③ distinct from　④ due to）increases in demand.

12 次の a ～ e の英文の意味が通るようにするには、（　　）の中の語をどのように並べたらよい

ですか。正しい順序のものを①～④の中から1つずつ選びなさい。

a. This river is （1. to 2. enough 3. swim 4. warm）in.

　　［① 1-3-2-4　　② 2-4-1-3　　③ 3-4-2-1　　④ 4-2-1-3］

b. The number （1. suffering 2. from 3. of 4. people）hunger has been

rising.

　　［① 1-2-4-3　　② 2-4-3-1　　③ 3-4-1-2　　④ 4-2-1-3］

c. Many students （1. given 2. offer 3. accepted 4. the）by the teacher.

　　［① 1-4-2-3　　② 2-4-1-3　　③ 2-4-3-1　　④ 3-4-2-1］

d. Had （1. for 2. it 3. been 4. not）your support, I couldn't have

finished this project.

　　［① 2-3-4-1　　② 2-4-3-1　　③ 3-1-2-4　　④ 4-3-2-1］

e. Diamonds of this size may no （1. be 2. in 3. longer 4. discovered）

this mine.

　　［① 1-4-2-3　　② 2-1-4-3　　③ 3-1-4-2　　④ 3-2-1-4］

第1回 英語検定模擬試験　解答用紙

問題番号		解　答　欄
1	a	① ② ③ ④
	b	① ② ③ ④
	c	① ② ③ ④
	d	① ② ③ ④
	e	① ② ③ ④
2	a	① ② ③ ④
	b	① ② ③ ④
	c	① ② ③ ④
	d	① ② ③ ④
	e	① ② ③ ④
3	a	① ② ③ ④
	b	① ② ③ ④
	c	① ② ③ ④
	d	① ② ③ ④
	e	① ② ③ ④
4	a	① ② ③ ④
	b	① ② ③ ④
	c	① ② ③ ④
	d	① ② ③ ④
	e	① ② ③ ④
5	a	① ② ③ ④
	b	① ② ③ ④
	c	① ② ③ ④
	d	① ② ③ ④
	e	① ② ③ ④
6	a	① ② ③ ④
	b	① ② ③ ④
	c	① ② ③ ④
	d	① ② ③ ④
	e	① ② ③ ④

問題番号		解　答　欄
7	a	① ② ③ ④
	b	① ② ③ ④
	c	① ② ③ ④
	d	① ② ③ ④
	e	① ② ③ ④
8	a	① ② ③ ④ ⑤ ⑥
	b	① ② ③ ④ ⑤ ⑥
	c	① ② ③ ④ ⑤ ⑥
	d	① ② ③ ④ ⑤ ⑥
	e	① ② ③ ④ ⑤ ⑥
9	a	① ② ③ ④
	b	① ② ③ ④
	c	① ② ③ ④
	d	① ② ③ ④
	e	① ② ③ ④
10	a	① ② ③ ④
	b	① ② ③ ④
	c	① ② ③ ④
	d	① ② ③ ④
	e	① ② ③ ④
11	a	① ② ③ ④
	b	① ② ③ ④
	c	① ② ③ ④
	d	① ② ③ ④
	e	① ② ③ ④
12	a	① ② ③ ④
	b	① ② ③ ④
	c	① ② ③ ④
	d	① ② ③ ④
	e	① ② ③ ④

第2回 英語検定模擬試験　解答用紙

問題番号		解答欄
1	a	① ② ③ ④
	b	① ② ③ ④
	c	① ② ③ ④
	d	① ② ③ ④
	e	① ② ③ ④
2	a	① ② ③ ④
	b	① ② ③ ④
	c	① ② ③ ④
	d	① ② ③ ④
	e	① ② ③ ④
3	a	① ② ③ ④
	b	① ② ③ ④
	c	① ② ③ ④
	d	① ② ③ ④
	e	① ② ③ ④
4	a	① ② ③ ④
	b	① ② ③ ④
	c	① ② ③ ④
	d	① ② ③ ④
	e	① ② ③ ④
5	a	① ② ③ ④
	b	① ② ③ ④
	c	① ② ③ ④
	d	① ② ③ ④
	e	① ② ③ ④
6	a	① ② ③ ④
	b	① ② ③ ④
	c	① ② ③ ④
	d	① ② ③ ④
	e	① ② ③ ④

問題番号		解答欄
7	a	① ② ③ ④
	b	① ② ③ ④
	c	① ② ③ ④
	d	① ② ③ ④
	e	① ② ③ ④
8	a	① ② ③ ④ ⑤ ⑥
	b	① ② ③ ④ ⑤ ⑥
	c	① ② ③ ④ ⑤ ⑥
	d	① ② ③ ④ ⑤ ⑥
	e	① ② ③ ④ ⑤ ⑥
9	a	① ② ③ ④
	b	① ② ③ ④
	c	① ② ③ ④
	d	① ② ③ ④
	e	① ② ③ ④
10	a	① ② ③ ④
	b	① ② ③ ④
	c	① ② ③ ④
	d	① ② ③ ④
	e	① ② ③ ④
11	a	① ② ③ ④
	b	① ② ③ ④
	c	① ② ③ ④
	d	① ② ③ ④
	e	① ② ③ ④
12	a	① ② ③ ④
	b	① ② ③ ④
	c	① ② ③ ④
	d	① ② ③ ④
	e	① ② ③ ④

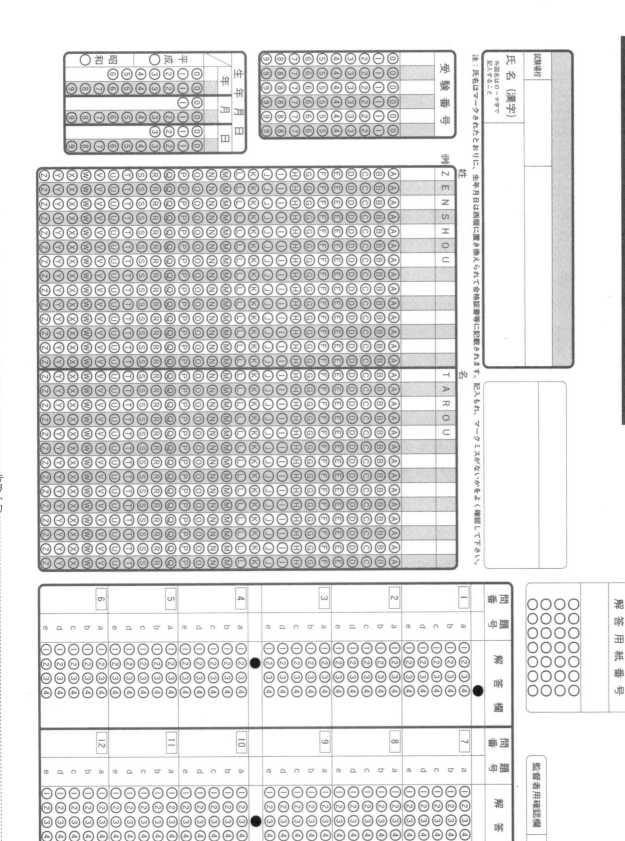

令和6年度版　全国商業高等学校協会主催

全商　英語検定試験問題集　1級

●編　者　　　実教出版編修部
●発行者　　　小　田　良　次
●印刷所　　　株式会社 広済堂ネクスト

●発行所　　実 教 出 版 株 式 会 社
〒102-8377 東京都千代田区五番町5
電話〈総務〉(03)3238-7700
〈営業〉(03)3238-7777
〈編修〉(03)3238-7332
https://www.jikkyo.co.jp/

002402009　　　　　　　　　ISBN978-4-407-36342-5

令和6年度版
全商英語検定試験問題集
1級

解答編

Part 1　Listening・Speaking ………………………1

Part 2　Reading ………………………………20

Part 3　Writing ………………………………27

第1回 英語検定模擬試験解答 ………………………35

第2回 英語検定模擬試験解答 ………………………39

令和5年度（第70回）英語検定試験解答 ………………43

実教出版

Part 1 Listening・Speaking

1 アクセント 〈実践演習 p. 5〉

1 a. ④　b. ②　c. ①　d. ②　e. ①

a. ④ [swálou] ～を飲み込む（① ap-póint　② be-háve　③ in-quíre）

b. ② [ɔ́:θər] 著者，作家（① af-fórd　③ de-láy　④ be-gín）

c. ① [évidns] 証拠，根拠（② i-ní-tial　③ in-súr-ance　④ rep-re-sént）

d. ② [sérəmòuni] 儀式（① ap-pré-ci-ate　③ e-mér-gen-cy　④ ex-hi-bí-tion）

e. ① [lítərətʃər] 文学（② de-vél-op-ment　③ ec-o-nóm-ic　④ re-spón-si-ble）

2 a. ②　b. ①　c. ③　d. ①　e. ②

a. ② [kənsíst]（要素などから）成る，構成される（① áb-sence　③ jús-tice　④ sým-bol）

b. ① [əkɔ́:r] 起こる，発生する（② shál-low　③ sór-row　④ úr-gent）

c. ③ [səlú:ʃən] 解決（すること）；解決策〔法〕（① ás-tro-naut　② ár-ti-cle　④ guar-an-tée）

d. ① [ətrǽktiv] 人をひきつける，魅力的な（② mín-i-mum　③ cón-fi-dence　④ súb-sti-tute）

e. ② [ʌnfɔ́:rtʃənət] 不運な（① in-de-pénd-ence　③ pol-i-tí-cian　④ sat-is-fác-to-ry）

3 a. ③　b. ①　c. ②　b. ④　e. ③

a. ③ [hjú:mən] 人間の，人間的な（① ap-próve　② con-clúde　④ tech-níque）

b. ① [tʃáidhùd] 幼年期（② de-fénd　③ ex-tént　④ pro-víde）

c. ② [hézitèit] ためらう，ちゅうちょする（① com-mít-tee　③ pro-fés-sion　④ rep-re-sént）

d. ④ [víktəri] 勝利，優勝，克服，征服（① a-múse-ment　② em-bár-rass　③ in-tén-tion）

e. ③ [lítərətʃər] 文学，文献（① a-váil-a-ble　② e-mér-gen-cy　④ re-lí-a-ble）

4 a. ①　b. ③　c. ②　d. ③　e. ④

a. ① [ərést] 逮捕，検挙，逮捕する，検挙する（② cháp-ter　③ hó-ly　④ próf-it）

b. ③ [əkɔ́:r] 起こる，生じる，ふと心に浮かぶ（① cól-lar　② ló-cal　④ rá-dar）

c. ② [impréʃn] 印象，感銘（① cát-a-log　③ mír-a-cle　④ óx-y-gen）

d. ③ [iníʃl] 頭文字，頭文字で署名する，頭文字の（① ár-gu-ment　② déc-o-rate　④ mém-o-rize）

e. ④ [vəráiəti] 変化（に富むこと），多様性（① és-ca-la-tor　② mís-er-a-ble　③ néc-es-sar-y）

2 聞き方⑴　応答文 〈実践演習 p. 8〉

1 a. ③　b. ④　c. ①　d. ①　e. ③

― 読まれる英文と質問文（各2回くり返す）――――――――――――― **CD A 02～08**

04 Question a. Your friend had a job interview last week. She's just got the result, which is disappointing to her. What would you say to her if you want to cheer her up?

05 Question b. You see a woman using a portable phone in the place where its use is not allowed. You want to ask her politely to stop. What would you say to her?

06 Question c. You and your boyfriend are having dinner at a restaurant. He says the dinner is his treat, but you want to pay your own expenses. What would you say to him?

07 Question d. You have found a nice sweater for your mother. Tomorrow is her birthday, so you really want to buy it. But it is too expensive. What would you say to the shop clerk?

08 Question e. You are having a cup of coffee at a cafe and want to have something sweet with your coffee. What would you say to the waitress?

［解説］

a. have a job interview「就職の面接がある〔面接試験を受ける〕」　cheer ～ up「～を励ます」　**b.** a portable phone「携帯電話」a cell[mobile] phone のほうが一般的。　④allow＋O＋to 不定詞「O が～するのを許す」の受動態。　**c.** ①go Dutch「割り勘にする」　④Anything will do.「何でもいいです」do は「役

に立つ」を表す自動詞。　e．①May I take[have] your order？「ご注文を伺ってもよろしいですか」
[全訳]
Question **a.** あなたの友だちが先週，就職の面接試験を受けました。彼女はたった今，結果を知りましたが，それは彼女をがっかりさせるものでした。あなたは彼女を励ましたいと思うなら，何と言いますか。
Question **b.** あなたは使用を許されていない場所で女性が携帯電話を使用しているのを目撃します。あなたは丁寧に彼女にやめるように求めたいと思っています。彼女に何と言いますか。
Question **c.** あなたとあなたのボーイフレンドはレストランで夕食を食べています。彼はこの夕食は彼のおごりだと言いますが，あなたは自分の勘定を払いたいと思います。彼に何と言いますか。
Question **d.** あなたはお母さんのためにすてきなセーターを見つけました。明日は彼女の誕生日なので，あなたはそれをとても買いたいと思います。しかし，高価すぎます。あなたは店員に何と言いますか。
Question **e.** あなたは喫茶店で1杯のコーヒーを飲んでいますが，コーヒーと一緒に何か甘い物を食べたいと思っています。あなたはウエイトレスに何と言いますか。

2　a．①　b．②　c．③　d．①　e．③
┌ 読まれる英文と質問文（各2回くり返す）────────────── CD A 09〜15 ┐
11 Question a. You are talking about something very personal with a friend and want her to keep it secret. What would you say to her?
12 Question b. Your friend invites you to his house for dinner. You are really happy about it. What would you say to him when he asks whether you want to accept the invitation?
13 Question c. On your birthday, your father bought you a new bike which you had long wanted. What would you say to him after saying thank you to him?
14 Question d. You see a woman trying to buy a train ticket from a ticket machine, but the machine looks broken. What would you say to her?
15 Question e. You've just heard that an old friend of yours is visiting your town. You want her to come and see you, so you have decided to call her. What would you say to her on the phone?
└──────────────────────────────────────┘

[解説]
a. personal「個人的な」 keep＋O＋C「OをCの状態のままにする」 ①This is just between you and me.「これはあなたと私だけの秘密です」 ②Leave it to me.「私に任せてください」 **b.** ②By all means.「ぜひとも，もちろん」 **c.** ①I wish you had bought it for me.「あなたがそれを買ってくれればよかったのに（買ってくれなかった）」仮定法過去完了 **d.** ①out of order＝broken「故障して」 **e.** ①out of town「（特に出張などで）町を離れて，留守にして」 all week「1週間ずっと」 ③drop by「顔を出す，立ち寄る」
[全訳]
Question **a.** あなたは友だちととても個人的なことについて話をしていて，彼女にそれを内密にしてもらいたいと思っています。あなたは彼女に何と言いますか。
Question **b.** あなたの友だちが家にあなたを夕食に招待してくれます。あなたはとてもうれしく思っています。彼があなたにその招待を受けたいかどうかを尋ねるとき，あなたは彼に何と言いますか。
Question **c.** あなたのお父さんは誕生日にあなたが長い間欲しいと願っていた新しい自転車を買ってくれました。あなたは彼に感謝の言葉を述べたあとで何と言いますか。
Question **d.** あなたは女性が切符販売機から電車の切符を買おうとしているのを目撃しますが，その機械は故障しているように見えます。あなたは彼女に何と言いますか。
Question **e.** あなたはあなたの旧友のひとりがあなたの町を訪れていることを耳にしました。あなたは彼女に会いに来てもらいたいと思っているので，彼女に電話することにしました。あなたは電話で彼女に何と言いますか。

3　a．②　b．②　c．③　d．①　e．④
┌ 読まれる英文と質問文（各2回くり返す）────────────── CD A 16〜22 ┐
18 Question a. You're a dentist and your patient is a small child. You want her to keep her mouth open. What would you say?
19 Question b. Last night your brother went to bed late. He woke you up, and you want to

ask him to be quieter tonight. What would you say?

20 Question c. You have taken a taxi to the airport. You have a broken leg and can't lift your suitcase. What would you say if you want the driver to help you?

21 Question d. The entrance to your office building is crowded. You can't move without pushing others, but then someone starts pushing you. You want to allow that person to pass. What would you say?

22 Question e. You are a teacher, and there is a PTA meeting tomorrow. You want to ask your students to clean up before they leave. What would you say?

[解説]

a. want 〜 to *do*「〜に…してほしい」〈keep+O+C〉「O を C に保つ」 ①bite down「かみしめる」

b. wake 〜 up「〜を起こす，目覚めさせる」(woke は wake の過去形) ①heavy sleeper「ぐっすり眠る人」 ②try not to *do*「〜しないようにする」

c. a broken leg「骨折した足」 ③Would you mind 〜ing?「〜していただけませんか」 help 〜 with …「〜の…を手伝う」

d. can't … without 〜ing「〜せずに…できない」 allow 〜 to *do*「〜が…するのを許す」 ①go through「通り抜ける，通行する」

e. ask 〜 to *do*「〜に…するよう頼む」 ①〈look+形容詞〉「〜に見える」

[全訳]

Question **a.** あなたは歯科医で，あなたの患者は小さな子どもです。あなたは彼女に口を大きく開いたままにしてほしいと思っています。あなたは何と言うでしょうか。

Question **b.** 昨夜あなたのお兄〔弟〕さんは遅く寝ました。彼はあなたを起こし，あなたは彼に，今夜はもっと静かにするよう頼みたいと思っています。あなたは何と言うでしょうか。

Question **c.** あなたは空港までタクシーに乗ります。あなたは足を骨折していて，スーツケースを持ち上げることができません。もし運転手さんに手伝ってほしいなら，あなたは何と言うでしょうか。

Question **d.** あなたの会社の入り口が混雑しています。ほかの人を押さずに動くことはできないのですが，そのとき誰かがあなたを押しはじめます。あなたはその人に，通ってもらいたいと思っています。あなたは何と言うでしょうか。

Question **e.** あなたは教師で，明日 PTA の会合があります。あなたは生徒たちに，帰る前に掃除をするよう頼みたいと思っています。あなたは何と言うでしょうか。

4 a. ④ b. ② c. ③ d. ④ e. ①

─ 読まれる英文と質問文（各 2 回くり返す）───────────────**CD A 23〜29**─

25 Question a. You meet a foreigner in your home town. She politely asks you if you're a stranger in the town. What would you say?

26 Question b. You would like to add some milk to your tea. However, there is not much left. You want to know if it's OK to finish it. What would you say?

27 Question c. The train will be arriving in Nagoya soon. You want to tell your friend that your station is the first stop after Nagoya. What would you say?

28 Question d. You've received an email from your German friend who will visit Japan soon. What would you say if you want to know his plans?

29 Question e. You and your friend have club practice after school. However, you don't feel very well because you have caught a cold. How would you tell your friend that you are not attending today?

[解説]

a. politely「ていねいに」 ask 〜 if …「〜に…かどうかを尋ねる」 stranger「(土地に) 初めて来た人」 ①direction「道順」 ③be glad to *do*「〜してうれしい」

b. would like to *do*「〜したい」 there is 〜 left「〜が残っている」 know if 〜「〜かどうか知る」 ①plenty of 〜「十分な〜」

c. tell 〜 that …「〜に…ということを伝える」 ②〈have just+過去分詞〉「ちょうど〜したところだ」

③④one＝station
d. ①I'm afraid (that) ～「残念ながら〔あいにく〕～だ」　③let ～ know「～に知らせる〔教える〕」　④detail「詳細」
e. ②I'll be there「そこへ行きます」　③seem to *do*「～するように見える」　④see a doctor「医者にみてもらう」

〔全訳〕
Question **a.** あなたはあなたの地元の町で外国人に会っています。彼女はあなたがその町に初めて来た人かどうかていねいに尋ねています。あなたは何と言うでしょうか。
Question **b.** あなたは紅茶にミルクを加えたいと思っています。しかし、あまり残っていません。あなたはそれを使い切ってもよいかどうか知りたいと思っています。あなたは何と言うでしょうか。
Question **c.** 電車はまもなく名古屋に到着します。あなたは友達に、あなたの駅は名古屋から1つ目の停車駅だと伝えたいと思っています。あなたは何と言うでしょうか。
Question **d.** あなたは、まもなく日本を訪れるドイツ人の友達からメールを受けとったところです。もしあなたが彼の計画を知りたいなら、あなたは何と言うでしょうか。
Question **e.** あなたとあなたの友達は、放課後にクラブの練習があります。しかし、あなたは風邪を引いてしまったので、あまり気分がよくありません。今日は参加しないつもりだということを、あなたは友達にどのように伝えるでしょうか。

3 聞き方(2)　応答文　〈実践演習 p.13〉

1 **a.** ④ **b.** ① **c.** ② **d.** ① **e.** ③
─ 読まれる英文（各2回くり返す）─────────────── CD A 30〜36 ─
32 Question a. Are you going to the concert tonight?
33 Question b. Can I use your phone?
34 Question c. Sorry, he's just left for work.
35 Question d. Do you mind if I open the window?
36 Question e. What should I bring to your party?

〔解説〕
a. ①should have＋過去分詞「～すべきだったのに（実際はしなかった）」　②It's a shame.「それは残念です」　**b.** ②Don't mention it.「どういたしまして」　**d.** Do you mind if I ～?「～してもかまいませんか」許可を求める丁寧な表現。これを承諾する場合は、①のようにNot at all.や、No, I don't mind.などと言う。　**e.** ③Anything will do.「何でもかまいません」　do は「役に立つ」という意味。
〔全訳〕
Question **a.** あなたは今夜、コンサートに行きますか。
Question **b.** あなたの電話を使ってもいいでしょうか。
Question **c.** あいにくですが、彼は仕事に出たばかりです。
Question **d.** 窓を開けてもかまいませんか。
Question **e.** あなたのパーティに何を持って行きましょうか。

2 **a.** ③ **b.** ② **c.** ① **d.** ② **e.** ①
─ 読まれる英文（各2回くり返す）─────────────── CD A 37〜43 ─
39 Question a. May I ask who's calling?
40 Question b. How would you like your coffee?
41 Question c. I have no idea what you are talking about.
42 Question d. Will you be able to join our event?
43 Question e. I'm very sorry for my rude behavior.

〔解説〕
a. May I ask who's calling? は Who's calling? の丁寧な表現。　**b.** How would you like ～? like のあとに飲食物がくる場合は、「～をどのように召しあがりたいのですか」という意味になる。　**c.** ①Let me

make it clear.「（私の言いたいことを）もっとはっきり説明させてください」　④That depends.「それは時と場合によります」　d．④That's the whole point.「それこそが核心です」　e．①Apology accepted.「（謝罪の言葉に対して）わかりました」　accepted の前に not があれば「謝罪は受け入れられません」という意味になる。

[全訳]
Question a．（電話で）どちら様でしょうか。
Question b．コーヒーをどのように飲まれますか。
Question c．あなたが何をおっしゃっているのかさっぱりわかりません。
Question d．私どものイベントに参加できますか。
Question e．非礼を心よりお詫び申しあげます。

3　a．③　b．④　c．③　d．②　e．④

読まれる英文（各2回くり返す）──────────CD A 44〜50

46 Question a．How long does it take to get to City Hall on foot?
47 Question b．Excuse me, can I bother you for a moment?
48 Question c．Hello, this is Michael Brown of ABC Company.　May I speak to Mr. White?
49 Question d．Excuse me, I'd like to reserve a seat on the train to London.
50 Question e．Is there a good hospital near here?

[解説]
a．How long does it take to *do*? は「〜するのにどのくらいの時間がかかりますか」と所要時間を尋ねる表現。on foot は「徒歩で」という意味。かかる時間を答える③が適切。
b．Can I bother you for a moment? は「ちょっといいですか」と用件を切り出すときに用いる表現。これに応じて用件を尋ねる④が適切。②I appreciate your help. は相手が助けてくれたことに感謝する表現。
c．Hello, this is 〜. と May I speak to 〜? より，電話での会話とわかる。電話を受けた側の応答としては③が適切。hold the line「電話を切らずに待つ」
d．I'd like to *do* は「〜したい」という意味。列車の席を予約したいと言っている客に対しては，係員が片道か往復かを尋ねる表現の②が適切。④change trains「列車を乗り換える」
e．近くによい病院があるかと尋ねられての応答としては，具体的な病院を挙げている④が適切。speak highly of 〜「〜を非常にほめる」，one は代名詞で，ここでは hospital の代わりに用いられている。

[全訳]
Question a．市役所までは徒歩でどのくらいかかりますか。
Question b．すみません，ちょっといいですか。
Question c．もしもし，ABC 社のマイケル・ブラウンと申します。ホワイトさんはいらっしゃいますか。
Question d．すみません，ロンドン行きの列車の席を予約したいのですが。
Question e．この近くによい病院はありますか。

4　a．①　b．④　c．③　d．②　e．③

読まれる英文（各2回くり返す）──────────CD A 51〜57

53 Question a．I have a job interview tomorrow.
54 Question b．How often do you take a train?
55 Question c．Are you ready to order?
56 Question d．Do you know if she will be able to come to my birthday party tomorrow?
57 Question e．Hello, this is William Ford.　Could you put me through to Mr. Smith?

[解説]
a．job interview「就職の面接」　相手を励ます発言である①が適切。①I'm sure (that) 〜「きっと〜でしょう」　③Go ahead.「さあ，どうぞ」
b．How often 〜?「どのくらいの頻度で〜ですか」という質問なので，頻度を答えている④が正解。①Never mind.「気にしないで」　③change trains「電車を乗り換える」　④seldom「めったに〜ない」
c．Are you ready to order?「ご注文はお決まりですか」に対する応答として適切な③が正解。②pick up 〜「（用意されたものなど）を受け取る」　④care for 〜「（疑問文・否定文で）〜が欲しい」

d. know if ～「～かどうか知っている」　明日のパーティーに彼女が来るかどうか知りたい相手に対する応答として適切なのは②。③は「私は彼女が来るとわかっていました」という意味なので，不適切。

e. スミスさんに電話をつないでほしいという発言に対する応答として適切なのは③。put me through to ～「～に電話をつなぐ」　②have は使役動詞で，have ～ *do* で「～に…させる」。③busy「話し中で」

[全訳]

Question **a.** 私は明日，就職の面接があります。

Question **b.** あなたはどのくらいしばしば電車に乗りますか。

Question **c.** ご注文はお決まりですか。

Question **d.** 明日の私の誕生日パーティーに彼女が来られるかどうか，あなたは知っていますか。

Question **e.** もしもし，こちらはウィリアム・フォードです。スミスさんにつないでいただけませんか。

4　聞き方(3)　対話文　〈実践演習 p.17〉

1　**a.** ④　**b.** ①　**c.** ③　**d.** ③　**e.** ④

── 読まれる対話文と質問文（各2回くり返す） ──────────────── **CD A 58～64**

60 Question a.　　Man : You are early today, Yoko.　Did you take the earlier bus ?
　　　　　　　Woman : No, I woke up late and missed the usual bus, so I asked my mother to give me a ride to school.　Surprisingly, I ended up arriving earlier than usual.
　　　　　　　Man : I'm lucky because I can walk to school.
　　　　　　　Woman : I envy you.
　　　　　　　Question : Why didn't Yoko take the bus this morning ?

61 Question b.　Woman : Wow, lovely dogs.　What are their names ?
　　　　　　　Man : This is Max and this is his mother Molly.
　　　　　　　Woman : Max looks like a very active dog.　On the other hand, Molly looks very calm.
　　　　　　　Man : Yes.　She likes sitting alone on this sofa, looking down at Max running around.
　　　　　　　Question : What does Molly like to do ?

62 Question c.　　Man : Looks like you are back from shopping.　What did you get ?
　　　　　　　Woman : Well, I bought this shirt.　What do you think ?
　　　　　　　Man : I think it's very beautiful.　But I thought you would choose a pink shirt because you like the color pink.
　　　　　　　Woman : Actually, I tried on a pink shirt, but I chose this one because I really liked its pattern.
　　　　　　　Question : What did the woman do ?

63 Question d.　Woman : Chris, you were supposed to be here half an hour ago.　What made you late ?
　　　　　　　Man : I took the seven o'clock bus as usual, but the bus was involved in a traffic accident and I had to get off the bus.　I had trouble getting a taxi too.
　　　　　　　Woman : I see.　But I don't want this to happen again.
　　　　　　　Man : I promise this won't happen again.
　　　　　　　Question : Why was Chris late ?

64 Question e.　　Man : Susan, can I use your phone ?　I need to make a call to my mother right now.
　　　　　　　Woman : Fine, but where is your phone ?　You always carry it with you everywhere, don't you ?
　　　　　　　Man : Yes, I do.　But yesterday, I visited Tom's house and left my phone there.　I will go and get it after work today.

```
            Woman :  I see.  Here you go.  You can use it anytime.
            Question :  What will the man probably do after work？
```

[解説]
a. wake up late「寝坊する」 surprisingly「驚くべきことに」 **b.** on the other hand「他方」
c. pattern「模様，柄」 **d.** be supposed＋to 不定詞「～することになっている，～するはずである」 be involved in ～「～に巻き込まれる」 a traffic accident「交通事故」 get off the bus「バスから降りる」 have trouble ～ing「～するのに苦労する」 promise＋that 節「～と約束する」 **e.** make a call to ～「～に電話する」

[全訳]
Question **a.** 男性：今日は早いね，ヨウコ。いつもより早いバスに乗ってきたの？
　　　　　女性：いいえ，寝坊して，いつものバスに乗り遅れたから，お母さんに車で学校まで送ってもらったの。驚いたことに，結局，いつもより早く到着したの。
　　　　　男性：僕は歩いて学校に来られるから幸運だよ。
　　　　　女性：うらやましいわ。
　　　　　質問：なぜヨウコは今朝，バスに乗らなかったのですか。
Question **b.** 女性：わあ，かわいい犬たち。なんていう名前なの？
　　　　　男性：こっちがマックスで，こっちが彼の母親のモリー。
　　　　　女性：マックスはとても活発な犬のようね。他方，モリーはとても落ち着いて見えるわ。
　　　　　男性：そうだね。彼女はひとりでこのソファに座って，マックスが走り回っているのを見るのが好きなんだよ。
　　　　　質問：モリーは何をするのが好きですか。
Question **c.** 男性：どうやら買い物から戻ったようだね。何を買ったの？
　　　　　女性：ええと，このシャツを購入したの。どう思う？
　　　　　男性：とてもきれいだと思うよ。でも，ピンク色が好きだから，ピンクのシャツを選ぶのかと思っていたよ。
　　　　　女性：実はピンクのシャツも試着してみたんだけど，この柄がとても気に入ったので，こっちのシャツを選んだの。
　　　　　質問：女性は何をしたのですか。
Question **d.** 女性：クリス，あなたは本当は30分前にここに到着していなくてはならなかったはずでしょう。どうして遅れたのですか。
　　　　　男性：いつもの通りに7時のバスに乗ったのですが，バスが自動車事故に巻き込まれて，バスを降りなければなりませんでした。タクシーを捕まえるのも苦労しました。
　　　　　女性：なるほど。しかし，このようなことを二度と起こしてもらいたくはありません。
　　　　　男性：二度とこのようなことは起こらないと約束します。
　　　　　質問：クリスはなぜ遅れたのですか。
Question **e.** 男性：スーザン，君の電話を使ってもいいかな？　すぐに母親に電話しなければならないんだ。
　　　　　女性：いいわよ，でもあなたの電話はどこにあるの？　どこへ行くにもあなたはいつも電話を携帯しているじゃない？
　　　　　男性：ああ，そうなんだけど。昨日，トムの家を訪れて，そこに置き忘れてきたんだ。今日，仕事を終えたら，取りに行くつもり。
　　　　　女性：なるほど。さあどうぞ。いつでも使っていいわよ。
　　　　　質問：仕事が終わったら男性はおそらく何をするでしょうか。

2　a. ②　b. ③　c. ①　d. ④　e. ④
読まれる対話文と質問文（各2回くり返す）　　　　　　　　　　　　CD A 65～71
67 Question a.　　Man : How was your weekend？ Did you go skiing？
　　　　　　　　Woman : Yes, we did. But we came home much earlier than we had planned.
　　　　　　　　Man : Why？ Wasn't there enough snow up there？
　　　　　　　　Woman : Yes, there was. And the weather was perfect in the morning.
　　　　　　　　　　　　But suddenly, it changed and we had a terrible storm.

Question : Why did the woman change her plans ?

68 Question b.　Woman : You have lots of books.　How do you find them ?

Man : I usually order books through the Internet.

Woman : Do you receive your order at work ?　I believe you are out for work during the day.

Man : I pay for and receive my order at a convenience store.

Question : Where does the man order books ?

69 Question c.　Woman : Bob, didn't you get the message I left on your phone this morning ?

Man : Sorry, I haven't listened to it yet.　What was that, Yuki ?

Woman : I left a message to ask you to meet me at my office at noon today.　I wanted to try the new restaurant on ABC Street.

Man : Well, we can go there tomorrow.

Question : What does Bob imply ?

70 Question d.　Woman : I very much enjoyed your concert last night.　You are a really good guitarist.

Man : Thank you.　But I think our band needs more practice.　We should practice every day.

Woman : When do you practice ?

Man : I usually practice with the other members on Mondays and Wednesdays.

Question : How often does the man's band practice ?

71 Question e.　Man : Anna, your Japanese is excellent.　How long have you studied Japanese ?

Woman : I studied it for two years at college.　My major was Asian Studies, so I needed to understand Asian languages.

Man : Amazing.　Do you speak any other Asian language ?

Woman : I speak Korean, but my Korean isn't as good as your English.

Question : What languages does the woman speak ?

［解説］
b.　order「～を注文する；注文品」　through the Internet「インターネットを使って〔通じて〕」　during the day「昼間は」　**e**.　Asian Studies「アジア研究」
［全訳］
Question **a**.　男性：週末はどうだったの？　スキーに行った？
　　　　　　　女性：ええ，行ったわ。でも，計画していたよりずっと早く家に帰ってきたの。
　　　　　　　男性：どうして？　十分な雪がなかったの？
　　　　　　　女性：いいえ，あったんだけど。それに午前中は天気も完璧だったの。でも，突然，それが急変したのよ。ひどい嵐に遭遇したわ。
　　　　　　　質問：女性はどうして計画を変更したのですか。
Question **b**.　女性：あなたはたくさんの本を持っているわね。どうやって本を見つけるの？
　　　　　　　男性：たいていインターネットで本を注文するんだ。
　　　　　　　女性：職場で注文したものを受け取るの？　日中は仕事で家にいないでしょうから。
　　　　　　　男性：コンビニエンスストアで代金を支払って，注文した本を受け取るんだよ。
　　　　　　　質問：男性はどこで本を注文するのですか。
Question **c**.　女性：ボブ，私が今朝あなたの電話に残したメッセージを聞かなかったの？
　　　　　　　男性：ごめん，まだ聞いていないよ。何だったの，ユキ？
　　　　　　　女性：今日の昼に私の仕事場で会ってほしいと誘うためにメッセージを残したの。ABC通りの新しいレストランに行ってみたかったのよ。
　　　　　　　男性：それなら，明日，そこに行けるよ。
　　　　　　　質問：ボブは何をほのめかしているのですか。

Question **d.** 女性：私，昨夜のあなたのコンサートを満喫したわ。あなたは本当にすばらしいギター奏者ね。
男性：ありがとう。でも，僕たちのバンドはもっと練習する必要があると思うんだ。毎日練習すべきなんだけど。
女性：いつ練習しているの？
男性：ほかのメンバーとはたいてい月曜日と水曜日に練習しているんだ。
質問：男性のバンドはどれだけ頻繁に練習していますか。
Question **e.** 男性：アナ，あなたの日本語はすばらしいですね。どのくらい日本語を勉強しているのですか。
女性：私は大学で2年間勉強しました。専攻はアジア研究だったので，アジアの言語を理解する必要があったのです。
男性：すばらしい。ほかにアジアの言語を話せるのですか。
女性：韓国語を話しますが，あなたの英語ほどうまくはありません。
質問：女性はどの言語を話しますか。

3 a. ① b. ② c. ① d. ① e. ③

── 読まれる対話文と質問文（各2回くり返す） ──────────── **CD** A 72〜78 ─

74 Question a.　　Man : Could you show me this sweater in my size?
　　　　　　　　Woman : Certainly. What is your size?
　　　　　　　　Man : I'm not really sure. Could you measure me?
　　　　　　　　Woman : No problem. Just a moment. I'll bring a tape measure.
　　　　　　　　Question : What does the man ask the woman to do?

75 Question b.　　Man : What time does the next long-distance bus for Tokyo leave?
　　　　　　　　Woman : The next one leaves at 4:30 p.m. from gate two.
　　　　　　　　　　　　They leave every hour from the same bus stop.
　　　　　　　　Man : I haven't booked yet. Are there any seats available?
　　　　　　　　Woman : I'm sorry, it's already full. You can book a seat on the next one.
　　　　　　　　Question : What will the man probably do?

76 Question c.　　Man : What's your new apartment like?
　　　　　　　　Woman : I like it. It's not close to the station but it's in a quiet area.
　　　　　　　　Man : How big is it?
　　　　　　　　Woman : Compared to my old apartment, it's much smaller, but it gets a lot of sunshine.
　　　　　　　　Question : What is the woman's new apartment like?

77 Question d.　　Man : Lakeside Hotel, may I help you?
　　　　　　　　Woman : Do you have a room available for three nights from tomorrow?
　　　　　　　　Man : I'll have a look for you.
　　　　　　　　Woman : Thank you.
　　　　　　　　Question : What will the man do next?

78 Question e.　　Man : Is everything OK in your office? How is Natalie, the new staff member?
　　　　　　　　Woman : To be honest, she isn't lazy, but she could be more organized.
　　　　　　　　Man : So, do you mean she is slow to do the work?
　　　　　　　　Woman : If she planned her work better, she would be great.
　　　　　　　　Question : What does the woman think about Natalie?

［解説］

a. 男性の Could you measure me?「私を測っていただけますか」を聞きとり，①を選ぶ。

b. 女性の最初の発言から「次のバスは4時30分に出発する」「バスは1時間おきに出発する」という情報を聞きとる。男性が座席を予約しようとすると，女性は「次のバスは満席で，さらにその次のバスなら予約可能である」と言っている。したがって，男性は4時30分の1時間後である5時30分のバスの座席の予約をすると考えられるので，②が正解。

c. 女性の発言 Compared to my old apartment, it's much smaller より，新しいアパートはあまり大きく

ないことがわかるので，①が正解。②，③，④はいずれも女性が否定している内容である。

d ．男性がホテルの受付係，女性が客である状況をつかむ。明日から 3 泊利用可能な部屋が空いているか女性が尋ね，男性は「お調べいたします」と言っているので，空室を探すと考えられる。①が正解。

e ．ナタリーについて尋ねられた女性は，「もっとまめになれるだろう」「彼女は仕事をもっとよく計画すれば，すばらしくなるだろう」と言っているので，実際はあまりまめではないことがわかる。正解は③。

[全訳]

Question **a ．** 男性：このセーターの，私のサイズのものを見せていただけますか。
女性：かしこまりました。あなたのサイズは？
男性：よくわからないのです。測っていただけますか。
女性：かしこまりました。少々お待ちください。巻き尺を取ってまいります。
質問：男性は女性に何をしてもらうよう頼みましたか。

Question **b ．** 男性：次の東京行き長距離バスは何時に出発ですか？
女性：次は 2 番ゲートから午後 4 時30分の出発です。同じバス停から 1 時間おきに出発します。
男性：私はまだ予約していないのです。空席はありますか。
女性：申し訳ありませんが，すでに満席です。その次のバスでしたら座席の予約ができます。
質問：男性はおそらく何をするでしょうか。

Question **c ．** 男性：あなたの新しいアパートはどんな感じですか？
女性：気に入っています。駅に近くはないですが，静かな地域にあるのです。
男性：どのくらいの大きさなのですか？
女性：私の古いアパートと比べると，かなり小さいですが，とても日当たりがよいです。
質問：女性の新しいアパートはどのようなものですか？

Question **d ．** 男性：レイクサイド・ホテルですが，おうかがいいたします。
女性：明日から 3 泊利用可能な部屋はありますか？
男性：お調べいたします。
女性：ありがとうございます。
質問：男性は次に何をするでしょうか。

Question **e ．** 男性：あなたの会社は万事うまくいっていますか？　新しい職員のナタリーはどうですか？
女性：正直に言って，彼女は怠け者ではないのだけれども，もっとまめになれると思います。
男性：ということは，彼女は仕事をするのが遅いということですか？
女性：彼女は仕事をもっとよく計画すれば，すばらしくなるでしょうね。
質問：女性はナタリーについてどう思っていますか。

4 **a ．** ② **b ．** ③ **c ．** ③ **d ．** ① **e ．** ①

─ **読まれる対話文と質問文**（各 2 回くり返す）───────────── **CD A 79～85**─

81 Question **a .**　　Man : Mom, are you busy now? I need you to sign this letter. I'm supposed to hand it in by tomorrow.
Woman : Hold on. I want to put these things away first. What is it?
Man : It's from school. I need your permission to join the school trip.
Woman : OK. I'll read it later. Leave it on the table.
Question : What does the woman want?

82 Question **b .**　　Woman : Excuse me, where is ABC stadium?
Man : Let me see... Go down this street for two blocks and turn left. The entrance is in the middle of the block.
Woman : Thank you. It sounds like it's not so far from here.
Man : No. The No.5 bus would take you to the stadium, but it's only ten minutes on foot. It's better to walk, especially on such a nice day.
Question : What is the man's advice?

83 Question **c .**　　Man : I'm sorry. I've made many mistakes. I don't think I'm suited for this job.
Woman : That's OK. This is your first year, so it's quite normal. I had a

similar experience myself.

Man : How did you manage?

Woman : In my case, when my voice was too low in a meeting, I was told to speak up. I practiced in front of the mirror until I improved.

Question : How did the woman solve her problem?

84 Question d.　Man : Could you come to our office on September 4th for a business meeting?

Woman : I'm afraid that day is not good for me. I have to visit my daughter's school.

Man : I see. Then, when would be better for you?

Woman : I'm away on a business trip from the 1st to the 3rd, so how about the 5th or the 8th?

Man : I have another appointment on the 5th, but the 8th is good.

Question : What is true about the conversation?

85 Question e.　Man : All right. I think we have talked about everything we had planned.

Woman : We have finally reached an agreement.

Man : I'm very happy. Does anyone have any questions?

Woman : I think we can talk at the next meeting about the details.

Man : Sure.

Question : What is true about the conversation?

[解説]

a . 女性とその息子との会話。I'll read it later.「あとでそれ（＝学校からの手紙）を読むわ」と言っているので，②が正解。

b . 女性が男性に，スタジアムへ行く方法を尋ねている。It's better to walk「歩くほうがいいです」と言っているので，③が正解。

c . 女性が新人の男性に，自分の経験を語っている。I was told to speak up.「私はもっと大きな声で話すように言われました」と I practiced in front of the mirror「私は鏡の前で練習しました」から，③が正解。

d . 会議の日にちを協議している場面。女性は I'm away on a business trip from the 1st to the 3rd「1日から3日は出張で出かけています」と言っているので，①が正解。

e . 計画に関する話し合いの場面。男性が Does anyone have any questions?「何か質問のある方はいますか」と言い，女性も次回の会議について話しているので，①が正解。

[全訳]

Question **a .** 男性：お母さん，今忙しい？　この手紙に署名してもらう必要があるんだけど。明日までにそれを提出することになってるんだ。

女性：ちょっと待って。まずこのへんのものを片付けたいの。それは何？

男性：学校からのものだよ。遠足に参加するために，お母さんの許可がいるんだ。

女性：わかったわ。あとで読むわ。それをテーブルの上に置いておいて。

質問：女性は何をしたいのでしょうか。

Question **b .** 女性：すみません，ABC スタジアムはどこですか。

男性：ええと…。この通りをまっすぐ2ブロック進んで，左に曲がってください。入り口はブロックの真ん中にあります。

女性：ありがとうございます。ここからそんなに遠くなさそうですね。

男性：ええ。5番のバスに乗ればスタジアムに行けますが，歩いてもたったの10分です。歩いたほうがいいですよ，特にこんなよい天気の日には。

質問：男性の助言は何ですか。

Question **c .** 男性：申し訳ありません。私はたくさんミスをしてしまいました。私はこの仕事に向いていないと思います。

女性：大丈夫ですよ。これはあなたの最初の年なのだから，まったく普通のことですよ。私自身，似たような経験をしました。

　　　　　男性：どうやって対処したんですか。

　　　　　女性：私の場合は，会議で声が小さすぎたときに，もっと大きな声で話すように言われました。
　　　　　　　　私は改善できるまで鏡の前で練習しました。

　　　　　質問：女性はどのようにして自分の問題を解決しましたか。

Question **d.**　男性：仕事の打ち合わせのために，9月4日に当社へお越しいただけませんか。

　　　　　女性：申し訳ありませんが，その日は都合が悪いんです。娘の学校に行かなければならないんです。

　　　　　男性：わかりました。では，いつなら都合がいいですか。

　　　　　女性：1日から3日は出張で出かけていますので，5日か8日ではいかがでしょう。

　　　　　男性：5日は別の約束があるのですが，8日なら大丈夫です。

　　　　　質問：会話について正しいのはどれですか。

Question **e.**　男性：さてと。私たちは計画したすべてのことについて話し合ったと思います。

　　　　　女性：私たちはついに合意に達しましたね。

　　　　　男性：私はとてもうれしいです。何か質問のある方はいますか。

　　　　　女性：次の会議で詳細について話し合うことができると思います。

　　　　　男性：そうですね。

　　　　　質問：会話について正しいのはどれですか。

5 聞き方⑷　長文　　　　　　　　　　　　　〈実践演習 p.22〉

1　a. ②　b. ④　c. ①　d. ①　e. ③

読まれる英文（各2回くり返す）　　　　　　　　　　　　　　　**CD A 86〜88**

88 March 17 is a national holiday in Ireland. It is called Saint Patrick's Day. Dublin, the capital of Ireland, has a huge festival from March 15 to 19. People traditionally wear jackets or caps with green clovers on them. A clover is a small plant which usually has three leaves. Women and girls wear green ribbons in their hair.

　This Irish holiday is celebrated all over the world. Some cities paint the street lines green for the day. Chicago is famous for its special way of celebrating Saint Patrick's Day. The city turns the Chicago River green for several hours. Many cities have a parade. In North America, parades are often held on the Sunday before March 17. There has been a Saint Patrick's Day parade in Boston since 1737. Montreal began a parade in 1824.

　Why do these cities celebrate the Irish tradition? That is because many people in North America are of Irish origin. In the United States alone, about 36 million Americans are of Irish origin. This accounts for about ten percent of the total population of America and almost ten times the population of Ireland.

[解説]

a national holiday「国民の休日」　Saint Patrick's Day「聖パトリックの祝日」アイルランドの守護聖人を記念する日。Ireland「アイルランド」　Dublin「ダブリン」アイルランドの首都　the capital of 〜「〜の首都」be famous for 〜「〜で有名である」　parade「パレード」　Irish「アイルランドの」　origin「起源」

[全訳]

　3月17日はアイルランドの国民の休日です。それは聖パトリックの祝日と呼ばれています。アイルランドの首都ダブリンでは，3月15日から19日まで大きな祭典が開かれます。人々は伝統的に緑のクローバーをあしらった上着や帽子を身につけます。クローバーはふつう3枚の小葉のある小さな植物です。女性と女の子は髪に緑色のリボンをつけます。

　このアイルランドの休日は世界中で祝われます。中にはその祝日のために通りの線を緑色に塗る都市もあります。シカゴは聖パトリックの祝日の特別な祝い方で有名です。市がシカゴ川を数時間の間，緑色に変えるのです。多くの都市ではパレードを行います。北米では，パレードは多くの場合，3月17日の前の日曜日に行われます。ボストンでは1737年からずっと聖パトリックの祝日のパレードが行われてきました。モントリオールは1824年にパレードを始めました。

　なぜこのような都市でアイルランドの伝統行事が祝われるのでしょうか。それは北米にはアイルランド系の人

がたくさんいるからです。アメリカ合衆国だけで，約3600万のアメリカ人がアイルランド系です。これはアメリカの総人口のおよそ10パーセント，アイルランドの人口のほぼ10倍に相当します。

a. 聖パトリックの祝日はアイルランドの首都では（① 3月17日だけに ② 3月15日から19日まで ③ 毎年異なる日に ④ 3月の毎週日曜日に）祝われます。

b. アイルランドでは，聖パトリックの祝日を祝うために（① 男性だけが特別な服を着ます ② 人々は草で作られた服を着ます ③ 男性も女性も緑のリボンを身につけます ④ 男性も女性も緑色のものを身につけます）。

c. 聖パトリックの祝日は（① 世界中で ② アイルランドだけで ③ 北米だけで ④ アメリカ合衆国だけで）祝われます。

d. シカゴは，聖パトリックの祝日に（① 川を緑色にする ② 大きなパレードをする ③ 特別な植物を育てる ④ 通りの線を緑色に塗る）ので有名です。

e. ① アイルランド系アメリカ人の大部分はアイルランドから1824年に来ました。 ② アイルランド系アメリカ人の数はアイルランドの人口とほぼ同じです。 ③ 10人のうち約1人のアメリカ人はアイルランド系の可能性があります。 ④ アイルランドの人口は約3600万人です。

2　**a.** ①　**b.** ④　**c.** ①　**d.** ③　**e.** ①

─ **読まれる英文**（各2回くり返す）─────────────── **CD A 89〜91** ─

91 Although figure skating is not considered a sport by many people, it is among the hardest sports. When figure skaters perform in a competition, they put on beautiful clothes and try to look relaxed. You might think they are performing very easily. Actually, they are very nervous because even one small mistake can be a big problem, which may make them lose. So they have to concentrate on every move they make.

In a competition, figure skaters must do various steps, jumps and turns. Their performance is judged and scored carefully. A group of judges see if they make any technical mistakes. The judges also see how smooth and beautiful their skating is. Even though they are very tired after performing, they have to smile at and wave to the audience and wait until the final score is decided.

Figure skating was first contested as an Olympic sport in the 1908 Summer Olympic Games in London. It became a part of the Winter Olympic Games in 1924.

[解説]
figure skating「フィギュアスケート」 be considered（as）〜「〜とみなされている」 be among the＋最上級の形容詞＋複数名詞「もっとも〜な…のひとつである」 perform「演じる，行う」 competition「競技会」 make＋O＋原形不定詞「Oに〜させる」 concentrate on 〜「〜に集中する」 move「動き」 various「様々な，多様な」 score「（競技者）に点を与える，採点する」 technical「技術的な」 smile at 〜「〜にほほえむ」 wave to 〜「〜に手を振る」 Olympic「オリンピックの」

[全訳]
フィギュアスケートは多くの人がスポーツとみなしていませんが，それはもっともハードなスポーツのひとつです。フィギュアスケーターは競技会で滑るときには，美しい服を身につけ，リラックスしているように見えるよう努力します。みなさんはスケーターがとてもたやすく滑っていると思うかもしれません。実際には，彼らはとても緊張しているのです，なぜなら，たったひとつの小さなミスでさえ大きな問題になる可能性があり，そのために負けるかもしれないからです。そこで，彼らはすべての動きに集中しなければならないのです。

競技会では，スケーターは様々なステップ，ジャンプ，ターンをしなければなりません。彼らの演技は注意深く審査され，点数を付けられます。審査員のグループはスケーターが技術的なミスをするかどうかを確認します。審査員はまた，スケーティングがいかにスムーズで美しいかを見ます。スケーターは滑り終えてとても疲れていても，観衆にほほえみかけ，手を振って，最終の得点が出るまで待たなければなりません。

フィギュアスケートはロンドンで行われた1908年の夏のオリンピックで初めてオリンピック競技として競われました。それが冬のオリンピック競技の一部となったのは1924年でした。

a. 競技会では，フィギュアスケーターは（① 緊張して見えないように ② 自分たちのスケートをタフにするように ③ 体重がたくさん増えるように ④ 自分の美しい服を見せるように）努力します。

b. フィギュアスケーターは（① 簡単に滑らなければならない ② 独力で滑らなければならない ③ スケ

ートに集中することが容易な　④　ひとつの間違いが負けにつながるかもしれない）ので緊張します。

c . フィギュアスケートは（①　注意深く　②　観衆によって　③　外観で　④　前もって）審査されます。

d . フィギュアスケートは（①　20年間　②　ロンドンでは　③　約1世紀の間　④　19世紀から）オリンピック競技になっています。

e . ①　フィギュアスケートは夏のオリンピックで初めて導入されました。　②　フィギュアスケートは1908年のオリンピックでは競技がありませんでした。　③　1924年のオリンピックの競技には，フィギュアスケートは含まれていませんでした。　④　フィギュアスケートの起源はロンドンにあります。

3　a . ①　b . ②　c . ④　d . ①　e . ②

┌─ 読まれる英文（各2回くり返す）─────────────────────── **CD A 92〜94** ─┐

94 Every country has its traditional special days.　In early February, in Japan, people throw beans around their houses while praying for family happiness.

　Similarly, Pancake Day is a special day for British people.　Every year, the day falls on a Tuesday between February 3rd and March 9th.　In 2020, the day falls on February 25th. Originally, for religious reasons, people would stop eating some foods such as eggs and butter, so cooking pancakes was a good way to use up all that food.　Traditional British pancakes are thin compared to American pancakes.　British people usually put lemon juice and sugar on top.　As a special event on that day, pancake races are held across the country.　In the most famous pancake race in Britain, each runner has to keep throwing and catching a pancake in a frying pan.

└──┘

［解説］

traditional「伝統的な」　bean「豆」　pray for 〜「〜のために祈る」　similarly「同様に」　fall on 〜「（日付が）〜に当たる」　originally「最初は，もともとは」　religious「宗教上の，宗教的な」　stop 〜ing「〜するのをやめる」　use up 〜「〜を使い尽くす」　thin「薄い」　keep 〜ing「〜し続ける」

a . パンケーキ・デイがどの国の伝統的な特別な日かを聞きとる。Pancake Day is a special day for British people「イギリスの人々にとってパンケーキ・デイは特別な日です」より，①が正解。

b . パンケーキ・デイが行われる日についての説明を注意深く聞きとる。In 2020, the day falls on February 25th.「2020年は，2月25日にその日が当たります」より，②が正解となる。

c . パンケーキ・デイが何をするのによい機会であるかについては，..., so cooking pancakes was a good way to use up all that food「パンケーキを作ることはそれらの食材（＝卵やバターなど）をすべて使い切るよい方法だったのです」より，④が正解。

d . イギリスのパンケーキについては，Traditional British pancakes are thin compared to American pancakes.「伝統的なイギリスのパンケーキは，アメリカのパンケーキと比べて薄いものです」より，①が正解。

e . 有名なパンケーキレースについては，In the most famous pancake race in Britain, each runner has to keep throwing and catching a pancake in a frying pan「イギリスでもっとも有名なパンケーキレースでは，各ランナーはフライパンの中でパンケーキを投げては受けとめつづけなければなりません」より，②が正解。

［全訳］

　どの国にも，伝統的な特別な日があります。2月上旬，日本では，人々は家族の幸福を祈りながら家の周りで豆を投げます。

　同様に，イギリスの人々にとってパンケーキ・デイは特別な日です。毎年，2月3日と3月9日の間の火曜日にこの日が当たります。2020年は，2月25日にその日が当たります。もともとは，宗教的な理由で，人々は卵やバターのようないくつかの食べものを食べるのをやめることになるので，パンケーキを作ることはそれらの食材をすべて使い切るよい方法だったのです。伝統的なイギリスのパンケーキは，アメリカのパンケーキと比べて薄いものです。イギリスの人々は通常，レモン果汁と砂糖を上にのせます。その日の特別な行事として，パンケーキレースが国中で催されます。イギリスでもっとも有名なパンケーキレースでは，各ランナーはフライパンの中でパンケーキを投げては受けとめつづけなければなりません。

a . パンケーキ・デイは（①イギリスの　②アメリカの　③日本の　④世界中の）伝統的な特別な日です。

b . 2020年，パンケーキ・デイは（①2月3日　②2月25日　③3月9日　④2月と3月の毎週火曜日）に当た

ります。

c . 伝統的に，パンケーキ・デイは（①料理コンテストを催すのに　②幸福を願うのに　③豆を投げるのに　④ある食材を使い切るのに）よい機会でした。

d . イギリスのパンケーキは（①アメリカのものと比べて薄いです　②アメリカのものと比べて厚いです　③アメリカのものととてもよく似ています　④通常，バターを上にのせて食べられます）。

e . 有名なパンケーキレースでは，各ランナーは（①最後にパンケーキを出さ　②パンケーキを上下に投げ　③走っている間にパンケーキを食べ　④家で卵とバターを使わ）なければなりません。

4 a . ①　b . ③　c . ④　d . ③　e . ②

──**読まれる英文**（各2回くり返す）──────────────────**CD A 95～97**─

97 Imagine you're on an airplane and you suddenly hear strange noises from the engine as you reach 3,000 feet. Imagine the plane filling with smoke. I was on board U.S. Airways Flight 1549 in January 2009. I looked at the flight attendants, and they said, "No problem." Two minutes later, three things happened at the same time. The pilot lined up the plane with the Hudson River. He turned off the engines and he announced that passengers should take care. Now, imagine being on a plane with no sound as it goes down. I thought my life was over. Fortunately, I was given the gift of a miracle, of not dying that day. The airplane successfully landed in the Hudson River. Another gift was that I came to see the world differently and now live a better life. Today, I want to share with you what I learned from this accident.

［解説］

imagine ～ing「～するのを想像する」　fill with ～「～でいっぱいになる」　on board「（飛行機・船など）に乗って」　line up ～ with ...「～を…にそろえる」　turn off ～「（機械など）を止める」　land「着陸する」

a . I was on board U.S. Airways Flight 1549 in January 2009.「私は2009年1月にUSエアウェイズ1549便に乗っていました」と言っているので，①が正解。

b . 最初に気づいた異変について，suddenly hear strange noises from the engine「突然エンジンからおかしな音が聞こえてくる」と言っているので，③が正解。

c . 同時に起こった3つのこととして，The pilot lined up the plane with the Hudson River.「機長が飛行機の向きをハドソン川にそろえました」とHe turned off the engines「彼はエンジンを切りました」が挙げられているので，④が正解。

d . I want to share with you <u>what I learned from this accident</u>「私はみなさんと，<u>この事故から私が学んだこと</u>を共有したいと思います」と言っているので，③が正解。

e . 話し手が，I came to see the world differently and now live a better life「世界が違って見えるようになって，今はよりよい人生を送っています」と言い，そのことを聞き手と共有したいと言っているので，②が正解。

［全訳］

　飛行機に乗っていて，3,000フィートに達したときに，突然エンジンからおかしな音が聞こえてくることを想像してみてください。飛行機が煙でいっぱいになることを想像してみてください。私は2009年1月にUSエアウェイズ1549便に乗っていました。私は客室乗務員たちを見ましたが，彼らは「大丈夫です」と言いました。2分後，3つのことが同時に起こりました。機長が飛行機の向きをハドソン川にそろえました。彼はエンジンを切り，そして乗客に気をつけるようにとアナウンスしました。さあ，降下しながら何の音もしない飛行機に乗っていることを想像してみてください。私は自分の人生は終わりだと思いました。幸運なことに，私は奇跡という贈り物をもらいました──その日に死なないという贈り物を。飛行機は首尾よくハドソン川に着水したのです。もう1つの贈り物は，世界が違って見えるようになったことと，今はよりよい人生を送っているということです。今日，私はみなさんと，この事故から私が学んだことを共有したいと思います。

a . 話し手は（①2009年1月に　②2009年6月に　③2019年1月に　④2019年6月に）USエアウェイズ1549便に乗っていました。

b . 話し手はまず，（①機長がアナウンスをしたときに　②客室乗務員たちが心配しているのを見ることによって　③普通ではない飛行機の状態から　④彼が客室乗務員に起こされたときに）何かがおかしいと気づきました。

c . 機長が飛行機の向きをハドソン川にそろえたとき，（①彼は「大丈夫です」と言いました。　②話し手は奇

跡が起きるだろうとまだ信じていました。　③飛行機のエンジンは弱まっていました。　④飛行機のエンジンは止められました。)

d. 話し手は，飛行機の事故は（①いつか映画になるだろう　②彼の人生で最悪のことだった　③自分にとって教訓になった　④自分の旅行の計画を変えた）と言っています。

e. このスピーチの最後に，話し手はおもに（①機長がどのようにして首尾よくハドソン川に着水したか　②その事故がどのように自分の人生を前向きに変えたか　③飛行機事故に備える方法　④緊急事態で落ち着く方法）について話したいと思っています。

6　聞き方(5)　会話文　〈実践演習 p.27〉

1　a. ①　b. ①　c. ②　d. ④　e. ④

┌─ 読まれる会話文と質問文（各2回くり返す）─────────────── **CD** B 01〜09 ─┐

03 Chris : Mom, do you know Junko, a girl who has just moved into our neighborhood?

Mary : Yes, she is from Kyoto, right? I was thinking about inviting her to our house.

Chris : Actually, we got an invitation from her family.

Mary : I wonder what the invitation is for.

Chris : Her family is going to have a party, and Jane and Alex are going too. Junko wants us to join them.

Mary : Is it her birthday party?

Chris : No, she told me that they're going to have a traditional Japanese festival.

Mary : What kind of festival is it? I'm curious!

Chris : It's an old custom in Japan to celebrate the full moon. They arrange special plants in a vase. They also make small balls from rice flour and offer them to the moon.

Mary : I love that! When is the party?

Chris : It's September 17th, next Saturday. She said it's really supposed to be celebrated on August 15th on the old Japanese calendar, which is September 15th on our calendar. But her family thought it would work out better to have the party on the weekend.

Mary : I think they are right. Tell her we'd love to join that special Japanese event. Is there anything we should bring to the party?

Chris : I don't think so.

Mary : I've got an idea. After the party, let's invite her family to our Thanksgiving dinner.

04 Question a. Who is Junko?

05 Question b. Who gave an invitation to Chris and Mary?

06 Question c. What will be done at the party?

07 Question d. When will the party be held?

08 Question e. What does Mary have in mind?

└──┘

［解説］

move into ～「～に引っ越してくる」　neighborhood「近所」　an invitation「招待状」　the full moon「満月」　arrange「～をきちんと整える，（花など）を生ける」　rice flour「米の粉」　be supposed＋to 不定詞「～することになっている」　work out「（事が）うまくいく，～という結果となる」　have ～ in mind「～を計画している，～を考慮中である」

［全訳］

クリス　：お母さん，ジュンコっていう近所に引っ越してきたばかりの女の子を知ってる？

メアリー：ええ，京都から来たのよね？　彼女のことをうちに招待しようかと考えていたの。

クリス　：実は，僕らのほうが彼女の家族から招待状をもらったんだよ。

メアリー：何の招待状なのかしら。

クリス　：彼女の家族がパーティを開く予定で，ジェーンもアレックスも行くことになっているんだ。ジュンコは僕らにも参加してもらいたいと思っているんだよ。

メアリー：それって，彼女の誕生パーティなの？

クリス　　：ううん，彼女の話では，日本の伝統的な祝い事を催すつもりなんだって。

メアリー：どんな祝い事なのかしら？　興味津々だわ！

クリス　　：満月を祝うことは，日本に古くからある習わしなんだ。彼らは特別な植物を花瓶に生けるんだって。それから，米の粉から小さなボールを作って，月にお供えするんだって。

メアリー：すてきだわ！　パーティはいつあるの？

クリス　　：次の土曜日の９月17日だよ。彼女の話では，本当は日本の旧暦で８月15日，西暦で９月15日に祝うものらしいんだ。でも，彼女の家族が週末にパーティを開いたほうがうまくいくと考えたんだよ。

メアリー：それは賢明な考えね。ぜひそのような日本的な催しに参加させていただきたいと彼女に伝えてちょうだい。何かパーティに持って行くべきものはあるのかしら？

クリス　　：ないと思うよ。

メアリー：いい考えがあるわ。そのパーティのあとで，彼女の家族を感謝祭の夕食にご招待しましょう。

Question **a.** ジュンコとは誰のことですか。

　　彼女は（①　京都から来たばかりの　②　京都に引っ越すことになっている　③　パーティに招待された　④　クリスの家に滞在している）女の子です。

Question **b.** 誰がクリスとメアリーに招待状をあげたのですか。

　　①　ジュンコの家族です。

　　②　ジェーンとアレックスです。

　　③　クリスだけです。

　　④　クリスとジュンコです。

Question **c.** パーティで何が行われるのでしょうか。

　　①　ほかの日本人家族を招待すること。

　　②　満月を祝うこと。

　　③　特別な植物を料理すること。

　　④　誕生プレゼントをジュンコにあげること。

Question **d.** パーティはいつ催されるのでしょうか。

　　それは（①　日本の旧暦の８月15日に　②　西暦の８月15日に　③　日本の旧暦の９月15日に　④　西暦の９月17日に）催されることになっています。

Question **e.** メアリーは何を考えているのでしょうか。

　　①　米の粉から小さなボールを作ること。

　　②　週末にパーティを開くこと。

　　③　クリスを彼女の家に招待すること。

　　④　ジュンコの家族のために感謝祭の夕食を作ること。

2　　**a.** ③　**b.** ③　**c.** ①　**d.** ③　**e.** ③

─ 読まれる会話文と質問文（各２回くり返す）─────────────────────**CD B 10〜18**─

12　Julie　：What are your plans after we finish lunch here?

　　Taku　：I don't really have anything special planned, but I want to do something new.

　　Julie　：Let's see ....　Have you ever heard of a garage sale?

　　Taku　：No, I've never heard of it.　Selling garages?　Sounds a little strange to me.

　　Julie　：Oh, no.　Garage sale means people sell things they don't need any more in their garage.

　　Taku　：That sounds interesting.　So they are selling old or used items.

　　Julie　：Yes, it's a kind of recycling.

　　Taku　：Where is a garage sale being held today?　I want to go.

　　Julie　：I saw a couple of ads in today's paper.　I think the nearest garage sale is being held behind ABC Park.

　　Taku　：I know where it is.　Do you think we can walk there?

　　Julie　：Are you kidding?　It would probably take at least an hour to get there.　Besides, we don't have much time.　It is already past one and garage sales usually close around four.　So, we should take a bus.

　　Taku　：O.K.　How long does it take from here to there by bus?

　　Julie :　At most twenty minutes.
　　Taku :　Which bus will take us there?
　　Julie :　Bus Number Six.　Here comes our bus.　Waiter, check, please!
13 Question a.　Where is this conversation probably taking place?
14 Question b.　Did Taku know anything about garage sales?
15 Question c.　How did Julie find out where the nearest garage sale is being held?
16 Question d.　Around what time will they get to the garage sale?
17 Question e.　What will they probably do next?

［解説］
have＋O＋過去分詞「Oをしてもらう〔させる〕」　garage sale「ガレージ・セール」　not ～ any more「もはや～ない」　item「品物」　past「(時間)を過ぎて」　Here come(s) ～.「～がやってきた, ほら～が来るよ」　Check, please.「お勘定をお願いします」　**a.** conversation「会話」　take place「行われる, 開催される, 起こる」　**c.** find out ～「～を知る〔わかる〕」

［全訳］
ジュリー：ここでお昼を食べ終わったら, どうするつもり?
タク　　：あまり何も計画していないんだけど, 新しいことをしたいと思って。
ジュリー：そうねえ…ガレージ・セールって聞いたことある?
タク　　：いいや, 一度も聞いたことがないよ。ガレージを売るの?　ちょっと不思議な感じがするなあ。
ジュリー：いえいえ。ガレージ・セールというのは人々がもう要らなくなった物を自分のガレージで売るっていう意味なの。
タク　　：それはおもしろそうだね。じゃあ, 古い物や使った物を売るんだね。
ジュリー：ええ, リサイクルみたいなものね。
タク　　：今日はどこでガレージ・セールが開かれているのかな?　行ってみたいと思って。
ジュリー：今日の新聞で, 2, 3 広告を目にしたわ。一番近くのガレージ・セールはABC公園の裏側で開かれていると思う。
タク　　：その場所, わかるよ。そこまで歩いて行けると思う?
ジュリー：冗談でしょ?　そこに到着するのに少なくとも1時間はかかるわよ。それに, あまり時間がないわ。もう1時を過ぎているし, ふつうガレージ・セールは4時頃に閉まるの。だから, バスに乗ったほうがいいわ。
タク　　：わかった。ここからそこまで, バスでどのくらい時間がかかるの?
ジュリー：せいぜい20分ぐらいよ。
タク　　：そこに行くにはどのバスに乗ればいいの?
ジュリー：6番バスよ。ほら, バスが来たわ。ウエイターさん, お勘定をお願いします!
Question **a.**　この会話はおそらくどこで交わされているのでしょうか。
　　それはおそらく (① 学校で ② タクの家で ③ レストランで ④ バスの中で) 交わされています。
Question **b.**　タクはガレージ・セールについて何か知っていましたか。
　　① はい。実は彼はそこに行ったことがあります。
　　② はい, ただし, 彼はその意味について誤解していました。
　　③ いいえ。彼はそれについて何も知りませんでした。
　　④ いいえ, ただし, 彼はその意味を正確に推測することができました。
Question **c.**　ジュリーは一番近くのガレージ・セールがどこで催されているかをどのように知りましたか。
　　彼女は (① 今日の新聞を読むことによって ② タクと話をすることによって ③ 広告を書くことによって ④ ABC公園へ行くことによって) それを知りました。
Question **d.**　彼らは何時頃にガレージ・セールに到着するでしょうか。
　　彼らはおそらく (① 正午に ② 1時前に ③ 1時半頃に ④ 4時頃に) そこに到着するでしょう。
Question **e.**　彼らはおそらく次に何をするでしょうか。
　　彼らは (① 目的地まで歩いて行く ② ウエイターにどのバスに乗ればよいのか尋ねる ③ 勘定を済ませる ④ バスの切符を買う) でしょう。
3　**a.** ②　**b.** ④　**c.** ④　**d.** ①　**e.** ④

┌── 読まれる会話文と質問文（各2回くり返す）──────────────── CD B 19〜27 ─┐

21 Sakura : Hi, Mike.　How's your stay in Japan so far?

　　Mike : Well, I've been staying here as an exchange student for about 10 months.　I've experienced some culture shock, but so far it's been great.

　Sakura : I wish I had the courage to study abroad.　I used to think about it, but I couldn't make the decision.

　　Mike : Oh, why was that?

　Sakura : Because I have some close friends at school and I would hate leaving them.　I want to graduate from school together with them.

　　Mike : That's understandable.

　Sakura : Another thing is studying abroad can be really expensive.　I don't think I can afford it.

　　Mike : That's also true.　But, Sakura, you are only looking at the bad points.　Think about the advantages of studying abroad.

　Sakura : Yeah?　Tell me more about them.

　　Mike : I was sad when I left my friends to come to Japan, but I'll be seeing them again when I go back.　Besides, I've made a lot of new friends in Japan.

　Sakura : Oh, really?

　　Mike : My dad was an exchange student many years ago.　He told me that studying abroad meant leaving behind some of the important things in life such as his friends.　However, he found a lot of new friends and really improved his language skills.

　Sakura : Is it also true with you?

　　Mike : Absolutely yes.　I think that's what studying abroad is all about.

22 Question a.　What has Mike experienced in Japan so far?

23 Question b.　Why didn't Sakura go abroad to study?

24 Question c.　How does Sakura feel about studying abroad according to Mike?

25 Question d.　What does Mike say about his friends back home?

26 Question e.　How do Mike and his father feel about studying abroad?

└──┘

［解説］

so far「これまでのところ」　culture shock「カルチャーショック，異文化ショック」　used to *do*「（以前は）よく〜した」　understandable「理解可能な」　afford「〜する（時間的・金銭的）余裕がある」　besides「さらに，そのうえ」　such as 〜「たとえば〜のような」　that's what 〜 is all about「〜とはそういうものだ，それが〜というものだ」

［全訳］

サクラ：こんにちは，マイク。これまでのところ，日本の滞在はどう？

マイク：そうだね，僕は交換留学生として約10か月間ここに滞在している。いくつかのカルチャーショックは経験したけれど，今のところ滞在はすばらしいよ。

サクラ：私も留学する勇気があればいいのになあ。以前はよくそのことについて考えたんだけど，決心できなかったの。

マイク：おや，それはどうして？

サクラ：私は学校に何人かの親友がいて，彼女たちと離れるのはいやだろうなと思うの。私は彼女たちと一緒に学校を卒業したいの。

マイク：それは理解できるよ。

サクラ：もう1つは，留学するのはすごくお金がかかるかもしれないってことね。私にその余裕はないと思うの。

マイク：それも事実だね。でもね，サクラ，君は短所ばかり見ているよ。留学することの利点について考えてごらんよ。

サクラ：そうかな？　それについてもっと教えて。

マイク：日本に来るために友達と離れたとき，僕は悲しかったよ，でも帰ったときにはきっとまた彼らに会える

よ。そのうえ，僕は日本でたくさんの新しい友達ができたよ。

サクラ：へえ，そうなの？

マイク：何年も前，僕の父も交換留学生だったんだ。彼は僕に，留学するということは，友人たちのような人生において大切なもののいくつかを置いていくことだと言ったんだ。でも，彼はたくさんの新しい友達を見つけて，語学の能力をとても伸ばしたんだ。

サクラ：あなたにとってもそう？

マイク：もちろんそうだよ。留学するってそういうことだと思うよ。

Question **a.** これまでのところ，マイクは日本で何を経験してきましたか。

　彼は（①　友人を失って，今ホームシックを感じています。　②　いくつかのカルチャーショックを経験しました。　③　日本で別の交換留学生と会いました。　④　自分の友人たちに再び会うために，自国に戻ることを考えました。）

Question **b.** なぜサクラは勉強するために外国へ行かなかったのですか。

　（①　彼女は英語が上手に話せなかった　②　彼女は留学する必要はないと感じた　③　彼女の父親が，彼女がそうすることを許さなかった　④　彼女は友人たちと離れるのがいやで，また留学するのは費用がかかる）からです。

Question **c.** マイクによれば，サクラは留学することについてどう思っていますか。

　彼女は（①　来年外国に行くことを計画しています。　②　初めから興味を持っていません。　③　彼女が得るかもしれないことにより多く目を向けています。　④　彼女が失うかもしれないことにより多く目を向けています。）

Question **d.** マイクは故郷の友人たちについて何と言っていますか。

　彼は（①　彼らに再び会うことができる　②　彼らとの友情を失ってしまうだろう　③　もっと多くの友人たちがそこで彼を待っているだろう　④　彼の友人たちは日本にいる彼に会いに来る予定だ）と言っています。

Question **e.** マイクと彼の父親は留学することについてどう思っていますか。

　あなたは（①　それをする必要はまったくありません。　②　留学するためにはたくさんの勇気が必要です。　③　何かを得るかもしれませんが，より多くのものを失うでしょう。　④　何かを失うかもしれませんが，結局はより多くのものを得るでしょう。）

Part **2**　Reading

7　長文（内容要約）　　　　　　　　　　　　　　　〈実践演習 p.35〉

1　ⓐ—②　ⓑ—③　ⓒ—③　ⓓ—④　ⓔ—①

[解説]

(A) shopping mall「ショッピングモール」 habit(s)「習慣；癖」 an increasing number of 〜「ますます多くの〜」 a collection of 〜「〜の集まり」 included are 〜「〜が含まれている」 be spread over 〜「〜中に広がっている〔分散している〕」 belong to 〜「〜の所有である」 take away 〜「〜を奪い去る」 force＋O＋to 不定詞「O が〜するのを余儀なくする〔強いる〕」 close「廃業する」 be harmful to 〜「〜に害を及ぼす」

(B) ⓐ have an influence on 〜「〜に影響を及ぼす」に意味がもっとも近いのは？　ⓑ ショッピングモールに行って時間が節約できるのは，1つの場所に店や銀行など様々な施設が集まっているから。　ⓒ 〜 while … は「〜だが一方で…」while の前後で対照的な事柄が述べられる。benefits＝positive effects⇔negative effects　ⓓ take the place of 〜「〜に取って代わる」　ⓔ 後ろの nature can be … 以下はすべてショッピングモールが建設された結果にあたる内容である。as a result of 〜「〜の結果として」

[全訳]

(A) ショッピングモールは先進国の買い物の習慣，生活習慣に大きな影響を及ぼしてきました。初めての屋根付きのショッピングモールが1956年にアメリカ合衆国のミネソタ州で開業して以来，ますます多くのショッピングモールが世界中に建てられるようになりました。今ではショッピングモールは，先進国のほぼすべての都市にあります。

　ショッピングモールには，すべての年齢向けの衣料品店，本屋，玩具店，靴屋などの小さな店が集まっていま

す。レストラン，銀行，映画館，給油所などが含まれることもよくあります。これらの店舗は，かつて町や市の大通りのいくつかのブロックに分散していましたが，今や，それらすべてがショッピングモールの1箇所にあるのです。そこで買い物をしたり，食べたり，映画を観たり，お金をおろしたりすることで，人々は時間を節約することができます。そのため，モールは普及し，人々の毎日の生活の一部になりました。

人々はショッピングモールから多くの恩恵を受けることができますが，悪影響もあります。モールにある多くの店や施設は大企業が所有しています。これらは近くの街の小さな店から客を奪い，多くの店を廃業に追い込みました。さらに悪いことに，モールは環境にも害を及ぼしうるのです。モールはさまざまな野生の動植物の生息地である土地に建てられることが多いのです。ショッピングモールはどこに建てられようとも，広大な土地を植物や樹木ではなく建物や駐車場で覆います。最後に，ショッピングモールはふつうはあまり多くの人が住んでいないへんぴな場所に位置します。つまり，買い物をする人は，一番近くのショッピングモールまで何マイルも車を走らせなければならず，結果的にエネルギー使用量と排気ガス量を増加させることになるのです。

(B) ショッピングモールはわずか半世紀で先進国の生活を大きく（変え）ました。今やほとんどすべての都市に少なくとも1つのショッピングモールがあります。モールが普及したのは，人々が（1箇所）で買い物をしたり，食べたり，映画を観たり，お金をおろしたりすることによって時間を節約できるからです。人々はショッピングモールから多くの恩恵を得ることができますが，他方，モールには（負の）影響もあります。都市の大通りに（取って）代わりました。言いかえれば，地元の小さな店舗に損害を与えました。また，ショッピングモールを建設する（結果として），自然が破壊されたり，より多くのエネルギーが消費されたり，大気汚染が悪化したりする可能性があります。

2 ⓐ—① ⓑ—④ ⓒ—② ⓓ—③ ⓔ—③
[解説]
(A) design(s)「設計図」 wings「翼」 transportation「交通機関」 fill ～ with ...「～に…を満たす」 build a fire「火を起こす」 be tied to ～「～に固定される」
(B) make+O+原形不定詞「Oに～させる」 not ～ but ...「～ではなく…」 invent「を発明する，考案する」 depend on ～「～に左右される，～次第である」 whether ～or not「～するかどうか」
ⓐ one hundred years=a century It is ～ that ...「…するのは～だ」強調構文 ⓑ The reason ～ is that ...「～の理由は…」 ⓓ do nothing but ～「～するよりほかはない」 ⓔ 期間を表す語句+later「～後に」
[全訳]
(A) レオナルド・ダ・ヴィンチが1500年頃に鳥の翼のような飛行装置の設計図を描いたものの，最初の空の交通手段は飛行機ではありませんでした。それは気球でした。人々は飛行機やジェット機が存在する100年前に気球で旅をしていました。この初期の頃の気球飛行はわくわくさせるものでしたが，危険なことでもありました。気球が突然墜落してしまうことがありました。時に炎上してしまうこともありました。しかし，そんな危険があっても気球飛行家の気持ちは抑えることはできませんでした。

最初の本格的な気球飛行は，1783年のフランスにおいてでした。2人のフランス人，モンゴルフィエ兄弟が気球を作ったのです。彼らは熱した空気を巨大な紙の袋に満たしました。熱した空気は冷たい空気よりも軽いので，上昇します。モンゴルフィエ兄弟の熱気球は上空1,000フィートまで上昇しました。

同年，その後別の2人のフランス人が気球の下に付けたカゴに乗って上昇しました。彼らは空気を熱するために気球の下で火を起こしました。このため，その気球は数時間空中に留まっていることができました。しかし，その気球は地面に固定されていました。だからどこにも行くことはできなかったのです。

最初に自由に飛んだ気球の旅は1783年の12月でした。その気球は25分の間パリの上空を飛びました。約5マイル半の飛行でした。

気球を飛ばすことは飛行機を飛ばすこととは異なります。気球にはエンジンはなく，それ自体に動力はありません。風が気球を左右します。風が吹く方向に進むのです。飛行士は気球の高度を調節できるだけです。飛行士は適切な風の方向を探るために気球を上げ下げするのです。そのようにしてすぐれた飛行士は気球の進む方向をコントロールするのです。

ほどなくして，気球飛行家たちは飛行距離をもっと伸ばそうとしました。気球飛行史上，画期的な出来事は海上を初めて長い距離を飛んだことでした。1785年に，あるアメリカ人とフランス人がイギリス海峡の上空を飛行しました。2人は1月の寒い，晴れ渡った日に英国を出発しました。そして約3時間後，ついに2人はフランスの地に無事着陸しました。

(B) 最初に人間の空の旅行を可能にした発明は，飛行機ではなく気球でした。飛行機が考案されたのは，最初の気球がフランスの上空を飛んでから（約1世紀）後のことでした。2人のフランス人は巨大な紙の袋と熱した

空気を用いました。熱した空気は冷たい空気より軽い（ので），気球は上昇します。のちに，別な2人のフランス人が気球の下で火を起こすことにより空気を熱しました。気球を飛ばすことは飛行機を飛ばすことと同じではありません。気球の飛行は風が吹いているかいないかに（左右されます）。気球の飛行士が気球についてできることは，気球の上げ下げ（だけ）なのです。1785年に，あるアメリカ人とフランス人男性がイギリス海峡の上空を飛び，およそ3時間（後）に2人はフランスの地に無事到着しました。

3　ⓐ—①　ⓑ—④　ⓒ—②　ⓓ—②　ⓔ—③

[解説]

(A)　interview「面接」　the first one＝the first job interview　while は「〜だけれども」という〈譲歩〉の意味。be in *one's* best interest「（人）にとってもっともためになる」　become familiar with 〜「〜に慣れる」　to the point「要領を得た，的を射た」は short と並列の関係。get into detail(s)「細かいところまで立ち入る」　in addition「さらに，そのうえ」　in advance「前もって」　interviewer「面接官」　in-depth「深い，掘り下げた」　stating は state「〜を述べる」の〜ing 形。qualification「資格」　strength「強み，長所」　be advised to *do* は「〜してください」という〈忠告〉を表す。without sounding 〜「〜に聞こえないように」　be related to 〜「〜と関係がある」　admit that 〜「〜ということを認める，白状する」　in case (that) 〜「〜する場合に備えて」　career advancement「キャリアアップ」　in a polite manner「礼儀正しい態度で」　all go well「すべてがうまくいく」の all は代名詞。hear from 〜「〜から連絡をもらう」　Good luck！は「頑張って」と相手を励ますときの表現。

(B)　apply for 〜「〜に応募する」　let them know は〈let＋O＋*do*〉「Oに自由に〜させる」の形で「彼らが知るようにする」つまり「彼らに教える」ということ。try not to *do*「〜しないようにする」

ⓐ　「初めての就職の面接は（　　）経験の1つかもしれません」　第1段落第1文に「就職の面接，特に初めての面接は，これまででもっともストレスの大きい経験の1つかもしれません」とあるので，①「もっとも大変な」が正解。②「もっともわくわくする」，③「もっとも退屈な」，④「もっとも幸せな」

ⓑ　「自己紹介をするよう要求されたら，（　　）答えが適切です」　第2段落第2文に「あまりにも細かいことまで踏み込まずに，答えをかなり短く，要領を得たものにしておくことはよい考えです」とあるので，④「短くて正確な」が正解。①「詳しい」，②「すばやい」，③「長い」

ⓒ　「その仕事に応募した理由を尋ねられたら，その会社についての深い知識と自分の（　　）を明確に知ってもらうようにしましょう」　第2段落第5文に「その会社に関する深い知識を示し，なぜその会社があなたの資格や能力，長期的目標にもっとも合うのかを明確に述べることによって，あなたの答えは面接官に強い印象を残す機会を提供します」とあるので，②「能力」が正解。①「以前の職業」，③「家族」，④「弱点」

ⓓ　「弱点について話すときは，その職に（　　）弱点について話すようにしましょう」　第2段落の後ろから2文目に「もしあなたが自分の弱点について尋ねられたら，その職に関係がない弱点を述べましょう」とあるので，②「関係のない」が正解。①「関係のある」，③「重要な」，④「よくない」

ⓔ　「（　　）礼儀正しく面接を終えましょう」　最終段落の後ろから3文目に「最後に，立って，皆様にお会いできて光栄でしたと述べ，おじぎをすることによって，礼儀正しい態度で面接を終えましょう」とあるので，③「敬意を示すことによって」が正解。①「握手をすることによって」，②「ひと言も言わずに」，④「おじぎをせずに」

[全訳]

(A)　就職の面接，特に初めての面接は，これまででもっともストレスの大きい経験の1つかもしれません。面接に呼ばれたとき，何を予想すべきでしょうか。何を聞かれるかを正確に予測するのは不可能ですが，多くの日本企業はかなり型にはまったやり方をします。このやり方に慣れることが，もっともあなたのためになるでしょう。

　まず，あなたはおそらく自己紹介するように要求されるでしょう。あまりにも細かいことまで踏み込まずに，答えをかなり短く，要領を得たものにしておくことはよい考えです。さらに，あなたはほぼ間違いなく，なぜその会社で働きたいのかを尋ねられるでしょう。前もってこの質問に注意深く準備することはとても重要です。その会社に関する深い知識を示し，なぜその会社があなたの資格や能力，長期的目標にもっとも合うのかを明確に述べることによって，あなたの答えは面接官に強い印象を残す機会を提供します。また，あなたは自分の強みと弱点について述べる用意もしておくべきです。あなたは自分の強みを，自信過剰に聞こえないように強調するようにしましょう。もしあなたが自分の弱点について尋ねられたら，その職に関係がない弱点を述べましょう。例えば，自分は人前で話すのが上手ではないと告白することは，おそらくソフトウェアエンジニアとして雇われる可能性を損なうことはないでしょう。

　面接の最後に，あなたは何か質問があるかどうか尋ねられるかもしれません。こういう機会がある場合に備え

て，前もっていくつかの質問を準備しておくことはよい考えです。キャリアアップの機会や労働時間といった質問は適切な質問です。最後に，立って，皆様にお会いできて光栄でしたと述べ，おじぎをすることによって，礼儀正しい態度で面接を終えましょう。すべてがうまくいけば，あなたは間もなく彼らからまた連絡がくるでしょう。頑張ってください！

(B) 初めての就職の面接は（ⓐもっとも大変な）経験の1つかもしれません。何を尋ねられるかを知ることは不可能ですが，典型的な質問に対して準備をすることは非常に役立つでしょう。自己紹介をするよう要求されたら，（ⓑ短くて正確な）答えが適切です。その仕事に応募した理由を尋ねられたら，その会社についての深い知識と自分の（ⓒ能力）を明確に知ってもらうようにしましょう。自分の長所に関しては，自信過剰にならないようにしましょう。弱点について話すときは，その職に（ⓓ関係のない）弱点について話すようにしましょう。あなたが尋ねる質問をいくつか準備しておくことも必要です。（ⓔ敬意を示すことによって）礼儀正しく面接を終えましょう。

4　ⓐ—③　ⓑ—②　ⓒ—①　ⓓ—②　ⓔ—①

[解説]

(A) ones＝restaurants　thousands of ～「数千の～」　ancient「古代の」　Greece「ギリシャ」　serve「（食事など）を出す」　bowl「ボウル，鉢」　order「～を注文する」　share「～を分け合う，一緒に食べる」　store「～を蓄える，保管する」　busy「にぎやかな」　smart「賢い，頭のよい」　unlike「～とは違って」　in the middle of ～「～の半ばで」　be similar to ～「～に似ている」　we know today は restaurants を修飾する関係代名詞節。目的格の関係代名詞 which[that] が省略されている。a variety of ～「様々な～」　enjoyable「楽しめる，楽しい」　made travel much faster and simpler は〈make＋O＋C〉「OをCにする」の形で，C＝faster and simpler。much は比較級を強調する副詞。everywhere「至るところに，どこにでも」　have food delivered は〈have＋O＋過去分詞〉「Oを～してもらう」の形。

(B) mid「真ん中の」　that were ... today は restaurants を修飾する関係代名詞節。as「～するにつれて」　spread「広がる，広まる」

ⓐ 「それらは現在のレストラン（　）でした」　主語の they「それら」は The first restaurants「最初のレストラン」を指す。第1段落最終文に「それら（＝最初のレストラン）は現在のレストランとは大きく異なっていました」とあるので，③「～と似ていない」が適切。①「～ととてもよく似て」，②「～とほぼ同じで」，④「～とあまり違わない」

ⓑ 「最初のレストランは（　）にありました」　第2段落第1文に「最初のレストランは古代ギリシャとローマにありました」とあるので，②「ヨーロッパ」が適切。①「アジア」，③「アメリカ」，④「多くの異なる国々」

ⓒ 「人々はメニューから（　）できました」　第2段落第3文に「人々はメニューから食べ物を注文しませんでした」とあるので，①「食べ物を選ばない」が適切。②「様々な食べ物を選ぶ」，③「食べ物を注文する」，④「食べ物を家に持ち帰る」

ⓓ 「そこの人々は（　）」　there は in a big city in China を指す。第3段落第6文に「古代ギリシャやローマとは違って，中国の人々は食べ物をメニューから選ぶことができました」とあるので，②「メニューから食べ物を選びました」が適切。①「メニューから食べ物を選びませんでした」，③「ほかのみんなと同じ食べ物を食べました」，④「自分の好きな食べ物を料理しました」

ⓔ 「19世紀には，（　）が発達するにつれて，これらのレストランは世界中に広がりました」　第4段落第6文に「19世紀には，列車によって移動がより速く，より簡単になりました」とあるので，①「公共交通機関」が適切。②「発電」，③「電話通信」，④「インターネット」

[全訳]

(A) レストランがいつ発明されたか知っていますか。最初のものは数千年前に発明されました。しかし，それらは現在のレストランとは大きく異なっていました。

最初のレストランは古代ギリシャとローマにありました。それらは食べ物を大きな石のボウルに入れて出しました。人々はメニューから食べ物を注文しませんでした。全員が食べ物を大きなボウルから取り分けました。古代ギリシャやローマのほとんどの家には台所がなかったので，これらの場所は非常に人気があったと思われます。また，これらのレストランで食事をすれば，人々は家に食べ物を保管する必要もありませんでした。

その後，中国でレストランができはじめました。1100年代の初期に，中国の杭州という都市には100万人以上の人々が住んでいました。それはとてもにぎやかな都市で，人々にはお金がありました。これらの人々は皆，食事をとる必要がありました。賢い料理人が市内の主要な通り沿いで食べ物を作って売りはじめました。古代ギリシャやローマとは違って，中国の人々は食べ物をメニューから選ぶことができました。彼らはほかのみんなと同

じ食べ物を食べる必要はありませんでした。

　次の数世紀の間は，世界中にレストランができました。人々は路上や小さなホテルで食べ物を買うことができました。その後，1700年代半ばに，パリにレストランができはじめました。これらのレストランは現在私たちが知っているレストランにより近いものでした。食べ物の種類が多くなり，これらのレストランで食事をすることはより楽しい体験でした。19世紀には，列車によって移動がより速く，より簡単になりました。すぐに，この種のレストランがヨーロッパ全土および世界の他の地域で登場しはじめました。

　現在では，レストランはどこにでもあります。あなたは様々な食べ物を買うことができます。玄関へ食べ物を配達してもらうこともできます。しかし，ずっとこうだったわけではないことを覚えておきましょう。

(B)　最初のレストランは数千年前に発明され，それらは現在のレストラン（ⓐとは似ていません）でした。最初のレストランは（ⓑヨーロッパ）にありました。人々はメニューから（ⓒ食べ物を選ぶことはできません）でした。1100年代の初期に，レストランは中国の大都市にできはじめました。そこの人々は（ⓓメニューから食べ物を選びました）。次の数世紀の間には，世界中にレストランができました。その後，1700年代半ばに，現在私たちが知っているレストランにより近いレストランが登場しました。19世紀には，（ⓔ公共交通機関）が発達するにつれて，これらのレストランは世界中に広がりました。現在，レストランはどこにでもあり，私たちは自宅からでさえ様々な異なる食べ物を購入することができます。

8　会話文（適文挿入）　〈実践演習 p.42〉

1　(a)—⑤　(b)—①　(c)—④　(d)—②　(e)—⑥
[解説]
take care of 〜「〜を処理する」　I'm supposed＋to 不定詞「〜することになっている」　realize「（実感として）〜だとよくわかる」　do research on 〜「〜について調べる」　tips for 〜「〜の秘訣」　prevent「〜を予防する」　term「言葉」　come from 〜「〜に由来する」　the fact＋that 節「〜という事実」　leave 〜 behind「〜をあとに置いていく」　body clock「体内時計」　(a) 直後でコウスケは自分の今の調子について述べている。so far「今までのところ」　(b) ① の it は前の a business trip to New York を指している。be nervous about 〜「〜について緊張している」　(e) あとでジュリーの the term comes from the simple fact …「その言葉は単に〜という事実に由来している」と言葉の由来を説明していることから考える。by the way「ところで」
[全訳]
ジュリー：こんにちは，コウスケ。(a)⑤今までのところ調子はどうですか。
コウスケ：毎日，学ばなければならないことだらけですが，なんとかやっていると思います。
ジュリー：来週，ニューヨークへ出張があると聞きましたが。
コウスケ：ええ。(b)①実はそれについてはちょっと緊張しているんです。今回が初めてですし，することになっているすべてのことをこなせるかどうか。
ジュリー：リラックスして。大丈夫ですよ。それに，街を気に入ると思いますよ。
コウスケ：(c)④そこに行かれたことがあるのですか。
ジュリー：ええ。ニューヨークは大好きな訪問地の1つです。(d)②訪れるとよい場所や食べてみたほうがよい食べ物を教えますね。
コウスケ：ありがとうございます。時差ぼけも心配なんです。こことニューヨークでは14時間の時差がありますから。
ジュリー：それは問題ですよね。私もパリの旅行から帰ってきたときに，時差ぼけがどれほどひどくなりうるかを実感しました。2，3日の間，夜あまり眠れませんでしたから。
コウスケ：私はそれほどひどい時差ぼけにかかったことはないんですが，時差ぼけを予防する秘訣を調べてみようと思っています。(e)⑥ところで，どうして jet lag と呼ぶのですか。
ジュリー：はっきりしたことはわかりませんが，その言葉は単に飛行機がとても速く進んで，体内時計を置いてけぼりにするという事実に由来していると思います。まあ，ともかく，あまり心配しないでください。すばらしい旅になると思いますよ。

2　(a)—③　(b)—⑤　(c)—⑥　(d)—②　(e)—④
[解説]
around this time「この時間帯」　accounting「経理部」　link 〜 to …「〜を…と結び付ける」　best value

「最高の価値のある～」 special「特別料理」 so ～ (that) ...「とても～なので…」ここでは that が省略された形 (a) 次のマイケルの「1階をお願いします」から考える。 (b) 次のマイケルの Not at all. に着目。⑤の if you don't mind に対する答えと考えられる。 (c) あとの話の流れから，マイケルはヘンリーと一緒に食事に行く約束があることが読みとれる。 (d) ここでは昼食を食べに行く場所が話題になっている点に着目する。 (e) 前でマイケルがこれから行くレストランについて「人気がありすぎて，ランチが売れ切れることが多い」と話していることから，彼らはその店へ急いでいかなければならないとわかる。

[全訳]
〈エレベータで〉
マイケル：やあ，メアリー。
メアリー：あら，マイケル。(a)③何階に行くの？
マイケル：1階をお願い。すごく混んでるね。
メアリー：ええ。この時間帯はエレベータが混雑しはじめるのよね。
マイケル：ああ，お昼時間だからね。実際，僕はお昼を食べに行くところなんだ。
メアリー：私もよ。(b)⑤もしよければ，ご一緒したいわ。
マイケル：もちろんいいよ。(c)⑥ただ，すでにある人と会うことになっているんだ。経理部のヘンリーって知ってるかい？
メアリー：名前は聞いたことがあると思うけど，名前と顔が一致するかどうか自信がないわ。
マイケル：ヘンリーはとても親しみやすい人だから，君と一緒の昼食を楽しむと思うよ。
メアリー：よかった。私も新しい人と会うことが好きなの。それで，あなたたちはどこで食べるか決めているの？
マイケル：ああ，決めているよ。ここから東に2，3ブロック行ったところにあるイタリア料理の店で落ち合うことになっているんだ。
メアリー：あら，このあたりに「トニーズ・レストラン」っていう場所があるのは知っているわ。(d)②その場所かしら？
マイケル：その通り。この辺りでは最高のランチを出しているんだ。毎日，ランチ定食が変わるんだよ。唯一の問題は，人気がありすぎて，よくランチが売れ切れちゃうんだ。
メアリー：(e)④それじゃ，急いだほうがよさそうね。

3 (a)—④ (b)—⑥ (c)—① (d)—⑤ (e)—②

[解説]
get along「うまくいく」 as you know「ご存知のように」 suitable「ふさわしい，適切な」 Finding は動名詞で，Finding ... life が文の主語にあたる。online「オンラインで，ネットで」 require「～を必要とする」
(a) マークが「調子はどうだい？」と尋ねたのに対する応答。この応答に対して，マークは I'm sorry to hear that.「それは残念だ」と言っているので，(a)には「うまくいっていない」という内容が入るはず。④「あまりよくないんだ，実は」を入れれば，あとのマークの応答に合う。
(b) ピーターは前の仕事を辞めた理由を述べている。直前に「ぼくは家族との時間がもっと欲しかった」と言っているので，⑥「前の仕事では，ぼくは夜に働かなくちゃならなかったからね」が適する。
(c) 「ぼくは20以上の会社に手紙を書いた」と言ったあとの発言。ピーターは2つ目の発言で「ぼくは自分に合うものが見つけられそうにない」と言っているのだから，①「残念ながら，今のところ面接を2つしか受けていないんだ」を入れれば，話の流れに合う。
(d) 直後にピーターが「それはやったことがないよ。それは何なんだい？」と言っているので，(d)には今まで出てこなかった話題が入るはず。よって，⑤「そういうネットワークグループのいくつかに行ってみるのはどうだい？」が適する。
(e) ピーターの What are they?「それは何なんだい？」という発言に対する応答で，⑤のネットワークグループの説明の続きにあたるので，②「彼らはお互いに新しい機会を見つけるのを助け合うんだ」が適する。

[全訳]
マーク：やあ，ピーター！ 調子はどうだい？
ピーター：ああ，やあ，マーク。(a)④あまりよくないんだ，実は。
マーク：それは残念だな。どうしたんだい？
ピーター：きみも知っているとおり，ぼくはずっと仕事を探しているんだ。ぼくは自分に合うものが見つけられそうにないんだ。

マーク：そりゃ気の毒だ。最後の仕事はなぜ辞めたんだい？

ピーター：んー，ぼくは家族との時間がもっと欲しかったんだよ。(b)⑥前の仕事では，ぼくは夜に働かなくちゃならなかったからね。

マーク：なるほど。仕事と家庭生活の適切なバランスを見つけることは大事だよね。

ピーター：そのとおりさ。だから，ぼくは新しい仕事を探すことに決めたんだ。ぼくは20以上の会社に手紙を書いたんだ。(c)①残念ながら，今のところ面接を2つしか受けていないんだ。

マーク：ネットで仕事を探してみたことはあるかい？

ピーター：ああ，でも別の都市へ引っ越す必要がある仕事がとても多いんだ。ぼくはそれはしたくないんだ。

マーク：わかるよ。(d)⑤そういうネットワークグループのいくつかに行ってみるのはどうだい？

ピーター：それはやったことがないよ。それは何なんだい？

マーク：それは同じように仕事を探している人たちのグループだよ。(e)②彼らはお互いに新しい機会を見つけるのを助け合うんだ。

ピーター：それはすばらしいね。それのいくつかを試してみるよ。

マーク：それを聞いてうれしいよ。頑張ってね！

4　(a)—④　(b)—①　(c)—③　(d)—⑥　(e)—⑤

[解説]

How can I help you？「どういったご用件でしょうか」は，まだ電話の相手がサムだとはわからないので，顧客に対する応答をしている。asked me to find は〈ask＋O＋to do〉「Oに～してくれるように頼む」の形。〈hear＋人〉は「（人の発言）を聞く」という意味を表すことが多いが，ここでは文脈から「彼のピアノを聴く」という意味になる。priced は動詞 price「～に値段をつける」の過去分詞。be reasonably priced で「手頃な値段である」という意味。moving company「運送会社，引っ越し会社」 sound like ～「～のように聞こえる，～のようだ」の〈～〉に文がくるのはくだけた言い方。work「うまくいく」

(a)　直後の He にあたる人物が出てくるはずなので，④「私の上司はそれをとても欲しがっているの」が入ると判断する。would love ～は would like ～「～が欲しい」を強調した言い方。

(b)　直後にアヤコが What's wrong？「どうしたの？」と尋ねているので，①「だけど1つ問題があるんだ」を入れればうまくつながる。

(c)　直前でピアノの値段は問題ではないと言っているので，問題の具体的な内容を表している③「幅が大きすぎてドアを通らないんだよ」が適する。too ～ to do「～すぎて…できない」

(d)　直前でピアノを2階に吊り上げると言っているので，⑥「そこにはすごく大きな窓があるからね」を入れれば，ピアノの搬入方法についての話の流れに合う。

(e)　アヤコの発言に対してサムが I'll wait for your call.「きみの電話を待ってるよ」と言っているので，⑤「検討して折り返し電話するわ」が適する。think about ～「～について考える」 call ～ back「～に折り返し電話をかける」

[全訳]

アヤコ：全商カンパニーです。アヤコでございます。どういったご用件でしょうか。

サム：やあ，アヤコ，サムだよ。先週，きみはぼくに，きみの会社のパーティーのためにピアノを探してくれって頼んだよね。

アヤコ：ああ，そうね。(a)④私の上司はそれをとても欲しがっているの。彼はピアノが上手で，私たちは彼の演奏を聴くのを楽しみにしているの。がっかりさせないでね，サム！

サム：ぼくはグランドピアノを見つけたよ，そしてそれはきみが希望する日に手に入るよ。(b)①だけど1つ問題があるんだ。

アヤコ：どうしたの？　高すぎるの？

サム：いや，手頃な値段だよ。それは問題じゃないんだ。(c)③幅が大きすぎてドアを通らないんだよ。

アヤコ：ああ，そういうことね。で，どうするの？

サム：そうだな，たぶん運送業者にお金を払って，2階にそれを吊り上げてもらうことができるよ。(d)⑥そこにはすごく大きな窓があるからね。

アヤコ：すばらしいわ。うまくいきそうじゃない。(e)⑤検討して折り返し電話するわ。

サム：もちろん，いいよ。きみの電話を待ってるよ。

Part 3 Writing

❾ 適語選択（短文）

〈実践演習 p.50〉

1 a．④　b．④　c．②　d．②　e．②

［解説］

a．毎日運動する目的を考える。stay in shape「健康を維持する」。　**b**．it はすでに読んだ本なので，図書館に返却するのが自然。　**c**．on short notice「急な通知で，突然の依頼にもかかわらず」　**d**．「温度を測る器具」は thermometer「温度計」。　**e**．〜 in height「高さ〜」。height は high の名詞形。①depth は deep の，③length は longの，④width は wide の名詞形。

［全訳］

a．祖父は健康を維持するために毎日運動します。

b．ジェーンはその本を楽しんで，図書館に返却しました。

c．急に決まった会議ですのに，ご出席いただきましてありがとうございます。

d．温度計は，温度を測るための器具です。

e．そのビルはとても高く，100フィートを超える高さがあります。

2 a．④　b．③　c．②　d．③　e．②

［解説］

a．refuse＋to 不定詞「〜することを拒否する」　**b**．①defeat「〜を負かす」②defend「〜を守る，防御する」③delay「〜を遅延させる」④deny「〜を拒否する」　**c**．バスではなく飛行機を使って旅行すれば，時間を節約できる。　**d**．sell well「よく売れる」　**e**．that 以下は彼女の印象。よって，impress の名詞形 impression を選ぶ。

［全訳］

a．彼女は法に触れるものへの参加は拒否するでしょう。

b．その飛行機はほぼ5時間遅れました。

c．バスではなく飛行機で行けばあなたはたくさんの時間を節約できます。

d．その本はよく売れるので，まもなく日本語に翻訳されるでしょう。

e．私の最初の印象は，彼女がとても内気だということでした。

3 a．①　b．③　c．①　d．③　e．②

［解説］

a．〈It is＋形容詞＋to *do*〉「〜するのは…である」の形式主語 it を用いた構文で，to protect は目的を表す to 不定詞の副詞用法。「私たちの環境を守るためにごみを減らすこと」という内容に合うのは①「必要な」。②「恐れる，心配する」，③「有害な」，④「最初の，独創的な」

b．**a**．と同様の形式主語構文。目的語の your own feelings「あなた自身の気持ち」に合うのは③「〜を表現する」。①「〜を輸入する」，②「〜を輸出する」，④「〜を意図する」

c．前の a good とあとの to the problem に着目する。①「解決法」を入れると，「その問題に対するよい解決法」となり，自然な意味になる。②「理由」，③「利益」，④「方法，道」

d．give A B「A に B を与える」の B に来る名詞で，to go out が修飾する③「許可」を入れると自然な意味の文になる。①「通路」，②「支払い」，④「政策，方針」

e．eating too much は「食べ過ぎること」。if 以下の内容「あなたが健康を維持したいなら」の内容に合うのは②「〜を避ける」。①「〜を楽しむ」，③「〜を続ける」，④「〜を始める」

［全訳］

a．私たちの環境を守るために，ごみを減らすことが必要です。

b．あなた自身の気持ちを手紙で表現するほうがよいですよ。

c．彼女はその問題に対するよい解決法を見つけられませんでした。

d．私の両親は外出する許可を私にくれませんでした。

e．健康を維持したいのなら，あなたは食べ過ぎるのを避けるべきです。

4 a．①　b．④　c．①　d．①　e．④

［解説］

a．get paid は「報酬〔給料〕を得る」。according to 〜 には「〜によれば」という意味もあるが，ここでは

「〜に応じて，〜に比例して」という意味。the amount of 〜 で「〜の量」という意味なので，①を入れれば文意が通る。②「歓声」，③「被害」，④「授業，教訓」

b. fear for 〜 は「〜を心配する，懸念する」。fear for *one's* safety で「〜の安全を心配する」という意味になるので，④が正解。①「危険」，②「申し出，提案」，③「同情，哀れみ」

c. as に注目。〈動詞＋A as B〉「A を B だと〜する」の構文を取る動詞は①だけ。regard A as B で「A を B と見なす」という意味。②「〜を修理する」，③「〜を予約する」，④「〜を引退〔退職〕させる」

d. and の前の「パーティーはあまりよいものではなく」という内容から，①「〜をがっかりさせた」が適切。この disappoint は「（人）をがっかり〔失望〕させる」という意味の動詞。②「〜を喜ばせた」，③「〜を満足させた」，④「〜の役に立った」

e. keep it（　）は〈keep＋O＋C〉「O を C の状態に保つ」の形。後半の「テッドは毎日自分の机を掃除しています」という内容から，④「きちんとした，整った」が適切。①「ゆるんだ」，②「着実な，固定された」，③「静止した，動かない」

［全訳］

a. あなたは仕事の量に応じて報酬を得るでしょう。

b. 彼女のお兄さんは勉強するために海外へ行ったので，彼女は彼の安全を心配しました。

c. ナンシーは彼を世界最高のサッカー選手と見なしています。

d. パーティーはあまりよいものではなく，みんなをがっかりさせました。

e. 整頓しておくために，テッドは毎日自分の机を掃除しています。

5 　**a.** ③　**b.** ②　**c.** ③　**d.** ③　**e.** ④

［解説］

a. to play 以下が真主語の形式主語構文。真主語は「そんなに長い時間テレビゲームをすること」なので，③を入れれば「時間の無駄」となり，文意が通る。①「問題」，②「たくさん，十分」，④「価値」

b. ①「角度」，②「質」，③「根，本質」，④「取引，貿易」という意味なので，②を入れれば文意が通る。

c. ①「〜にブラシをかける，ブラッシングする」，②「〜を運動させる」，③「〜に餌をやる」，④「〜に触る」という意味なので，③が正解。

d. ①「〜を困らせる，〜の邪魔をする」，②「〜を混乱させる」，③「〜を励ます」，④「〜を動揺させる」という意味なので，③が正解。

e. ①be covered with 〜「〜で覆われている」，②be familiar with 〜「〜に詳しい」，③be filled with 〜「〜でいっぱいである」，④be satisfied with 〜「〜に満足している」という意味なので，④が正解。

［全訳］

a. そんなに長い時間テレビゲームをするのは，時間の無駄です。

b. 私たちは英語学習の質を向上させる必要があります。

c. あなたの猫に餌をやりすぎてはいけません，さもないと太ってしまうでしょう。

d. 彼は途方に暮れていますが，あなたの言葉が彼を励ますでしょう。

e. 父は今日の私のテニスの試合の結果に満足するでしょう。

6 　**a.** ②　**b.** ④　**c.** ①　**d.** ②　**e.** ③

［解説］

a. trust「〜を信用する」，because of 〜「〜のために，〜の理由で」。彼を信用する理由としてふさわしいのは，②「正直さ」。①「効果」，③「取引，貿易」，④「量」

b. live in harmony with 〜で「〜と調和して暮らす」という意味なので，④が正解。①「態度」，②「合図，信号」，③「例」

c. catch a train は「電車に乗る」。①を入れて express train「急行列車」とすれば，in order to get there in time「そこに間に合って着くように」という内容に合う。②「流ちょうな」，③「勇敢な」，④「実際の」

d. include「〜を含む」を受動態にして be included「含まれる」とすれば文意が通るので，②が正解。①hire「〜を雇う」，③provide「〜を供給する」，④deliver「〜を配達する」

e. excellent essay は「すばらしい作文」という意味なので，③「〜を称賛した，ほめた」を入れれば文意が通る。①「〜を滑らせた」，②「〜を折りたたんだ」，④「〜を支給した」

［全訳］

a. 彼は正直なので，みんなが彼を信用しています。

b. 田舎に引っ越したあと，彼の家族は自然と調和して暮らしています。

c．私たちはそこに間に合って着くように，急行列車に乗る必要があります。

d．税金は値段に含まれています。

e．先生たちは彼女のすばらしい作文をほめました。

10　適語選択（長文）　〈実践演習 p.54〉

1　ⓐ—①　ⓑ—④　ⓒ—②　ⓓ—④　ⓔ—④

[解説]

even though ～「たとえ～でも」　spend＋O＋～ing「Oを～するのに費やす」　stop＋to不定詞「立ち止まって～する」　benefit「恩恵」　be likely＋to不定詞「～しそうである，～する可能性が高い」　prevent「～を防ぐ，予防する」　various「さまざまな」　such as ～「～のような，～などの」　blood pressure「血圧」　bone loss「骨量の減少」　help＋O＋動詞の原形「Oが～するのに役立つ」　muscle「筋肉」　flow「流れる」　require「～を必要とする」　stay in shape「健康に保つ，体型を保つ」　in other words「言いかえれば」　risk「リスク，危険（率）」　observe that ～「（観察によって）～と述べる」　ⓐ 前のitは前述の「忙しく働くこと」を指しており，これにより運動をする時間がほとんどなくなるという文脈であるから，leave＋O_1＋O_2「O_1にO_2を残す」の形を作ればよい。　ⓑ sound too good to be true「本当だと信じられないくらいよい」という決まり文句を思い出したい。　ⓒ「わずか30分だけ運動すれば」という文脈であるから，as little as ～「わずか～」とする。　ⓓ 前後に sleep better, control your weight, feel good と体によいことが列挙されているので，reduce stress「ストレスを軽減する」とすればよいとわかる。　ⓔ 前の health problems related to ～「～に関係する健康問題」から to 以下には健康の問題の原因になるものが続くと考えられる。lack of exercise「運動不足」とすれば文意が通じる。

[全訳]

　あなたが若かろうと年を取っていようと，運動はあなたの健康を増進することができます。そのことを知っていても，多くの人は体を動かすことより，テレビを見たり，コンピュータの前に座っていたりすることに多くの時間を使いたいと思っています。あなたが忙しく働いていれば，運動する時間はほとんど残りません。しかし，立ち止まって真剣に運動について考えてみたほうがいいでしょう。

　運動の恩恵はあまりにすばらしくて信じられないかもしれませんが，長年の科学的な研究により，運動は健康を増進させ，寿命を延ばすということが証明されています。1日にわずか30分程度体を動かすだけで，あなたは高血圧や骨量の減少など様々な健康問題を予防できる可能性が高まるのです。規則正しい適切な運動はまた，あなたがよく眠れたり，ストレスを軽減したり，体重をコントロールしたり，気分がよくなるのに役立ちます。

　もし，まったく運動をしなければ，何が起こるでしょうか？　あなたの筋肉は小さくなり，心臓も弱くなるでしょう。心臓は体でもっとも重要な筋肉で，血液を全身に送ります。心臓が健康な状態を維持するためには運動が必要です。言い換えれば，あなたが定期的に適切に運動すれば，心臓病のリスクを減らすことができるのです。毎年，多くの人が運動不足に関係する健康問題で命を落としていることが報告されています。

2　ⓐ—④　ⓑ—④　ⓒ—②　ⓓ—④　ⓔ—③

[解説]

have「（人）を受け入れる」　accept「～を受け入れる」　invitation「招待（状）」　have a good time with ～「～と楽しい時を過ごす」　either ～ or ...「～か…かどちらか」　let＋O＋動詞の原形「Oに～させる」　attend「出席する」　make it「（招待された集まりなどに）何とか出席する，都合をつける；時間に間に合う」　as ～ as possible「できる限り～」　be supposed＋to不定詞「～することになっている」　ⓐ hesitate＋to不定詞「～するのをためらう」　ⓑ 文脈から招待する手段が述べられているとわかるので in person「直接（会って）」。　ⓒ「たとえ招待状への返事が求められていない場合も」とするために when の意味を even で強める。　ⓓ explain why ～「～の理由を説明する」　ⓔ 女主人が料理をする人であることは彼女が食事の準備で忙しい理由にあたるので since が最適。

[全訳]

　アメリカ人は，人を家に招くことがとても好きです。ですから，あなたが招待されたら，ためらわずに招待を受けてください。彼らはあなたが彼らの友情を受け入れて，一緒に楽しい時間を過ごしてくれれば喜ぶのです。

　多くの場合，招待は電話あるいは直接本人からなされます。格式ばったパーティや晩さん会への返事は，手紙あるいは電話でしなければならないでしょう。たとえ返事がほしいと言われていない場合でも，出席するかしないかを招待主に知らせたほうがよいでしょう。

　あとで出席できないことがわかったときには，招待主に電話をして，出席できなくなった理由を説明するべきです。これはできる限り早くするのがよいでしょう。

　その家に到着するはずの時間か，5分ないし10分以内の遅れで到着するべきです。アメリカでは，女主人が料理を作ることが多いので，彼女はパーティ，あるいは晩さん会が始まる瞬間まで料理の準備で忙しいかもしれないからです。もし15分以上も遅れることがわかったときは，女主人に電話をして，あなたが到着する予定の時間を伝えてください。

3　ⓐ—④　ⓑ—①　ⓒ—③　ⓓ—③　ⓔ—①

［解説］

light は「光る，輝く」という意味の動詞。one-tenth は「10分の1」，used to *do*「以前は～した」で，one-tenth of the time it used to take で「以前かかっていた時間の10分の1の時間」という意味になる。square meter「平方メートル」　neatly「きちんと」　organized「整頓された」　set up ～「～を設置する」　organizational manners「組織の慣習」　possible product は「（まだできていないが）これからできる可能性のある製品」ということ。thanks to ～「～のおかげで」　movement to *do*「…する動き，動向」　up-and-coming「有望な」　starter は「始める人」だが，ここでは「起業家」という意味で使われている。

ⓐ　a prize「賞」を目的語とする動詞が入るので，win「～を獲得する」の過去分詞である④が正解。

ⓑ　第4段落最終文の「最初のサンプルを入手するには約1週間かかったでしょう」と，第5段落第1文の「しかし，テクノロジーの劇的な進化のおかげで，八木さんはすぐ翌日にサンプルを入手することができます」を見比べると，第4段落と第5段落は過去と現在の開発のスピードについて比べて述べていることがわかる。よって，過去の内容であることを表す①「以前は」が適する。

ⓒ　using 以下は「～を使って」という意味を表す分詞構文。空所のあとが a printer, which ～, or a machine, which ～ という構造になっていることに注目。a printer と a machine が or でつながれているのだから，③を入れて using either a printer ..., or a machine ...「プリンターか機械のどちらかを使って」とすれば文意が通る。

ⓓ　第6段落の最後に one of the up-and-coming starters「将来有望な起業家」とあるのに注目すると，空所のあとの the movement to begin business は「起業の動き」という意味だと判断できる。そして，the movement to begin business と growing が主語－述語の関係で，「起業の動きが高まっている」という意味を表していると考えれば，Yagi said 以下の内容ともうまくつながる。③の with には〈with＋名詞（句）＋語句〉で「～が…の状態なので」という意味を表す用法があり，③を入れれば「日本の起業の動きが高まっている状態で〔ので〕」となり，文意が通る。

ⓔ　空所の直前の bring about new waves「新しい波をもたらす」とは，前の段落の第1文の the movement to begin business「起業の動き」のことを言っているので，①「経済」を入れれば文脈に合う。

［全訳］

　管の先端が光る，八木さんの発光ダイオード照明のすばらしいデザインは，日本とドイツで賞を（ⓐとりました）。

　「コンピュータを使えば，電化製品を開発するのにかかる時間は以前の10分の1になります」と，八木さんは，広さ約30平方メートルで，整頓された本棚があり，自分の机にその照明が置かれているオフィスで語りました。

　「私がこのデスクライトを発明するのに約10か月かかりました」と八木さんは続けて言いました。「しかし，大企業で似たような製品を開発するには，10～100人の社員で約1年かかるでしょう。私は無駄な会議を開く必要すらありません」と彼は言いました。「私は大企業の動きを鈍くする組織の慣習が嫌いなのです」

　（ⓑ以前は），将来の製品のデザイン画は，それを作れそうな人を見つけるために，紙で様々な企業に回覧される必要がありました。そのあと，最初のサンプルを入手するには約1週間かかったでしょう。

　しかし，テクノロジーの劇的な進化のおかげで，八木さんはすぐ翌日にサンプルを入手することができます。彼は自分のスタッフにその製品のデザインのデータをメールで送ればよいだけです。その後，そのスタッフは，加熱したプラスチックで製品の形を作るプリンターか，または自動的にサンプルを切り出すことができる機械の（ⓒどちらか）を使って，データからサンプルを作るのです。

　日本で起業の動きが高まっている（ⓓので），八木さんは，将来有望な起業家の1人として自分の責任を意識していると言いました。

　「政府は成功事例がなければ新しい事業を支援しないでしょう」と彼は言いました。「だから，私は自分の事業を効果的なモデルにしなければならないのです。私は新しい製品のアイデアで（ⓔ経済）に新しい波を起こすことができればと思っています」

4　ⓐ—③　ⓑ—②　ⓒ—①　ⓓ—④　ⓔ—②
［解説］
Every day of our lives は時を表す副詞句。that satisfies them は a product を修飾する関係代名詞節で，them は customers を指す。what its（ⓑ）want は間接疑問。そのあとの疑問詞節も間接疑問。that do this は ones（＝companies）を修飾する関係代名詞節。do this は前段落で述べられているようなマーケティングを行うことを指している。it is important that ～の it は形式主語で，真主語は that 以下。has been sold は現在完了の受動態。over time「時がたつにつれて」 in touch with ～「～に通じて，～がよくわかって」 how ... product は間接疑問。
ⓐ　空所の前は「身の回りで旅行や観光のマーケティングの例を目にする」という内容で，空所のあとは「すべての観光ビジネスは商品を売り込む必要がある」という内容。後者が前者の理由にあたると考えられるので，③「～だから」を入れれば文意が通る。①「～のとき」，②「～かどうか」，④「～まで」
ⓑ　spend a lot of time and money finding out what its（ⓑ）want は「その（ⓑ）が何を求めているかを調べるために，多くの時間と資金を費やす」という意味。第1段落最終文に「特定の顧客グループのニーズを調査して特定すること」とあるので，「（宿泊）客」を表す②が適切。①「スタッフ，職員」，③「主人，主催者」，④「雇用主」
ⓒ　Tourist boards and other public organizations（ⓒ）have products は「観光庁やその他の公共団体には（ⓒ）商品があります」という意味。直前の文に「民間企業だけがこうしたことを行うわけではありません」とあるので，観光庁や公共団体にも商品がある，という内容だと判断し，①also を入れる。②「決して～ない」，③「めったに～しない」，④「おそらく」
ⓓ　直後に「アフターサービスも重要です」とあるので，④「さらに」を入れれば文脈に合う。①「対照的に」，②「その代わりに」，③「さもなければ」
ⓔ　With good research and analysis, it is possible to（ⓔ）your product は「適切な調査と分析を行えば，商品を（ⓔ）することができます」という意味。最終段落はアフターサービスの重要性を述べていて，直前の文には「顧客が商品についてどう思っているのかを把握しつづけることは不可欠です」とあるので，②「～を改善する」を入れれば内容に合う。①「～を取り除く」，③「～を無駄にする」，④「～を称賛する」
［全訳］
　私たちは生活の中で毎日，旅行や観光のマーケティングの例を身の回りで——テレビのコマーシャル，新聞・雑誌・インターネットの広告，駅のポスターなど——目にします。これは，すべての観光ビジネスは，成功したいと願うなら，自分たちの商品を売り込む必要がある（ⓐから）です。しかし，マーケティングとは単に宣伝するだけではありません。それは，特定の顧客グループのニーズを調査して特定し，それから彼らを満足させる商品を作り出すことなのです。
　たとえば，大規模なホテルチェーンは，（ⓑ宿泊客）が何を求めているか——彼らはどんな種類のサービスや施設をもっとも必要としているのか，彼らはどんな場所を好むのか，彼らはいくら支払う用意があるのか——を調べるために，多くの時間と資金を費やすでしょう。それから顧客のニーズに合った新しい商品を開発するでしょう。その後，適切な商品を手にするとすぐに，様々なマーケティングの手法を用いてそれを人々に知らせるでしょう。
　民間企業だけがこうしたことを行うわけではありません。観光庁やその他の公共団体（ⓒにも）商品があるので，それらがあることを顧客が知っていることは重要です。田舎の村の博物館から東京のような大都市の多くの観光名所にいたるまで，すべての旅行・観光商品には適切なマーケティングが必要です。
　（ⓓさらに），アフターサービスも重要です。マーケティングの過程は商品が売れたら終わりではありません。顧客はそれに満足しないかもしれませんし，当然のことながら人々の好みは時とともに変化します。そのため，顧客が商品についてどう思っているのかを把握しつづけることは不可欠です。適切な調査と分析を行えば，商品（ⓔを改善し），そうすることによって顧客の期待に応えつづけることができます。

11　同意文　〈実践演習 p.59〉

1　a.③　b.②　c.②　d.②　e.③
［解説］
a. never と by no means「決して～ない」はほぼ同じ意味を表す。　b. for her age は「彼女の年齢の割に」。　c. forever と for good はほぼ同じ意味を表す。　d.「いつも爪を噛む」は「爪を噛む悪い癖があ

る」と言い換えられる。have a habit of ～ing「～する（悪い）習慣がある」で表すことができる。habit を使ったほかの慣用句 be in the habit of ～ing「～する習慣がある」も頻出なので覚えておくこと。　e．be friendly with ～「～と仲がよい」　on good terms「仲のよい間柄で」で言い換えることができる。

［全訳］

a． 私はダイエット中です。甘い物は絶対に食べません。

b． あなたのおばあさんは80歳という年齢の割にはとても活発だと思います。

c． ボブとアイリーンは永住するためにシカゴに引っ越しました。

d． 姉〔妹〕には爪を噛む悪い癖があります。

e． マイクと私は親しい間柄です。

2　**a．**④　**b．**④　**c．**①　**d．**②　**e．**④

［解説］

a． show up は「姿を現す」という意味で，④の appear で言い換えられる。　**b．** in turn「次は，今度は，ひいては」　as a result of ～「～の結果として」　**c．** by chance「偶然に」　come across ～「～を（偶然）見つける，～に（偶然）会う」　**d．** barely「かろうじて」　make it to ～「～に到着する，～に間に合う」　**e．** twice the size of ～「～の2倍の大きさ」

［全訳］

a． その俳優は式典に遅れて姿を現しました。

b． 生産量が減少すると結果として，価格が上昇します。

c． 私は部屋を掃除しているときに偶然，古い写真を見つけました。

d． 私はベルが鳴る前にかろうじて学校に到着しました。

e． ニューヨークは私たちの市の2倍の大きさがあります。

3　**a．**④　**b．**②　**c．**④　**d．**③　**e．**①

［解説］

a． all they can は代名詞 all に関係代名詞節 they can do がついた形で，動詞の do が省略されている。do all they can で「できることを全部やる」という意味。every opportunity は「すべての機会」という意味なので，④use を入れて「すべの機会を活用する」とすれば，同じ意味を表すことができる。①「～を失う」，②「～を与える」，③「～を逃す」

b． ill at ease は「不安な，落ち着かない」という意味なので，②uncomfortable「心地よくない，気まずい」が正解。①「快適な」，③「簡単な」，④「満足して」

c． once in a while は「ときどき，たまに」という意味なので，④sometimes が正解。①「めったに～ない」，②「しばしば」，③「決して～ない」

d． account for ～は「～（の理由）を説明する」という意味なので，③explain が正解。①「～をよく考える」，②「～を議論する」，④「～を想像する」

e． doesn't agree with ～で「～に賛成しない」という意味。against には「～に反対して」という意味があるので，①が正解。②「～に賛成して」，③「～を作っている」，④「～を支持している」

［全訳］

a． よい仕事を得るにはできることを全部やるべきです。

b． ベティーは英語の試験を受けているときに居心地が悪く感じました。

c． ティムはときどき彼の母校を訪ねます。

d． 生徒は学校に遅刻した理由を説明しなければなりません。

e． 市長はそこにショッピングセンターを建設することに賛成していません。

4　**a．**①　**b．**④　**c．**③　**d．**③　**e．**④

［解説］

a． made great efforts「非常に努力した」と worked very hard はほぼ同じ意味で，problems と issues はどちらも「問題（点）」という意味だから，（　　）には solve とほぼ同じ意味の語が入るはず。solve は「～を解決する」という意味なので，①「～を克服する，乗り越える」が正解。②「～を理解する，計算する」，③「～について尋ねる」，④「～を防ぐ」

b． lie across「～にまたがって横たわる」とほぼ同じ意味の語を選べばよい。cover は「～を覆う」という意味なので，④が正解。①「～を供給している」，②「～から去っている」，③「～を損なっている」

c． be appreciated as ～で「～として評価されている」という意味。be recognized as ～もほぼ同じ意味

を表すので，（　　）には never と同様に強い否定を表す語（句）が入る。選択肢の中で否定の意味を表すのは③「決して～ではない」だけ。①「～にすぎない」，②「しばしば」，④「～に依存している」

d．1文目は「1964年の東京オリンピックのおかげで，日本の経済は急速に発展しました」という意味。2文目は The 1964 Tokyo Olympics が主語になっているので，③「～を促進させた」を選べば同じ意味を表すことができる。①「～を遅らせた」，②「～を祝った」，④「～をだめにした」

e．ask ～ for ... は「～に…を要求する」という意味なので，④「～を要請した」を入れればほぼ同じ意味になる。①「～について聞いた」，②「～を質問した，疑問に思った」，③「～を疑った」

［全訳］

a．彼らはコンピュータを使って自分たちの問題を解決するために非常に努力しました。

b．灰色の雲が関東地方に横たわっています。

c．彼は決して大学で最高のテニス選手として評価されていません。

d．1964年の東京オリンピックのおかげで，日本の経済は急速に発展しました。

e．多くの従業員が会社により高い給料を求めました。

12 語順整序 〈実践演習 p.63〉

1　a. ③　b. ①　c. ④　d. ①　e. ②

［解説］

a．(Bad economy) prevents companies from creating (jobs.)　prevent＋O＋from ～ing「Oが～するのを妨げる」　**b．**(There) seems to be some (misunderstanding between you and me.)　There seems to be ～「～があるように見える」　**c．**(It) goes without saying that (if you have a lung problem, you should not smoke.)　it goes without saying that ～「～は常識である，～は言うまでもない」　**d．**(The day will) come when we can (travel to the moon.)　The day will come when ～「～する日は来るだろう」　when は the day を修飾する関係副詞。　**e．**(All you) have to do is (open the can and water it.)　all you have to do is (to)＋動詞の原形「～しさえすればよい」　you have only＋to 不定詞とほぼ同じ意味。

［全訳］

a．不景気のために企業は雇用を創出することができません。

b．私とあなたの間には何か誤解があるようです。

c．もし肺に問題があれば，たばこを吸うべきでないことは言うまでもありません。

d．私たちが月へ行ける日が来ることでしょう。

e．あなたはその缶詰を開けて，それに水をやりさえすればいいのです。

2　a. ④　b. ④　c. ④　d. ③　e. ③

［解説］

a．(Tom was in) the habit of taking (a walk before breakfast.)　be in the habit of ～ing「～する習慣がある」　**b．**(Keep) it in mind that (there are few gas stations in the area.)　keep it in mind that ～「～を心にとめておく」it は仮の目的語で that 節を指している。　**c．**(He was worn out and) felt like going home (to sleep.)　worn out「疲れ果てて」　feel like ～ing「～したい気がする」

d．(Had) it not been for (her death, she would have become the first female president in the country.)　had it not been for ～は, if it had not been for ～「もし～がなかったら」の if を省略した表現。仮定法過去完了の条件節。　**e．**(The government) decided not to do (away with the law.)　decide not＋to 不定詞「～しないことを決める」　do away with ～＝「～を廃止する；～を捨てる」

［全訳］

a．トムには朝食前に散歩をする習慣がありました。

b．その地域にはほとんど給油所がないことを心にとめておいてください。

c．彼は疲れ果てて，家に帰って眠りたい気分でした。

d．もし，彼女が死んでいなかったら，彼女はその国で初の女性大統領になっていたことでしょう。

e．政府はその法律を廃止しないことに決めました。

3　a. ②　b. ①　c. ②　d. ③　e. ①

［解説］

34 Part 3 Writing

a．better が good の比較級であることと，後ろに at tennis があることから，be better than ～ at tennis「～よりもテニスが上手だ」の形だと判断する。far は比較級を強調する働きがあるので，better の直前に置く。

b．文頭の Hardly と文中の when を見て，hardly ～ when ...「～するとすぐに…する」の形だと判断する。hardly「ほとんど～ない」のように否定の意味を持つ語を文頭に置くと，〈主語＋動詞〉の語順に倒置が起こり，疑問文の語順 had the game started となる。

c．〈may well＋動詞の原形〉で「～するのも無理はない〔もっともだ〕」，be anxious about ～で「～を心配する」という意味を表すので，may well be anxious となる。

d．get caught in ～で「（雨など）にあう，～に巻き込まれる」という意味を表すので，get caught in the rain となる。

e．〈take＋O＋for granted〉「O を当然のことと思う」 ここでは語群に過去分詞 taken があることから，It is taken for granted that ～「～は当然だと思われている」の形だと判断する。

［全訳］

a．メアリーはほかの女の子たちよりもテニスがはるかに上手だとわかりました。

b．競技場で試合が始まってすぐ，私のスマートフォンが鳴りました。

c．サンドラがテストの結果を心配するのも無理はありません。

d．傘を持たずに雨にあわないでね。

e．以前は，地球が平らなのは当然だと思われていました。

4　**a**．①　**b**．②　**c**．④　**d**．②　**e**．③

［解説］

a．have been ～ing は現在完了進行形で，「～しつづけている」という意味を表す。cultural ties で「文化的な結びつき」という意味。

b．not so much A as B で「A というよりはむしろ B」という意味を表す。

c．be filled with ～で「～でいっぱいである」という意味。blooming は「開花した，花盛りの」という意味。

d．〈one of *one's*［the］＋最上級＋複数名詞〉「もっとも～なものの 1 つ」の形だと判断する。prized は「貴重な」という意味の形容詞で，most prized で「かけがえのない」という意味になる。

e．what を関係代名詞として使う。what made them happy で「彼らを喜ばせたこと」という意味。

［全訳］

a．中国と日本は近年，文化的な結びつきを強めつづけています。

b．彼は科学者というよりはむしろ医者です。

c．市立公園は開花したバラとチューリップでいっぱいです。

d．その古いおもちゃは彼のかけがえのないプレゼントの 1 つです。

e．彼らの娘の結婚は，去年彼らをもっとも喜ばせたことでした。

5　**a**．③　**b**．④　**c**．②　**d**．①　**e**．①

［解説］

a．had を〈have＋O＋*do*〉「O に～させる」の使役動詞として使う。reserve「～を予約する」 secretary「秘書」

b．seldom「めったに～ない」を文頭に置くと倒置が起こり，Seldom のあとが疑問文の語順になるので，would he write to となる。would は過去の習慣を表す用法。

c．remind は〈remind＋O＋of ～〉で「O に～を思い出させる」という意味を表す。

d．mean to *do* で「～するつもりである」という意味を表すので，didn't mean to hurt her feelings で「彼女の気持ちを傷つけるつもりではありませんでした」という意味になる。

e．paid は pay「～を払う」の過去形・過去分詞形。受動態 was paid にすると，No attention was paid to ～.「～に注意が払われませんでした」となり，文意が通る。

［全訳］

a．私は秘書にロンドンへの航空便を予約させました。

b．彼はめったに自分の旧友たちに手紙を書きませんでした。

c．これらの写真は私に，私たちのハワイでの休暇を思い出させます。

d．私はそんなことを言って彼女の気持ちを傷つけるつもりではありませんでした。

e．年長者たちの助言に注意が払われませんでした。

第1回　英語検定模擬試験解答　　　　　　　　　　　　　　　　　　〈p.71〉

*① ～ ④ 各1点　⑤ ～ ⑫ 各2点　100点満点

1　a. ③　b. ③　c. ②　d. ①　e. ④

2　a. ③　b. ①　c. ②　d. ③　e. ④

─ 読まれる英文と質問文（各2回くり返す）─────────────────── **CD B 29～35** ─

31 Question a.　You bought a new electronic piano online, but when you played it, you found a key doesn't work.　You want to complain about it to the store.　What would you say when you call?

32 Question b.　You and your friend are in a restaurant.　You have already decided what to order, but your friend is leaving the table to answer a call.　What would you say when the waiter comes to your table?

33 Question c.　Your sister Naomi loves taking a bath and now she's been bathing for more than an hour.　You sweat a lot and want to take a shower.　What would you say to your sister?

34 Question d.　You want to give a birthday present to your little brother.　In order to surprise him, you should put the present on the table without being seen.　What would you say to him?

35 Question e.　Bill is a promising designer who works at your office.　Recently he attended a design competition, but failed to win first prize.　He is very disappointed with the result.　What would you say in order to encourage him?

3　a. ①　b. ③　c. ③　d. ④　e. ①

─ 読まれる英文（各2回くり返す）──────────────────────── **CD B 36～42** ─

38 Question a.　I'm sorry, but Fred is out now.　May I take a message?

39 Question b.　Are there any restaurants serving local food around here?

40 Question c.　How long does it take to get to the Golden Gate Bridge?

41 Question d.　Excuse me, but could you move aside a little?

42 Question e.　I think this vegetable soup is missing something.

4　a. ②　b. ①　c. ①　d. ④　e. ③

─ 読まれる対話文と質問文（各2回くり返す）───────────────── **CD B 43～49** ─

45 Question a.　　Man：Hello.　This is Ed Green, the homeroom teacher at Brownsville Middle School.　Is this Ms. Jackson?

　　　　　　　Woman：Yes, it is.　Is my son troubling you again?

　　　　　　　Man：No, Billy broke his arm during P.E. class, and our school doctor and I are taking him to City Hospital.

　　　　　　　Woman：Oh, no!　I'll be there as soon as I can.

　　　　　　　Question：What will the woman probably do next?

46 Question b.　Woman：David, I cannot make it to the camping trip this weekend.　I won't be able to finish my report by Friday.

　　　　　　　Man：Then I'll lend you my computer.

　　　　　　　Woman：What do you mean?

　　　　　　　Man：You can do your work with it in the tent.

　　　　　　　Woman：I need two dictionaries and three books besides that.　It would be better if I canceled.

　　　　　　　Question：What does the woman want?

47 Question c.　　Man：How's your new car?

　　　　　　　Woman：I like it.　It looks smaller than the old one, but the luggage space is large enough.

> Man : That's good. Is it easy to drive?
> Woman : Yes. It's fast but silent, and uses less gas.
> Question : What is the woman's new car like?

48 Question d.　Woman : Aren't you feeling well, Adam? You look down.

> Man : I can't find my watch anywhere. It was given to me by my grandfather.
> Woman : That's too bad. When did you see it last?
> Man : I remember taking it off in the locker room in the gym, but it's not there.
> Question : Why is the man feeling down?

49 Question e.　Woman : Do you want to join me for coffee in thirty minutes?

> Man : Well, actually, I was just about to take a break.
> Woman : OK. Let me leave a note for my boss, then I'll leave.
> Man : I'll go on ahead and order.
> Question : When will the man join the woman for coffee?

5　a. ②　b. ④　c. ③　d. ④　e. ①

― 読まれる英文（各2回くり返す）――――――――――――――――― CD B 50〜53―

52 The teddy bear is one of the most famous and popular toys in the world. The name "teddy bear" came from Theodore Roosevelt, the 26th president of the United States. Teddy is a nickname for Theodore. One day in November in 1902, the president was invited on a three-day bear hunting trip. The other hunters got several bears, while he couldn't get any. Not wanting the president to return with his hands empty, one of the hunters tied an old injured bear to a tree so the president could shoot it. However, the president refused to shoot the bear because it was not fair. This story quickly spread across the country through newspapers. One owner of a toy shop in New York read the article, and came up with the idea of making toy bears. He sent one to the president, and he was allowed to name the toys "Teddy's bear." This was the beginning of the teddy bear.

［全訳］

　テディベアは世界でもっとも有名で人気のあるおもちゃの1つです。「テディベア」という名前は，アメリカ合衆国第26代大統領のセオドア・ルーズベルトに由来します。テディはセオドアの愛称です。1902年の11月のある日，大統領は3日間のクマ狩りの旅に誘われました。ほかの狩猟者たちは数頭のクマを仕留めましたが，大統領は1頭も仕留められませんでした。大統領を手ぶらで帰したくなかったので，狩猟者の1人は年老いてけがをしたクマを木につなぎ，大統領がそれを撃つことができるようにしました。しかし大統領は，それは公平ではないという理由で，そのクマを撃つのを拒みました。この話はすぐに新聞を通して国中に広まりました。ニューヨークのおもちゃ屋の店主はその記事を読んで，おもちゃのクマを作るというアイデアを思いつきました。彼は大統領にそれを送り，そしておもちゃのクマを「テディのクマ」と名づけることを許されました。これがテディベアの始まりでした。

6　a. ③　b. ①　c. ④　d. ④　e. ②

― 読まれる会話文と質問文（各2回くり返す）――――――――――――― CD B 54〜62―

56 Kaori : Hi, Paul. How's your stay in Japan so far?

> Paul : Well, I've been enjoying my life here in Japan over the past six months.
> Kaori : I'm glad to hear that. So you don't have any trouble in your life?
> Paul : Yes, actually. I'm afraid of earthquakes. We rarely experience them in the United States. I wonder how you Japanese keep calm during an earthquake.
> Kaori : I'm afraid too, but we regularly do emergency drills at schools and offices. We learn what to do when an earthquake happens through the drills. Haven't you ever experienced a drill at your office?
> Paul : Yes, I have, but the instructions were given only in Japanese, so I could hardly

understand them.

Kaori : That's a serious problem.　Your office should give instructions both in Japanese and English.

Paul : But we have other workers from countries where English isn't spoken, such as China and Brazil.　It's almost impossible to announce things in several languages in an emergency.

Kaori : You're right.　What should we do about that?

Paul : One of the solutions is using pictograms in the office.

Kaori : You mean we should use symbols that show you what to do, right?

Paul : Exactly.　In public places like stations and stadiums, you can see many kinds of pictograms.　Why don't we try to see what kinds of pictograms are used in our town?

Kaori : Sounds interesting!

57 Question a. How does Paul feel about his life in Japan?

58 Question b. What does Paul wonder about Japanese people?

59 Question c. Where did Paul do an emergency drill?

60 Question d. What happened when Paul did the emergency drill?

61 Question e. What should Paul's office do according to Paul?

7　ⓐ—④　ⓑ—③　ⓒ—④　ⓓ—②　ⓔ—②

［全訳］

(A)　コンクリートは世界でもっとも広く使われている人工の材料です。私たちはそれを使って道路やビル，橋やダムを造ります。実際，私たちが使ってきたコンクリートの量は，地球上のすべての木の質量よりも多いのです。

　コンクリートには多くの利点があります。それは水分を含んでいるときにはどんな形にでもなりえますが，いったん乾くと，それはとても頑丈で長持ちします。何世紀も前にコンクリートで造られた多くのローマ時代の建物は，今でも建っています。19世紀に，コンクリートは，より強くするために鉄筋と組み合わせられ，その結果，現代の巨大な建物が造られるようになりました。別の利点は簡単に入手できるということです。コンクリートはセメント，砂，石や水といった安い原材料から作られ，特別な技術を必要としません。このおかげで，貧しい地域の人々はコンクリートの家や井戸を作ることができ，それらによって彼らはより安全で健康的な生活を送ることができます。

　しかしながら，コンクリートにはいくつかの欠点もあります。コンクリートを作る過程で，多くの二酸化炭素が作り出されます。コンクリートの生産のために大量の砂を集めることは，世界中の砂浜や川に損害を与えます。コンクリートはまた，野生生物の喪失の原因ともなります。海岸や川岸がコンクリートで覆われると，そこに住んでいる植物や昆虫は生き延びることができません。このことは，それらを餌にしている動物たちも生き延びられないということを意味します。

　科学者や技術者による努力にもかかわらず，コンクリートに代わることができる材料はまだ発見されていません。鉄やアスファルトは，生産するときにコンクリートよりも多くのエネルギーを必要とします。世界中の森林が消滅しつつあるのですから，木材は答えになりえません。もう，私たちの文明と自然界の間のよい関係を築く方法を見つけるべきときです。

(B)　コンクリートは大きな建物を造るためのとても（ⓐ一般的な）材料です。それはとても頑丈なので，コンクリートの建物は（ⓑ長い期間残ることができます）。また，コンクリートを作るのに多くのお金や（ⓒ特別な技術）は必要ありません。しかし，コンクリートを作ることは（ⓓ環境に悪い影響を与えます）。コンクリートが作られるとき，大量の二酸化炭素が空気中に放出され，大量の砂が浜辺から持ち去られます。専門家はこれらの問題に対する解決策を見つけようとしていますが，これまでのところではコンクリートに取って代わることができる（ⓔものはありません）。私たちはできるだけ早く，私たちの文明を地球により優しいものにするべきです。

8　(a)—③　(b)—⑤　(c)—⑥　(d)—②　(e)—①

［全訳］

グレッグ：　やあ，サリー。最近見かけなかったね。

サリー：　(a)③別の部署に異動したのよ。今は山梨の工場部門で働いているの。

グレッグ：　へえ，それは知らなかったよ。

サリー：　ここに来るのは3週間ぶりよ。今日中にここの机を片付けなきゃならないの。

グレッグ：　そうなんだ。それで，新しい環境はどう？

サリー：　(b)⑤東京の昔の仕事よりはるかにいいわ。コンピュータの画面の数字や表を見るのも，来る日も来る日も会議に出席するのもうんざりだったわ。

グレッグ：　確かに。(c)⑥その会議のほとんどは単なる時間の無駄だよ。それにデスクワークは万人に向いてるわけじゃないしね。

サリー：　そして山梨では満員電車から解放されているわ。

グレッグ：　それはすばらしいね。(d)②工場の新しい人たちはどう？　彼らはきみに親切にしてくれる？

サリー：　ええ。これまでのところ，彼らとうまくやっていると思うわ。でも彼らの名前を覚えるのに苦労しているの。どの名前も本当に長いのよ！

グレッグ：　わかるよ，でも親しい人間関係は名前で呼ぶことから始まるからね。(e)①とにかく，きみが元気でやっているとわかって安心したよ。時間があったら一緒に夕飯でもどう？

サリー：　いいわね。

9　a. ①　b. ①　c. ③　d. ②　e. ④

10　ⓐ—③　ⓑ—②　ⓒ—④　ⓓ—③　ⓔ—①

[全訳]

　スマートフォン，タブレット，ノートパソコンなどの電子機器のおかげで，私たちは手で書く機会が少なくなってしまいました。手書きのメモや手紙は教室や会社から消えつつあります。メッセージを打ち込むほうが手で書くより便利だ，というのは確かです。だからあなたは，もはや手で書く技術は必要ないと思うかもしれません。しかし，最近のいくつかの研究は（ⓐ反対のこと）を示しました。

　手で書くことが認知能力と関係があるのかどうか，またどのように関係があるのかを理解するために，ヴァージニア・バーニンガーという名の研究者は，小学校2年生から5年生までの子どもたちに，ペンと紙とキーボードの両方で作文を書くように頼みました。その結果は，彼らは，キーボードで書いたときよりも手で書いたときのほうが，より多くの単語を（ⓑ生み出した）だけでなく，より多くのアイデアも表現した，というものでした。そして脳の画像検査から，彼女は彼らが手で書いている間に，脳の読み書きと結びついている場所がより活発に働いていることも発見しました。

　大学生たちを対象にした別の研究は，講義の間に手でメモをとった学生のほうが，ノートパソコンを使った学生よりもよく学べるということを明らかにしました。これは，手書きはタイピングよりも（ⓒ遅い）からです。タイピングの上手な人——今どきの若者はとても速くタイプすることができます——なら，講師が言うほぼすべての言葉をタイプすることができるでしょう。これは自動的に行われるので，タイプしている間，あなたの脳はそれらの単語が何を意味しているかを気にしないのです。（ⓓ一方），講義を全部手で書きとめることはできないので，あなたは重要な部分だけを選び出して，それらを自分自身の言葉に変換する必要があります。このプロセスのおかげで，あなたは情報をよりうまく記憶することができ，講義をより深く理解することができるのです。

　教室で電子機器を使うことはごく普通になってきましたが，手で書くことは役に立たない習慣だと言うには（ⓔ早）すぎるかもしれません。

11　a. ①　b. ①　c. ③　d. ②　e. ④

12　a. ②　b. ④　c. ③　d. ①　e. ③

※模擬試験問題の解説を弊社Webサイトにご用意しています。

第2回　英語検定模擬試験解答

〈p.81〉

*⑴〜⑷ 各1点　⑸〜⑿ 各2点　100点満点

1　a. ②　b. ①　c. ③　d. ④　e. ①

2　a. ②　b. ①　c. ③　d. ④　e. ②

—— 読まれる英文と質問文（各2回くり返す）———————————— CD B 65〜71 ——

67 Question a. You are going to bring some dishes to your friend's family. You want to know if there are any foods they can't eat. What would you say?

68 Question b. You and your friend are in a restaurant, and she is about to take a picture of the dishes on the table. You want to tell her that it may be rude to do it without permission. What would you say to her?

69 Question c. Your friend helped you a lot when you were in trouble. You want to tell him thank you. What would you say?

70 Question d. You will be home later than usual because a meeting at school hasn't ended yet. You want to send a message to your mother. What would you write?

71 Question e. You and your friend are wondering about which hotel to stay at during the trip. You want to choose the less expensive one. What would you say?

3　a. ③　b. ①　c. ④　d. ①　e. ④

—— 読まれる英文（各2回くり返す）———————————————— CD B 72〜78 ——

74 Question a. How much will it cost to fix the printer?

75 Question b. I can't see the sign over there well. What does it say?

76 Question c. Who do you think is singing in a loud voice?

77 Question d. If anyone calls me, please don't put them through.

78 Question e. How often do you go to Sapporo?

4　a. ④　b. ①　c. ③　d. ②　e. ①

—— 読まれる対話文と質問文（各2回くり返す）———————————— CD B 79〜85 ——

81 Question a.　　Man : How clear the sky is! The weather is too good to stay indoors, honey.

Woman : I know. But we haven't finished cleaning or decorating yet for the party with your parents tomorrow.

Man : Take it easy. There's plenty of time to spare.

Woman : Well, OK. Then let's go out for lunch.

Question : Why did they decide to go out for lunch?

82 Question b.　　Woman : What do you want to do this afternoon? My part-time job was suddenly canceled.

Man : Great! How about going to watch a play? I hear there's a good musical playing.

Woman : Sounds good. I'll check the schedule.

Man : Let's try to go to an evening performance so that we can enjoy some coffee and cake before the show.

Question : What will they probably do first today?

83 Question c.　　Man : I can't stand the heat in the office any more. When will the repair person come?

Woman : Tomorrow afternoon. He is busy repairing air conditioners here and there.

Man : Oh, no. I thought he would do it today.

Woman : Don't be so disappointed. It'll be a little cooler this afternoon.

Question : Why is the man disappointed?

84 Question d.　Woman：Are you expecting more people to come to our exhibition this year?

Man：Yes. So I think the hall we used before isn't large enough.

Woman：I agree. We should start looking for a larger hall as soon as possible.

Man：If we find a good one, we have to let everyone know in advance that the exhibition place has been changed.

Question：What do the woman and the man need to do before the exhibition?

85 Question e.　Woman：It's your turn. Please come this way. Are you ready to perform?

Man：Sure. I'm nervous, but I'll try my best anyway.

Woman：That's good. Why did you join this dance contest?

Man：I want to be a professional dancer, so this is a big chance for me.

Question：What does this contest mean to the man?

5　a. ③　b. ④　c. ④　d. ①　e. ③

── 読まれる英文（各2回くり返す）────────────────── **CD B 86～89**─

88 Have you ever heard of "Boxing Day?" It is a public holiday that is celebrated on December 26th, the day after Christmas. Boxing Day is mainly celebrated in the United Kingdom, Australia, New Zealand, and Canada, but it's not a holiday in the U.S. The name of the day has nothing to do with the sport of boxing. There are different stories about the origins of the name. One is: centuries ago, people who belonged to a high social class had their servants do housework on Christmas day. The next day, they handed out "Christmas boxes" to their servants in return for their services. There were small gifts, money, or some food left over from Christmas dinner in the boxes. Today, people enjoy shopping on Boxing Day because stores have special sales. Boxing Day is also the holiday when big sports events are held. People enjoy watching soccer, ice hockey, and horse races on Boxing Day.

［全訳］

　あなたはこれまでに「ボクシングデー」のことを聞いたことがありますか。それはクリスマスの翌日，12月26日に祝われる公的な祝日です。ボクシングデーはおもにイギリス，オーストラリア，ニュージーランド，カナダで祝われますが，アメリカ合衆国では休日ではありません。その日の名前はボクシングというスポーツとは関係ありません。その名前の起源についていろいろな説があります。1つは以下のようなものです。何世紀も前，高い社会的階級に属する人々は，クリスマスの日に召使いたちに家事をさせました。その翌日，彼らは働いてくれたことへのお返しとして，召使いたちに「クリスマスボックス」を配りました。その箱には，ちょっとした贈り物やお金，クリスマスの夕食で残った食べ物が入っていました。今日では，商店が特別セールを行うので，人々はボクシングデーに買い物を楽しみます。ボクシングデーはまた，大きなスポーツイベントが開催される祝日でもあります。人々はボクシングデーにサッカーやアイスホッケー，競馬を見て楽しみます。

6　a. ③　b. ②　c. ③　d. ①　e. ④

── 読まれる会話文と質問文（各2回くり返す）──────────── **CD B 90～98**─

92 Shinji：How do you like living in Tokyo, Linda?

Linda：I really enjoy living here. Everything is cool and the people on the streets are fashionable.

Shinji：Do you like living in a city like Tokyo better than living in the country?

Linda：Yes, of course. You can enjoy art at museums, eat out at fancy restaurants, and buy the latest clothes. You can experience various kinds of activities in the city.

Shinji：It's true that life in the city is exciting. But it's not all good. Prices are higher, and crimes happen more often.

Linda：So you prefer living in the country to living in the city, don't you?

Shinji：Yes. Life in Tokyo is so fast that I sometimes feel tired. Cities are full of noises, and the people are always in a hurry.

Linda : I don't agree.　Maybe that's because I'm from a small town in the country. There were no movie theaters or coffee shops there.　One day was much like another.　Life there was dull and boring.

Shinji : But living in the country is much healthier than in the city, isn't it?

Linda : Well, yes.　It is rich in nature and has less pollution.

Shinji : I want to choose to live with less stress instead of living with more excitement.

Linda : Come on, Shinji.　You are still in your twenties.

Shinji : I'm serious.　I wish I could leave Tokyo.

93 Question a. How does Linda feel about her life in Tokyo?

94 Question b. What does Linda think is one of the good points of living in the city?

95 Question c. Why does Shinji prefer living in the country?

96 Question d. What was life in Linda's hometown like?

97 Question e. Why did Linda say, "Come on"?

7　ⓐ—②　ⓑ—③　ⓒ—①　ⓓ—④　ⓔ—②

[全訳]

(A)　約150年の間，科学者たちはなぜシマウマの体には縞模様があるのかを考えてきました。縞模様はその動物の輪郭を見えにくくするので，捕食者から逃げられるようになるのだと考えた人もいれば，縞模様はその動物を涼しく保ってくれるのだと考えた人もいました。しかし，これらの考えはどれも正しくないか，十分な証拠がないと判明しました。

カリフォルニア大学デイビス校のティム・カーロは，奇妙な事実に気づきました。シマウマは重病を運ぶハエが多く生息する地域に住む傾向があるのです。シマウマの毛皮はとても薄いので，そのハエは特にシマウマにとって大きな問題となる可能性があります。それにもかかわらず，なぜ彼らはハエに囲まれて生活する危険を冒すのでしょうか。カーロは，彼らはハエを避けるために縞模様を発展させたのだと考えました。自分の仮説を裏付けるために，彼は，シマウマと馬が暮らしていて，ハエが自然に発生する，イギリスのある農場に行きました。彼はハエが動物の周りでどのように行動するかを詳しく観察するために，ビデオカメラを設置しました。

遠くから見ると，虫はシマウマと馬に同じ程度引きつけられているように見えました。しかし，虫がシマウマに着地しようとしたとき，虫は減速することができず，縞模様を通り過ぎたり，縞模様にぶつかって跳ね返ったりしたのです。次に，カーロは何頭かの馬に異なるタイプの布——黒い布と白い布，縞模様の布——をかぶせ，着地に成功した数を数えました。その結果は際立った対比を示しました。30分間で，縞模様の布をかぶせられた馬に着地したハエはわずか5匹でしたが，黒い布を着た馬には59匹が，白い布を着た馬には82匹が着地しました。

縞模様がどのようにしてハエを邪魔するのかは，まだはっきりとしませんが，縞模様はハエがシマウマを刺すのを妨げているということを，証拠ははっきりと示しました。カーロの発見は，シマウマ柄の縞模様のコートは馬を，ひょっとすると人間も，虫から守ってくれるかもしれないということを示唆しています。

(B)　科学者たちは（ⓐシマウマの毛皮の模様）の謎を解こうとしてきました。ティム・カーロは，それはシマウマが（ⓑハエ）に囲まれて生活しているという事実と関係があると考えました。彼は自分の仮説が正しいかどうかを確かめるために（ⓒイギリス）の農場を訪れました。詳しい観察は，ハエが縞模様に着地するのが下手だということを示しました。縞模様のコートにうまく着地できた割合は，どの単色のコートに着地できた割合よりも（ⓓ90%以上）低かったのです。その結果から，カーロは，シマウマの縞模様は（ⓔ有害な虫を遠ざけるのに役立つ）と結論づけました。

8　(a)—③　(b)—②　(c)—⑥　(d)—④　(e)—①

[全訳]

客：こんにちは。タカハシ・ヨウコで予約しているのですが…。

フロント係：申し訳ありません，タカハシ様。(a)③あと2時間，チェックインはできません。

客：知っていますが，街を散策する間，私のかばんをここに置いていってもかまいませんか。

フロント係：もちろんです。(b)②このカードにお客様の情報をご記入いただけますか。

客：わかりました。ああ，今日は何日ですか。

フロント係：8月2日です。

客：ありがとうございます。(c)⑥長旅のせいで，時間の感覚がなくなっていまして。はい，どうぞ。訪

　　　　れるのによい場所を推薦していただけませんか。
フロント係：もちろんです。(d)④どのくらい遠くまで移動できますか。
　　　　客：今日はちょっと疲れているので，あまり遠くまで歩きたくないです。
フロント係：それでしたら，グリーン城をお勧めいたします。そこでは美しい宝物をたくさんご覧になれます。
　　　　　　ホテルのすぐ前から定期バスが出ております。
　　　　客：(e)①実は，そこへは明日行こうと思っていたのです。たった数時間では全部の収蔵品を見きれない
　　　　　　と聞いたので。
フロント係：おっしゃるとおりでございます。それでは，塔はいかがでしょうか。それは市のシンボルで，その
　　　　　　上から街全体が見えます。それはお城の隣にあります。
　　　　客：いいですね。そこへ行ってみます。どうもありがとうございます。

| 9 | a.③ | b.① | c.④ | d.② | e.① |

| 10 | ⓐ—④ | ⓑ—③ | ⓒ—① | ⓓ—③ | ⓔ—④ |

[全訳]

　あなたは午前8時に目を覚まし，あと1時間ベッドの中にいたいと思っています。同時に，あなたは9時のジムのクラスを（ⓐ休む）なら罪悪感を覚えるだろうとわかっています。しかしながら，専門家によれば，あなたはベッドの中にいることに罪悪感を覚える必要はまったくないのです。彼らは，十分な睡眠をとることは，ジムに行くことと同じくらい，あなたの健康と体重にとってよい可能性があると言っています。

　長年睡眠を研究し続けているある専門家は，毎晩の睡眠が7時間未満であることは，体脂肪のレベルが高くなることに関係があるということを（ⓑ指摘しています）。彼の研究は，6時間しか眠らない人は太りすぎる可能性が27パーセント高くなり，5時間しか眠らない人は太りすぎる可能性が73パーセント高くなるということを示しています。それはグレリンとレプチンという2つのホルモンのせいなのです。グレリンは空腹を感じさせ，レプチンは（ⓒ満腹）を感じさせます。十分な睡眠をとらないと，グレリンが増えてレプチンが減ります。これにより，空腹感が強まり，より多く食べてしまうのです。

　別の専門家は，睡眠不足はお腹の周りの脂肪を増やす可能性があるということを示した最近の研究について言及しています。その研究で，科学者たちは，寝なかった人々のコルチゾールと呼ばれるストレスホルモンのレベルを測定しました。彼らは，人々は寝ないとコルチゾールのレベルが高まるということを発見しました。「高レベルのコルチゾールは体に対して，お腹の周りにもっと多くの脂肪を（ⓓ蓄える）ように命令する可能性があるのです」とその専門家は言っています。

　さらにその専門家は，「筋肉の組織は睡眠中に修復され，作り出されるのです。（ⓔしたがって），睡眠不足は，脂肪を燃焼させる筋肉の量を増やすことに対して有害となるのです」とも言っています。だから，あなたが健康を保ち，体型を維持したいなら，十分に眠って運動をするべきなのです。

| 11 | a.④ | b.③ | c.② | d.① | e.④ |

| 12 | a.② | b.③ | c.③ | d.④ | e.① |

※模擬試験問題の解説を弊社Webサイトにご用意しています。

令和5年度（第70回）英語検定試験解答　〈p.91〉

* 1 ～ 4 各1点　 5 ～ 12 各2点　100点満点

＊全商英語検定の「音声」については，全国商業高等学校協会のホームページからダウンロードできます。
　（https://zensho.or.jp/examination/pastexams/english/）

 1 　a．②　b．③　c．①　d．②　e．④

［解説］

a．②［inklúːd］　含む（① bít-ter　③ nór-mal　④ sé-ries）

b．③［riwɔ́ːrd］　報酬，償い，報いる，償う（① cúr-rent　② éx-tra　④ wór-thy）

c．①［ədíʃn］　追加，添加，足し算，付加物（② cél-e-brate　③ ín-stru-ment　④ ú-ni-verse）

d．②［diréktər］　指揮者，重役，局長，監督（① ár-ti-cle　③ ór-gan-ize　④ pól-i-cy）

e．④［riléiʃnʃìp］　結び付き，関連，関係（① ág-ri-cul-ture　② com-pe-tí-tion　③ ec-o-nóm-ic）

 2 　a．④　b．④　c．③　d．②　e．②

─ **読まれる英文と質問文**（各2回くり返す）─

Question a. You are an exchange student staying in Canada, but you need to go back to your country in a few days. You will miss your host family. What would you say to them?

Question b. It's Friday morning and you haven't done your homework. You want to tell the teacher that you'll do it over the weekend. What would you say?

Question c. You lost your phone on the way to school, so you are visiting a police station. The police officer asks you when you last saw it. What would you say?

Question d. You can't find your bag at the airport. Then you see a young woman with your bag. What would you politely say to her?

Question e. You and your brother want to study in the library, but there are no seats left. What would you say to your brother if you wanted to leave together?

［解説］

a．miss は「～がいないのを寂しく思う」という意味の動詞。数日後に帰国する予定の留学生が，ホストファミリーと会えなくなるのを寂しく思っている，という設定なので，④が適切。in a few days「あと数日で」

b．haven't done は「（まだ）～を終えていない」，tell the teacher that ～は〈tell＋O＋that節〉「Oに～と言う」。宿題は週末にかけてやるつもりだと先生に言いたい，という設定なので，④が適切。③first thing「真っ先に」

c．on the way to ～は「～へ行く途中で」。携帯電話をなくして，警察官に最後に携帯電話を見たのはいつかと尋ねられている，という設定なので，③が適切。②〈must have＋過去分詞〉「～したに違いない」④as soon as possible「できるだけ早く」

d．空港で自分のかばんを持っている若い女性を見かけている，という設定。politely「ていねいに」という条件がついているので，②が適切。③はていねいな言い方ではないので不適切。①〈may have＋過去分詞〉「～したかもしれない」 by mistake「間違えて」 ④confusing「混乱させるような，わかりにくい」

e．弟〔兄〕と図書館に行ったが空席がないので，一緒に図書館を出たいと思っている，という設定なので，②が適切。①ask if ～「～かどうか尋ねる」 ③while（we are）waiting ④book「～を予約する」

［全訳］

a．あなたはカナダに滞在している交換留学生ですが，あと数日で自分の国に戻る必要があります。あなたはホストファミリーがいなくて寂しく思うでしょう。あなたは彼らに何と言うでしょうか。
　　① 私はホストファミリーを見つけることができません。
　　② 私はすぐに自分の国に戻る必要があります。
　　③ 私はカナダに滞在するつもりです。
　　④ 私は皆さんとお別れするのは悲しいです。

b．金曜日の朝ですが，あなたは宿題が終わっていません。あなたは先生に，それを週末にかけてやると言いたいです。あなたは何と言うでしょうか。
　　① 私は今日中にそれを終わらせます。

② 私はちょうどそれを終わらせたところで，こちらがそれです。
③ 私は明日一番にそれを先生に渡します。
④ 私は月曜日の朝にそれを先生に渡します。
c．あなたは学校に行く途中で携帯電話をなくしたので，警察署を訪れています。警察官はあなたに，最後にそれを見たのはいつだったか尋ねます。あなたは何と言うでしょうか。
① 帰宅する途中でそれをなくしたのだと思います。
② あなたはそれを学校で落としたに違いありません。
③ それは私が家を出た直後でした。
④ 私はできるだけ早くそれを見つける必要があります。
d．あなたは空港で自分のかばんが見つけられません。そのとき，あなたはあなたのかばんを持っている若い女性を見かけます。あなたは彼女に，ていねいに何と言うでしょうか。
① すみません。私は間違ってあなたのかばんを取ってしまったかもしれません。
② すみません。それは本当にあなたのかばんですか。
③ あなたは私のかばんを盗もうとしているのですか。
④ ああ，空港はとてもわかりにくいですよね。
e．あなたとあなたの弟〔兄〕は図書館で勉強したいのですが，席が残っていません。もしあなたが一緒に出ていきたいなら，弟〔兄〕に何と言うでしょうか。
① 今日図書館が開いているかどうか聞いてみるべきだよ。
② 家に帰ってそこで勉強するべきだよ。
③ 席が空くのを待っている間に本を探すべきだよ。
④ 2人分のテーブル席を予約するべきだよ。

3 a. ② b. ③ c. ② d. ① e. ④

─ **読まれる英文**（各2回くり返す）─
Question a. How long does it take to walk to the post office?
Question b. I'm wondering why this pearl necklace is so cheap.
Question c. Would you mind giving me a hand?
Question d. Is this seat taken by someone?
Question e. Is there anything that I can't bring on the plane?

[解説]
a．歩いて行く場合の所要時間を尋ねているので，②が適切。②on foot「徒歩で」④〈cost＋O＋費用〉「Oに（費用）がかかる」
b．真珠のネックレスの安さを不思議に思っている人への応答なので，③が適切。②look good on ～「～に似合う」④go well with ～「～に合う，釣り合う」
c．〈give＋O＋a hand〉は「Oに手を貸す，Oを手伝う」。Would you mind ～ing?「～してもらえませんか」に「いいですよ，かまいませんよ」と答えるときは否定文を使うので，②が適切。①hand ～ in[hand in ～]「～を提出する」③〈spare＋O＋～〉「Oのために（時間など）を割く」
d．Is this seat taken by someone?は「この席は誰かに取られていますか」，つまり「この席は空いていますか」という意味なので，①が適切。②はI'm afraid I'm not (taken).「残念ながら，私は取られていません」という意味になってしまうので，不適切。③head for ～「～に向かう」
e．that以下はanythingを修飾する関係代名詞節。飛行機に持ち込めないものはあるかという質問に対する応答なので，④が適切。②は〈permit＋O＋to do〉「Oが～することを許可する」の受動態の否定文。

[全訳]
Question a. 郵便局まで歩いてどのくらいの時間がかかりますか。
① そこへ行くのに自転車で10分かかります。
② 徒歩で3分です。
③ あなたはできるだけ早くそこへ行かなければなりません。
④ そこへ行くには約300円かかります。
Question b. この真珠のネックレスはなぜそんなに安いのでしょうか。
① それは有名な芸術家によってデザインされています。

②　それはあなたによく似合います。

③　それは本物ではありません。

④　それは白いドレスには合いません。

Question **c.** 手伝ってもらえませんか。

①　明日までにそれを提出します。

②　ええ，いいですよ。何をすればいいですか。

③　少しお時間をいただけますか。

④　申し訳ありませんが，そんなつもりではありませんでした。

Question **d.** この席は空いていますか。

①　息子のために取っておいているのです。

②　残念ながら，私は取られていません。

③　それは東京に向かっています。

④　それはここから見えます。

Question **e.** 飛行機に持ち込めないものはありますか。

①　私は暗くなる前に帰宅する必要があります。

②　あなたは海外へ行くことは許可されていません。

③　私は好きなだけものを持ち込めません。

④　あなたは鋭利なものは持ち込めません。

| 4 | a. ④　b. ④　c. ③　d. ③　e. ④ |

─ **読まれる対話文と質問文**（各2回くり返す）─────

Question a.　　Man : Hi, Mary. What time are you coming home? It's already seven o'clock.

　　　　　　Woman : I'm sorry, Dad. I'll be home in thirty minutes.

　　　　　　Man : Why are you so late? You said you would be home by six.

　　　　　　Woman : I've been studying with Mike at the library.

　　　　　Question : What time will the woman probably come home?

Question b.　　Man : Hi. I'm going skiing with my family on Saturday. Why don't you join us?

　　　　　　Woman : I wish I could, but I have to go to school.

　　　　　　Man : What are you doing after that?

　　　　　　Woman : I have to finish my science report. Have a nice time with your family.

　　　　　Question : What will the man do this Saturday?

Question c.　Woman : Hi, Dad. Can I play a video game?

　　　　　　Man : I thought you were helping your mom do some baking.

　　　　　　Woman : Yes, but we put the cookies in the oven and now I'm waiting until they are done.

　　　　　　Man : Alright. Do whatever you want.

　　　　　Question : Which statement is true about this conversation?

Question d.　　Man : Excuse me. I've lost my library card, so I'd like a new one.

　　　　　　Woman : Could you show me your ID?

　　　　　　Man : I've left it at home. Do I need it now?

　　　　　　Woman : Next time is fine, but please fill in this application form.

　　　　　Question : What will the man probably do next?

Question e.　　Man : This is Zensho Restaurant, Tom speaking. May I help you?

　　　　　　Woman : Yes. I'd like to reserve a table for five at six o'clock. We'd like to sit by the window.

　　　　　　Man : I'm sorry, all the window tables are booked. We do have other tables available.

　　　　　　Woman : I should have given you a call earlier. Thank you, but I won't book

```
                              a table now.
        Question :  How does the woman probably feel?
```

［解説］

a. 娘と父親が電話で話している場面。父親の It's already seven o'clock.「もう７時だよ」という発言と，娘の I'll be home in thirty minutes.「あと30分で帰るわ」という発言から，④が正解。現在進行形 are you coming は未来の予定を表す用法。I've been studying は現在までの動作の継続を表す現在完了進行形。

b. 土曜日に家族とスキーに行く予定の男性が，女性を誘っている場面。質問は What will the man do this Saturday?「今度の土曜日に男性は何をするでしょうか」なので，④が正解。I'm going は未来の予定を表す現在進行形。①〈help＋O＋(to) do〉「Oが〜するのを手伝う」

c. 娘が父親に Can I play a video game?「テレビゲームをしてもいい？」と尋ねるところから会話が始まる。娘は２回目の発言で now I'm waiting until they are done「今はそれ（＝クッキー）ができあがるまで待っているの」と言っているので，③が正解。whatever は「〜するものは何でも」という意味を表す複合関係代名詞。③wait for 〜 to do「〜が…するのを待つ」 ④isn't allowed to play は〈allow＋O＋to do〉「Oが〜するのを許す」の受動態の否定文。

d. 図書館利用証をなくした学生と，図書館の受付の女性との会話。女性が最後に please fill in this application form「こちらの申請書に記入してください」と言っているが，男性が身分証明書を家に置いてきたと言っていることから，申請書には身分証明書に記載されているような内容を記入すると考えられるので，③が正解。fill in 〜「〜に記入する」 ④〈have＋O＋過去分詞〉「Oを〜してもらう」 issue「〜を発行〔交付〕する」

e. レストランに予約の電話をしている女性と，レストランの担当者の男性との会話。女性は希望した窓側の席が全て予約済みだと聞いて，I should have given you a call earlier.「もっと早く電話するべきでした」と言っているので，④が正解。女性が最後に I won't book a table now「今は席の予約はしません」と言っているので，③は不適切。〈should have＋過去分詞〉「〜するべきだった（のにしなかった）」 ④not calling は動名詞の否定形。

［全訳］

Question **a.** 男性：もしもし，メアリー。何時に帰ってくるの？　もう７時だよ。
女性：ごめんなさい，お父さん。あと30分で帰るわ。
男性：どうしてそんなに遅いの？　6時までに帰るって言ったよね。
女性：図書館でマイクとずっと勉強しているのよ。
質問：女性はおそらく何時に帰宅するでしょうか。
（① 6:00 ② 6:30 ③ 7:00 ④ 7:30）に。

Question **b.** 男性：やあ。僕は土曜日に家族とスキーに行くんだ。きみも僕たちに参加しない？
女性：そうできたらいいんだけど，学校に行かなければならないの。
男性：そのあとは何をするの？
女性：科学のレポートを終わらせなきゃならないのよ。ご家族と楽しんできてね。
質問：今度の土曜日に男性は何をするでしょうか。
彼は（① 女性が宿題を終わらせるのを手伝う ② 科学のレポートを書く ③ 友達とスキーに行く ④ ウィンタースポーツを楽しむ）でしょう。

Question **c.** 女性：ねえ，お父さん。テレビゲームをしてもいい？
男性：きみはお母さんが何かを焼くのを手伝っているんだと思ったんだけど。
女性：うん，でも私たちはクッキーをオーブンに入れて，今はそれができあがるまで待っているの。
男性：わかったよ。何でもやりたいことをやりなさい。
質問：この会話に関して正しいのはどの記述ですか。
女の子は（① もうクッキーを焼き終わりました。 ② クッキーを買う十分な時間がありませんでした。 ③ クッキーが焼けるのを待っています。 ④ テレビゲームをするのを許されていません。）

Question **d.** 男性：すみません。図書館利用証をなくしてしまったので，新しいのが欲しいんです。
女性：身分証明書を見せていただけますか。

男性：それを家に置いてきてしまいました。今必要ですか。

女性：次回で結構ですが，こちらの申請書に記入してください。

質問：男性は次におそらく何をするでしょうか。

　　彼は（①　身分証明書を取りに家に帰る　②　女性に自分の図書館利用証について尋ねる　③　自分の個人情報を記入する　④　自分の新しい学生証を発行してもらう）でしょう。

Question **e**.　男性：こちらは全商レストランです，トムが承ります。ご用件をお伺いします。

女性：はい。6時に5人分の席を予約したいのです。窓際の席に座りたいのです。

男性：申し訳ございません，窓側の席は全て予約済みです。他の席でしたらご用意できます。

女性：もっと早く電話するべきでした。ありがとうございます，でも今は席の予約はしません。

質問：女性はおそらくどのように思っているでしょうか。

　　彼女はおそらく（①　席を予約できてうれしく思っています。　②　レストランが彼女の申し出を受け入れることに感謝しています。　③　窓から離れた席を予約したいと思っています。　④　もっと早く電話しなかったことを後悔しています。）

5　a．④　b．②　c．①　d．③　e．②

─**読まれる英文**（2回くり返す）────────────

　For a long time, scientists could only imagine what planets far away were like.　Now, they are able to see them as telescope technology has improved so much.　In the past 30 years, scientists have found over 4,000 planets.　They are finding new ones every week.

　There are many types of such planets.　Some are so hot that any water on them has boiled away.　Others are so cold that they are forever frozen in ice.　However, a few of these worlds are similar to ours.　Like the Earth, they have a rocky surface and liquid water.　Scientists are especially interested in these planets.　They believe that the easiest way to find them is to look near stars that are smaller and darker than our own sun.　By searching around these stars, scientists have found about 50 planets like the Earth.

[解説]

what ～ is[are] like「～とはどのようなものか」　as は理由を表す接続詞。new ones＝new planets　boil away「蒸発する」　world「天体」　be similar to ～「～に似ている」　ours＝our planet　rocky「岩石の」　liquid「液体の」　that are smaller and darker than our own sun は stars を修飾する関係代名詞節。

a．they are able to see them as telescope technology has improved so much「望遠鏡の技術が非常に進歩したので，彼ら（＝科学者たち）はそれら（＝遠くの惑星）を見ることができます」と言っているので，④が正解。

b．In the past 30 years, scientists have found over 4,000 planets.「過去30年間に，科学者たちは4,000個を超える惑星を発見しました」と言っているので，②が正解。

c．They are finding new ones every week.「彼ら（＝科学者たち）は毎週新しいもの（＝惑星）を発見しています」と言っているので，①が正解。②not ～ either A or B「AもBも～ない」　④all the time「いつも」

d．Like the Earth, they have a rocky surface and liquid water.　Scientists are especially interested in these planets.「地球と同じように，それらは岩石の表面と液体の水を持っています。科学者たちはこれらの惑星に特に興味を持っています」と言っているので，③が正解。②③の where は関係副詞。

e．the easiest way to find them is to look near stars that are smaller and darker than our own sun「それら（＝地球のように岩石の表面と液体の水を持つ惑星）を見つける最も簡単な方法は，私たち自身の太陽よりも小さくて暗い星の近くを見ることです」と言っている。darker than ～「～より暗い」＝less bright than ～「～ほど明るくない」なので，②が正解。④the same size as ～「～と同じ大きさ」

[全訳]

　長い間，科学者たちは，遠く離れた惑星がどのようなものかを想像することしかできませんでした。今では，望遠鏡の技術が非常に進歩したので，彼らはそれらを見ることができます。過去30年間に，科学者たちは4,000個を超える惑星を発見しました。彼らは毎週新しいものを発見しています。

　このような惑星には多くの種類があります。あるものは非常に熱いので，それらの上のどんな水も蒸発してしまいました。またあるものはとても冷たいので，永遠に凍りついています。しかし，こうした天体のいくつかは

私たちのものと似ています。地球と同じように，それらは岩石の表面と液体の水を持っています。科学者たちはこれらの惑星に特に興味を持っています。彼らは，それらを見つける最も簡単な方法は，私たち自身の太陽よりも小さくて暗い星の近くを見ることだと信じています。これらの星の周囲を探索することによって，科学者たちは地球のような惑星を約50個発見しました。

a．人々は（① 電話の改良 ② よりよい水道 ③ 科学者たちの想像力 ④ 技術の進歩）のおかげでより多くの惑星を見ることができます。

b．① 13年間で4,000個を超える惑星が発見されました。
 ② 30年間で4,000個を超える惑星が発見されました。
 ③ 13年間で40,000個を超える惑星が発見されました。
 ④ 30年間で40,000個を超える惑星が発見されました。

c．① 科学者たちは今でも新しい惑星を発見しています。
 ② 科学者たちは，惑星は熱すぎたり冷たすぎたりすることはありえないと言います。
 ③ 科学者たちは惑星を見つけるためのもっと簡単な方法を探しています。
 ④ 科学者たちは常に新しい惑星を発明しています。

d．科学者たちは（① 永久に凍っている氷を見つけること ② 水が蒸発している惑星を発見すること ③ 液体の水が存在する惑星を探すこと ④ 私たち自身の太陽に似た星を探すこと）にもっとも興味を持っています。

e．地球のような惑星を発見するために，科学者たちは（① 天空でもっとも明るい星 ② 太陽ほど明るくない星 ③ 地球より小さな星 ④ 太陽と同じ大きさの星）の周囲を探索しています。

6 a．② b．② c．① d．④ e．③

┌─ **読まれる会話文と質問文**（2回くり返す）─────────────────

Michael : Yuki, eco-products, or earth-friendly goods, seem to be very popular in Japan.

Yuki : Yes, that's because we're really worried about our environment. As you know, global warming is said to be a serious problem.

Michael : I see. Do you have any eco-products at home?

Yuki : Yes, my father bought a "hybrid" car last year.

Michael : What's that? Is it the same as an electric car?

Yuki : No. It runs on a combination of gasoline and electricity, so it consumes less gasoline than an ordinary car. This means it produces less CO_2, which is the main cause of global warming.

Michael : That sounds great. Are they also less expensive than ordinary cars?

Yuki : I'm afraid not. They are getting cheaper, though.

Michael : Even if you can save money on fuel, if "hybrid" cars are expensive, not many people will buy them, I suppose.

Yuki : The Japanese government is encouraging us to buy eco-cars. When my father bought his, the government offered some money and reduced taxes.

Michael : That's generous.

Yuki : Why don't you buy a "hybrid" car like my father?

Michael : I wish I could, but I don't have enough money now. Next time I buy a car, I might.

Question a. Why does Yuki think eco-products are very popular in Japan?

Question b. According to the conversation, what are the merits of "hybrid" cars?

Question c. Why does Michael think not many people will buy "hybrid" cars?

Question d. According to the conversation, what kind of support does the government offer to those who buy "hybrid" cars?

Question e. Why can't Michael buy a "hybrid" car now?

[解説]

as you know「あなたも知っているように」 be said to *do*「～すると言われている」 combination of A and B「AとBの組み合わせ」 less「より少ない」（little の比較級） This means ～.「これはつまり～とい

うことだ」 which is the main cause of global warming は CO$_2$ を先行詞とする非制限用法の関係代名詞節。
〈less＋原級＋than ～〉「～ほど…ない」 I'm afraid not.「残念ながらそうではありません」 even if ～「た
とえ～でも」 ～, I suppose「～だと思う」〈encourage＋O＋to *do*〉「O に～するよう奨励する」 bought
his の his は「彼のもの（＝彼の車）」。I wish I could は could の後ろに buy a "hybrid" car が省略されてい
る。〈next time＋S＋V〉「次に～するときには」 I might＝I might buy a "hybrid" car

a. ユキが that's because we're really worried about our environment「それは私たちが環境のことを本
当に心配しているからよ」と言っているので，be concerned about ～「～を心配する」で言いかえてい
る②が正解。③ones＝products ④tend to *do*「～する傾向がある，～しがちだ」

b. ユキが... it consumes less gasoline than an ordinary car. This means it produces less CO$_2$, which
is the main cause of global warming.「それ（＝「ハイブリッド」車）は普通の自動車よりも消費する
ガソリンが少ないの。これはつまり，地球温暖化の主な原因である二酸化炭素の産出量がより少ないってこ
とよ」と言っているので，②が正解。according to ～「～によれば」

c. マイケルが Even if you can save money on fuel, if "hybrid" cars are expensive, not many people
will buy them, I suppose.「たとえ燃料のお金を節約できても，『ハイブリッド』車が高ければ，それを
買う人はあまり多くないだろうと思うな」と言っているので，①が正解。④prefer「～のほうを好む」

d. ユキが When my father bought his, the government offered some money and reduced taxes.「父
が彼の車を買ったときは，政府がお金をいくらか提供して，税金を減らしてくれたのよ」と言っているので，
④が正解。①provide A for B「B に A を提供する」 ③produced from the cars は the electricity を修
飾する過去分詞句。④cut「～を削減する」

e. Why don't you buy a "hybrid" car like my father？「あなたも私の父のように『ハイブリッド』車を
買ったらどう？」に対して，マイケルは I wish I could, but I don't have enough money now.「そう
できればいいんだけど，今は十分なお金がないんだ」と言っているので，③が正解。afford「～を買う〔持
つ〕余裕がある」

[全訳]
マイケル：ユキ，エコ製品，つまり地球に優しい商品は日本でとても人気があるみたいだね。
　ユキ：ええ，それは私たちが環境のことを本当に心配しているからよ。あなたも知っているように，地球温
　　　　暖化は深刻な問題だと言われているわ。
マイケル：なるほど。家にエコ製品はある？
　ユキ：ええ，父が去年「ハイブリッド」車を買ったわ。
マイケル：それは何？　電気自動車と同じ？
　ユキ：違うわ。それはガソリンと電気の組み合わせで走るので，普通の自動車よりも消費するガソリンが少
　　　　ないの。これはつまり，地球温暖化の主な原因である二酸化炭素の産出量がより少ないってことよ。
マイケル：それはすばらしいね。値段も普通の自動車ほど高くないの？
　ユキ：残念ながら違うわ。安くなってきてはいるけどね。
マイケル：たとえ燃料のお金を節約できても，「ハイブリッド」車が高ければ，それを買う人はあまり多くない
　　　　だろうと思うな。
　ユキ：日本政府は私たちにエコカーを買うことを奨励しているわ。父が彼の車を買ったときは，政府がお金
　　　　をいくらか提供して，税金を減らしてくれたのよ。
マイケル：それは気前がいいね。
　ユキ：あなたも私の父のように「ハイブリッド」車を買ったらどう？
マイケル：そうできればいいんだけど，今は十分なお金がないんだ。次に車を買うときはそうするかも。
Question **a.** なぜユキはエコ製品が日本でとても人気があると考えていますか。
　（① それは安い　② 日本人が環境のことを心配している　③ その品質が普通の製品よりもよい　④ 日
　本人は新しいものを買う傾向がある）からです。
Question **b.** 会話によれば，「ハイブリッド」車の利点は何ですか。
　① それらは普通の自動車ほど高くありません。　② それらはガソリンの必要量が少なく，二酸化炭素の
　産出量も少ないです。　③ それらはガソリンを全く消費せず，より速く走ります。　④ それらは二酸化
　炭素を全く産出しないので，環境によいです。
Question **c.** なぜマイケルは「ハイブリッド」車を買う人はあまり多くないだろうと考えているのですか。
　（① その値段が普通の自動車よりも高い　② それらは電気自動車とは違う　③ それらは依然として走る

のにガソリンを必要とする ④ 多くの人々は電気自動車のほうを好む）からです。

Question **d.** 会話によれば，政府は「ハイブリッド」車を買う人々にどんな種類の援助を提供しますか。

　① 彼らは所有者にガソリンを提供します。　② 彼らはガソリンの値段と税金を下げます。　③ 彼らはその自動車から作られる電気を買います。　④ 彼らはお金をいくらか提供し，税金を削減します。

Question **e.** なぜマイケルは今「ハイブリッド」車を買うことができないのですか。

　（① 彼はそれに興味がない　② 彼は今回は普通の自動車を買う予定だ　③ 彼はそれを買う余裕がない　④ 彼は電気自動車が欲しい）からです。

7 ⓐ—④ ⓑ—① ⓒ—③ ⓓ—① ⓔ—②

[解説]

(A) which shows ... our food はa word を修飾する関係代名詞節。respect for ～ の〈～〉は natural resources と the efforts の2つ。the efforts には people ... food という関係代名詞節がついている。make efforts[an effort] to *do* 「～するよう努力する」〈get＋O＋～〉「Oのために～を手に入れる」 much more の much は比較級 more を強調している。that the World ... countries は the amount of food を修飾する関係代名詞節。negative「悪い，有害な」 which has passed its "best-by date"は food を修飾する関係代名詞節。as much as we will eat「私たちが食べるつもりの量と同じ量」 help with ～「～を手伝う」 that companies ... to sell は products を修飾する関係代名詞節。〈形容詞＋enough to *do*〉「～するのに十分…」

(B) although「～にもかかわらず」 which shows ... food はa word, *mottainai* を先行詞とする関係代名詞節。provided by the WFP to developing countries は the amount を修飾する過去分詞句。keep wasting は keep ～ing「～し続ける」の形。caused by this は（ ⓒ ）problems を修飾する過去分詞句。account for ～「～を占める」 be careful not to *do*「～しないように気をつける」 work on ～ing「～することに取り組む」

ⓐ 「日本には天然資源と食料を（　　）努力に対する敬意を表す『もったいない』という言葉があるにもかかわらず，…」 第1段落第1，2文に「日本には，天然資源と，私たちのために食料を手に入れようと人々がする努力に対して大きな敬意を表す言葉があります。その言葉は『もったいない（無駄にしないで）』です！」とあるので，④「～を供給する」が適切。①「～を食べる」，②「～を無駄にする」，③「～を蓄える」

ⓑ 「2015年の量は国連世界食糧計画によって開発途上国に提供された量（　　）ものでした」 第1段落の最後の2文に「2015年には，646万トンの食品が捨てられました。それは国連世界食糧計画（WFP）が開発途上国に提供する食料の量よりもはるかに多いものでした」とあるので，①「～よりもはるかに多い」が適切。②「～よりも少し多い」，③「～よりも少し少ない」，④「～とほぼ同じくらい」

ⓒ 「そのうえ，私たちが食品を無駄にし続けると，このことによって引き起こされる（　　）問題はより深刻になるでしょう」 第2段落最終文に「私たちが食品を無駄にし続けるなら，この問題はさらに深刻になるでしょう」とある。「この問題」とは第2段落第1文の記述から「環境への悪影響」のことだとわかるので，③「環境の」が適切。①「高齢化」，②「負債」，④「経済の」

ⓓ 「（　　）食品廃棄物は約50％を占めているので，私たちは不必要な食品を買わないよう，もっと気をつけるべきです」 第3段落第2文に「しかし，食品廃棄物の約50％は家庭から出ています」とあるので，①「家庭の」が適切。②「アジアの」，③「国際的な」，④「工業の，産業の」

ⓔ 「私たちは食品廃棄物を（　　）ために協力するべきです」 最終段落最終文に「私たちが協力すれば，食品廃棄物を減らすことができます」とあるので，②「～を減らす」が適切。①「～を増やす」，③「～を燃やす」，④「～を埋める」

[全訳]

(A) 日本には，天然資源と，私たちのために食料を手に入れようと人々がする努力に対して大きな敬意を表す言葉があります。その言葉は「もったいない（無駄にしないで）」です！　日本は「もったいない」の考え方を生み出しましたが，この国は今でも多くの食べ物を捨てています。約61％は輸入されていますが，多くが無駄となっています。日本は毎年330万トンの食品廃棄物を焼却したり埋めたりしています。2015年には，646万トンの食品が捨てられました。それは国連世界食糧計画（WFP）が開発途上国に提供する食料の量よりもはるかに多いものでした。

食品廃棄物は環境に悪い影響を及ぼします。例えば，食料を育てるために多くの木が切り倒されていて，このことが地球温暖化の問題の一因となっています。私たちが食品を無駄にし続けるなら，この問題はさらに深刻になるでしょう。

　自分は食品をあまり無駄にしていないと思っている人もいます。しかし，食品廃棄物の約50%は家庭から出ています。日本の多くの人々は賞味期限を過ぎてしまった食品を捨てます。彼らはこうした製品は健康に悪いと考えています。しかし，食品が賞味期限を過ぎてしまったとしても，それが食べられないということではありません。私たち一人一人が食品廃棄物を減らす努力をするべきです。例えば，私たちは自分が食べる分だけを買うように，もっと気をつけるべきです。

　いくつかのグループもこの問題の解決を支援しています。「フードバンク」は，企業が販売するには不完全であるために廃棄するような製品を集めます。フードバンクは人々に未使用の食品を寄付してくれるように頼むために「フードドライブ」も組織しています。このような食品は福祉団体やホームレスの人々に与えられます。食品メーカーやスーパーマーケットも食品の保存期間を延ばそうと努力しています。私たちが協力すれば，食品廃棄物を減らすことができます。

(B)　日本には天然資源と食料を（ⓐ提供する）努力に対して敬意を表す「もったいない」という言葉があるにもかかわらず，今でも多くのものを捨てています。2015年の量は国連世界食糧計画によって開発途上国に提供された量（ⓑよりもはるかに多い）ものでした。そのうえ，私たちが食品を無駄にし続けると，このことによって引き起こされる（ⓒ環境）問題はより深刻になるでしょう。（ⓓ家庭の）食品廃棄物は約50%を占めているので，私たちは不必要な食品を買わないよう，もっと気をつけるべきです。いくつかのグループや団体，食品メーカー，スーパーマーケットもまた，食品廃棄物の問題を解決することに取り組んでいます。私たちは食品廃棄物を（ⓔ減らす）ために協力するべきです。

8　(a)—⑥　(b)—⑤　(c)—①　(d)—②　(e)—③

[解説]

How are you doing? 「元気ですか，調子はどうですか」　no one else was は was のあとに laughing が省略されている。manner は「マナー，礼儀」の意味では常に複数形で使う。one＝a theater audience「観客」は集合名詞で，単数形で観客全体を表す。shout ～ out[shout out ～]「～を叫ぶ，大声で言う」　it's interesting to see ～ の it は形式主語で，真主語は to see how different cultures are。how different cultures are は間接疑問で，see の目的語。

(a)　直後の「私は大声で笑っていたんだけど，ほかの誰も笑っていないことに気づいてやめたの」は(a)の直前の「それは本当に驚きだったわ」の具体的な説明なので，⑥「何があったの？」を入れればうまくつながる。

(b)　直後の「うん，日本ではそれが礼儀正しいことだからね」の「それ」にあたる内容が入るので，「礼儀正しいこと」について述べている⑤「人々は他人に迷惑をかけたくないんだって気づいたの」が適切。disturb「～に迷惑をかける，～の邪魔をする」

(c)　サリーがニューヨークの映画館で体験したことを述べている部分。①「それも私にとって驚きだったの」を入れれば，(a)の前後と同様に，「驚いた」→具体的な内容，という流れになる。

(d)　(d)はサリーの「あなたは外国で映画を見たことはある？」という質問に対する具体的な答え。さらに，直後で「僕はそこでダンス映画を見たよ」と言っているので，there「そこで」を具体的に示している②「僕は何年も前にインドに滞在したんだ」が適切。

(e)　(e)はトオルの「彼らの中には音楽に合わせて一緒に踊る人もいたよ」という発言を受けていて，(e)に対してトオルは No と答えているので，③「あなたは彼らに加わったの？」を入れれば話の流れに合う。

[全訳]

トオル：やあ，サリー。日本での調子はどうだい？

サリー：トオル，私は初めてここ日本で映画館に行ったのよ。それは本当に驚きだったわ。

トオル：(a)⑥何があったの？

サリー：私は大声で笑っていたんだけど，ほかの誰も笑っていないことに気づいてやめたの。

トオル：別のイギリス人の友達も似たようなことを僕に話してくれたよ。

サリー：(b)⑤人々は他人に迷惑をかけたくないんだって気づいたの。

トオル：うん，日本ではそれが礼儀正しいことだからね，でもマナーはそれぞれの文化で違うよ。

サリー：その通りね。

トオル：ほかの国の映画館に行ったことはある？

サリー：ええ，昔，ニューヨークの映画館に行ったわ。(c)①それも私にとって驚きだったの。観客の何人かがスクリーンに向かって言葉を叫んだのよ。あなたは外国で映画を見たことはある？

トオル：うん。(d)②僕は何年も前にインドに滞在したんだ。僕はそこでダンス映画を見たよ。

サリー：観客はそれを楽しんでいた？

トオル：とても気に入っていたよ！　彼らの中には音楽に合わせて一緒に踊る人もいたよ。

サリー：(e)③あなたは彼らに加わったの？

トオル：いや，でも文化がどのくらい違うかを知るのはおもしろいね。

9　**a.** ①　**b.** ④　**c.** ④　**d.** ③　**e.** ②

［解説］

a. thief は「泥棒」。rob は〈rob＋O＋of ～〉で「Oから～を奪う」という意味を表すので，①が適切。②cure「Oの～を治療する」，③tell「Oに～について話す」，④remind「Oに～を思い出させる」

b.「将来医療の（　　）を選ぶことを考えている」という文意から，④「仕事，職業」が適切。①「悲しみ」，②「重要性」，③「品質」

c.「このドレスは今夜のパーティーに（　　）」という文意から，④「ふさわしい」が適切。suitable for ～で「～にふさわしい，適した」という意味を表す。①「湿気が多い」，②「取り乱して」，③「明白な」

d. have a ～ effect on ... で「…に～な効果がある」という意味を表すので，③「目覚ましい，驚くべき」が適切。①「古典の」，②「思いやりのある」，④「正式の」

e. This book や language に注目し，translate A into B「AをBに翻訳する」を現在完了の受動態にした形だと判断して，②を選ぶ。①dig「～を掘る」，③expand「～を拡張する」，④persuade「～を説得する」

［全訳］

a. 昨夜，泥棒が私からかばんを奪いました。

b. 彼女は将来医療の仕事を選ぶことを考えています。

c. このドレスは今夜のパーティーにふさわしいです。

d. この新薬はその病気に目覚ましい効果があります。

e. この本はほかのどの言語にも翻訳されていません。

10　ⓐ—④　ⓑ—③　ⓒ—③　ⓓ—②　ⓔ—①

［解説］

nearly「ほぼ，～近く」　a large amount of ～「大量の～」　harmful「有害な」　on the other hand「その一方で」　Others＝Other insects　including「～を含めて」　that number は「約80億人」という現在の人口を指す。Between now and then の then は2050年を指す。require「～を必要とする」　farmland「農地」　feeding は feed「～に餌をやる」の動名詞。for more people は不定詞to start の意味上の主語を表す。have been eating は現在までの動作の継続を表す現在完了進行形。to raise は easy and cheap を修飾する副詞用法の不定詞。very few ～は「～がほとんどない」という否定の意味を表す。have a chance to *do*「～する機会がある」　try ～ing「～してみる」　prepare はここでは「～を調理する」という意味。habit「習慣」could は可能性を表す。

ⓐ　（ⓐ）their size, they can live in tiny spaces, and they don't need a large amount of food. は「体の大きさ（ⓐ），それらは極小の空間でも生きることができ，大量の餌も必要としません」という意味なので，④「～の理由で，～のおかげで」が適切。①「～を担当して」，②「～の隣に」，③「～を恐れて」

ⓑ　because they eat crops or（ⓑ）diseases「作物を食べたり病気を（ⓑ）たりするので」は，いくつかの昆虫が人間にとって有害である理由を述べているので，③「～を運ぶ」が適切。①「～を防ぐ」，②「～を治す」，④「～を止める」

ⓒ　今後食肉の需要が倍増するだろう，という内容のあとに，（ⓒ）, raising animals requires large areas of farmland.「（ⓒ），動物を飼育するには大きな面積の農地が必要です」と続いているので，③「しかしながら」を入れればうまくつながる。①「さもなければ」，②「向かい側に」，④「ありがたいことに」

ⓓ　They are healthy, easy and cheap to raise and,（ⓓ）insect eaters, delicious. という文は，healthy と easy and cheap と delicious という形容詞が並列の関係になっていて，（ⓓ）insect eaters は挿入句にあたる。insect eaters は「昆虫を食べる人」という意味なので，②「～によれば」を入れれば文意が通る。①「～のおかげで」，③「～にもかかわらず」，④「～だけでなく」

ⓔ　Then a habit of eating insects could become more（ⓔ）in the world. は「そうすれば（＝人々が昆虫の調理法を学んだら），昆虫を食べる習慣が世界中にもっと（ⓔ）するかもしれません」という意味になるので，①「人気のある」が適切。become popular「広まる，普及する」　②「危険な」，③「奇妙な」，④「ひどい」

［全訳］

　地球上には100万種近くの昆虫がいることを知っていましたか。たいていの場合小さく，それらのほとんどは

飛ぶことができます。体の大きさ（ⓐのおかげで），極小の空間でも生きることができ，大量の餌も必要としません。昆虫の中には，作物を食べたり病気を（ⓑ運ん）だりするので人間にとって有害なものもいます。その一方で，蜂蜜を作ったり花を受粉させたりすることによって私たちの役に立つ昆虫もいます。人間も含めた動物の食料として役に立つものもいます。

　現在，世界には約80億の人々がいて，その数は2050年までに90億人に達するでしょう。今後それまでには，食肉の需要は2倍になるでしょう。（ⓒしかし），動物を飼育するには大きな面積の農地が必要です。そのうえ，それらに餌を与えるのも高額になる可能性があります。1つの解決策は，より多くの人々が昆虫を食べ始めることです。

　実際に，世界の多くの地域の人々が，何千年もの間昆虫を食べてきました。それらは健康によく，飼育するのが簡単かつ安あがりで，昆虫を食べる人（ⓓによると），とてもおいしいそうです。1,700種を超える昆虫は食べても安全なのですが，ヨーロッパやアメリカ合衆国，その他の一部の国々では，昆虫を食べる人はほとんどいません。そうした人々に昆虫を食べてみる機会があれば，昆虫を食料として調理する方法を学ぶかもしれません。そうすれば，昆虫を食べる習慣が世界中にもっと（ⓔ普及）するかもしれません。

　あなたは昆虫を食べる機会があれば，それらを食べてみようと思いますか。

11 　**a.** ①　**b.** ②　**c.** ②　**d.** ④　**e.** ④

[解説]

a. 2文目の動詞 play に don't がついていないので，否定の意味を含む接続詞①Unless「もし〜しなければ」を使うと判断する。②「〜だけれども」，③「〜なので」，④「たとえ〜でも」

b. 2文目は「環境に優しい都市は自動車や自転車を共有することによって（　）されることができます」という意味なので，②created を入れれば「作られることができる」となり，ほぼ同じ意味を表すことができる。①spoil「〜をだめにする」，③damage「〜を損なう」，④propose「〜を提案する」

c. 2文目は1文目の目的語 clever methods「巧妙な手段」を主語にして書きかえたもの。methods「手段，方策」とほぼ同じ意味を表すのは，②plan「計画，案」。①「試験」，③「物語」，④「記事」

d. We have to 〜.「私たちは〜しなければならない」を It is（　）for us to 〜.「私たちが〜するのは（　）だ」と書きかえているので，空所に④necessary「必要な」を入れればほぼ同じ意味になる。take action to *do*「〜するための対策をとる」 prevent「〜を妨ぐ」 ①「危険な」，②「ひどい，恐ろしい」，③「明白な」

e. 1文目の「増加する需要が深刻な水不足を引き起こしています」は，「増加する需要」が原因で，「水不足」が結果にあたる。2文目は原因にあたる increases in demand「需要の増加」が空所の後ろにあるので，④due to 〜「〜が原因で」を入れればほぼ同じ意味になる。①「〜とは無関係の」，②「〜から離れて，〜は別にして」，③「〜とは違って」

[全訳]

a. うまくプレーしなければ，私たちは試合に負けるでしょう。

b. 自動車や自転車を共有することは，環境に優しい都市を作るのに役立つかもしれません。

c. 国家間の友好関係を保つには巧妙な手段が必要です。

d. 私たちは気候変動を防ぐための対策をとらなければなりません。

e. 増加する需要が深刻な水不足を引き起こしています。

12 　**a.** ④　**b.** ③　**c.** ④　**d.** ②　**e.** ③

[解説]

a. 〈形容詞＋enough to *do*〉で「〜するのに十分…，〜できるほど…」という意味を表す。文末の in の目的語は主語の This river。

b. the number of 〜で「〜の数」，suffer from 〜で「〜に苦しむ」という意味を表す。suffering を現在分詞と考え，people のあとに suffering from を続ければ，the number of people suffering from 〜「〜に苦しむ人々の数」という意味になる。

c. 述語動詞になれるのは accepted だけなので，Many students accepted the offer「多くの生徒がその提案を受け入れました」とする。the offer のあとに過去分詞 given を続けて，given by the teacher という過去分詞句が the offer を後ろから修飾する形にする。

d. 文頭の Had と語群の語を見て，if it had not been for 〜「もし〜がなかったら」という仮定法過去完了の定型表現から if を省略した形だと判断する。if を省略すると Had it not been for 〜という語順になる。

e. 助動詞 may には動詞の原形が続くはずだが，ここでは no が続いている。そこで，no longer「もはや〜な

い」が挿入されていると考え，may no longer のあとに be discovered を続ける。〈may be＋過去分詞〉
　　「～されるかもしれない」　mine「鉱山」

[全訳]
a. この川は泳げるほど温かいです。
b. 飢えに苦しむ人々の数は増え続けています。
c. 多くの生徒が先生によって与えられた提案を受け入れました。
d. あなたの援助がなかったら，私はこのプロジェクトを終えることができなかったでしょう。
e. こんな大きさのダイヤモンドは，この鉱山ではもはや発見されないかもしれません。

全商英語検定試験問題集 1級

級別単語表

級別単語表——**3級**・・・・・・・・・・・・・・・・・・・・・・・・・・**2**

級別単語表——**2級**・・・・・・・・・・・・・・・・・・・・・・・・・・**23**

級別単語表——**1級**・・・・・・・・・・・・・・・・・・・・・・・・・・**32**

実教出版

3 級 （約1600語）

A

☑ a [ə／ア] — 冠1つの，ある，〜につき

☑ able [éibl／エイブル] — 形〜できる（＝can）

☑ about [əbáut／アバウト] — 副およそ／前〜について

☑ above [əbʌ́v／アバヴ] — 前〜の上に，〜より上に

☑ abroad [əbrɔ́:d／アブロード] — 副外国に，外国へ

☑ absent [ǽbsənt／アブセント] — 形欠席の，留守の

☑ accident [ǽksidənt／アクスィデント] — 名偶然のできごと，事故

☑ across [əkrɔ́:s／アクロース] — 前〜を横切って

☑ act [ǽkt／アクト] — 名行為，法令／動行動する，ふるまう，演じる

☑ add [ǽd／アッド] — 動加える，追加する

☑ address [ədrés／アドゥレス] — 名あて名，住所

☑ advice [ədváis／アドヴァイス] — 名忠告，助言

☑ advise [ədváiz／アドヴァイズ] — 動忠告する，助言する

☑ afraid [əfréid／アフレイド] — 形恐れて，心配して

☑ Africa [ǽfrikə／アフリカ] — 名アフリカ

☑ African [ǽfrikən／アフリカン] — 名アフリカ人／形アフリカ（人）の

☑ after [ǽftər／アフタ] — 前〜のあとに，〜にちなんで

☑ afternoon [ǽftərnú:n／アフタヌーン] — 名午後

☑ again [əgén／アゲン] — 副ふたたび，また

☑ against [əgénst／アゲンスト] — 前〜を背景として，〜に（反）対して

☑ age [éidʒ／エイヂ] — 名年齢，時代

☑ ago [əgóu／アゴウ] — 副（今から）〜前に

☑ agree [əgrí:／アグリー] — 動同意する，意見が一致する

☑ ahead [əhéd／アヘッド] — 副前方に〔へ〕，先んじて

☑ air [éər／エア] — 名空気，空中

☑ airline [éərlàin／エアライン] — 名定期航空(路線)，航空会社

☑ airmail [éərmèil／エアメイル] — 名航空郵便／副航空郵便で

☑ airplane [éərplèin／エアプレイン] — 名飛行機

☑ airport [éərpɔ̀:rt／エアポート] — 名空港

☑ album [ǽlbəm／アルバム] — 名アルバム

☑ alive [əláiv／アライヴ] — 形生きて，活発で

☑ all [ɔ́:l／オール] — 形すべての，あらゆる

☑ allow [əláu／アラウ] — 動許す，認める

☑ almost [ɔ́:lmoust／オールモウスト] — 副ほとんど

☑ alone [əlóun／アロウン] — 形ただひとりの，単独の／副ひとりで

☑ along [əlɔ́:ŋ／アローング] — 前〜を通って，〜に沿って

☑ aloud [əláud／アラウド] — 副声をだして，大声で

☑ already [ɔ:lrédi／オールレディ] — 副すでに，もう

☑ also [ɔ́:lsou／オールソウ] — 副〜も（また）

☑ although [ɔ:lðóu／オールゾウ] — 接〜だけれども，たとえ〜でも

☑ always [ɔ́:lweiz／オールウェイズ] — 副いつも

☑ am [ǽm／アム] — 動〜である，いる

☑ a.m., A.M. [éiém／エイエム] — 略午前の

☑ America [əmérikə／アメリカ] — 名アメリカ

☑ American [əmérikən／アメリカン] — 名アメリカ人／形アメリカ（人）の

☑ among [əmʌ́ŋ／アマング] — 前（3つ以上の）〜の中で

☑ an [ǽn／アン] — 冠1つの，〜につき

☑ and [ǽnd, ənd／アンド] — 接〜と，そして

☑ angry [ǽŋgri／アングリ] — 形怒った

☑ animal [ǽnəml／アニムル] — 名動物

☑ announce [ənáuns／アナウンス] — 動発表する，知らせる

☑ announcer [ənáunsər／アナウンサ] — 名アナウンサー，発表する人

☑ another [ənʌ́ðər／アナザ] — 代もう1つの物，もう1人の人／形もう1つの

☑ answer [ǽnsər／アンサ] — 名答え／動答える

☑ ant [ǽnt／アント] — 名アリ

☑ any [éni／エニ] — 代〔疑問文，条件文で〕いくらか，だれも〔肯定文で〕どんな物〔人〕でも／形〔疑問文，条件文で〕いくらかの，だれか〔否定文で〕少しも，だれも／副少しは

☑ anybody [énibàdi／エニバディ] — 代〔疑問文，条件文で〕だれか〔否定文で〕だれも〔肯定文で〕だれでも

☑ anyone [éniwʌ̀n／エニワン] — 代だれか，だれ(で)も

☑ anything [éniθìŋ／エニスィング] — 代〔疑問文，条件文で〕何か〔否定文で〕何も〜ない〔肯定文で〕何でも

☑ anyway [éniwèi／エニウェイ] — 副とにかく，どうしても

☑ anywhere [énihwèər／エニ(ホ)ウェア] — 副どこかへ〔に〕，どこに〔で〕も

☑ apartment [əpá:rtmənt／アパートメント] — 名アパート，共同住宅

☑ appear [əpíər／アピア] — 動現われる，〜らしい

☑ apple [ǽpl／アプル] — 名リンゴ

☑ April [éiprəl／エイプリル] — 名4月(略：Apr.)

☑ are [á:r／アー] — 動〜である，いる

☑ area [éəriə／エアリア] — 名面積，地域，区域，範囲

☑ arm [á:rm／アーム] — 名腕，〔-s〕武器

☑ around [əráund／アラウンド] — 前〜のまわりに〔を〕／副ぐるりと

☑ arrive [əráiv／アライヴ] — 動着く，到着する

☑ arrow [ǽrou／アロウ] — 名矢，矢印

☑ art [á:rt／アート] — 名芸術，術，技術

☑ artist [á:rtist／アーティスト] — 名芸術家，画家，彫刻家，音楽家

☑ as [ǽz／アズ] — 接〜なので，〜するにつれて／前〜として

☑ Asia [éiʒə／エイジャ] — 名アジア

☑ Asian [éiʒn／エイジャン] — 名アジア人／形アジア（人）の

☐ask [ǽsk／アスク]　動たずねる，頼む

☐asleep [əslíːp／アスリープ]　形副眠って

☐assistant [əsístənt／アスィスタント]　名助手，店員
形補助の，助手の

☐at [ǽt／アット]　前～に〔で〕，～の時，～を見て〔聞いて〕

☐Atlantic [ətlǽntik／アトゥラァンティク]　名大西洋
形大西洋の

☐attack [ətǽk／アタァック]　名攻撃
動攻撃する

☐attend [əténd／アテンド]　動出席する

☐August [ɔ́ːgəst／オーガスト]　名8月(略：Aug.)

☐aunt [ǽnt／アント]　名おば

☐Australia [ɔːstréiljə／オーストゥレイリャ]　名オーストラリア

☐Australian [ɔːstréiljən／オーストゥレイリャン]　名オーストラリア人
形オーストラリア(人)の

☐automatic [ɔ̀ːtəmǽtik／オートマァティック]　名自動けん銃
形自動的な，無意識の

☐automobile [ɔ́ːtəməbìːl／オートモビール]　名自動車

☐autumn [ɔ́ːtəm／オータム]　名秋

☐awake [əwéik／アウェイク]　動目ざめ(させ)る
形目がさめて

☐away [əwéi／アウェイ]　副離れて，遠くに

B

☐baby [béibi／ベイビ]　名赤ん坊

☐back [bǽk／バァック]　名背中，うしろ
形うしろの
副うしろに

☐bacon [béikən／ベイコン]　名ベーコン

☐bad [bǽd／バァッド]　形悪い，へたな

☐badly [bǽdli／バァッドリ]　副悪く，非常に，ひどく

☐bag [bǽg／バァッグ]　名袋，かばん

☐bake [béik／ベイク]　動(パンなどを)焼く

☐baker [béikər／ベイカ]　名パン製造人，パン屋

☐ball [bɔ́ːl／ボール]　名ボール

☐banana [bənǽnə／バナァナ]　名バナナ

☐bank [bǽŋk／バァンク]　名銀行，土手，川岸

☐barber [báːrbər／バーバ]　名理容師，床屋

☐bark [báːrk／バーク]　名ほえる声
動ほえる

☐base [béis／ベイス]　名土台，基礎，基地
動基礎を築く

☐baseball [béisbɔ̀ːl／ベイスボール]　名野球

☐basic [béisik／ベイスィック]　形基礎の，基本的な

☐basket [bǽskit／バァスケット]　名かご，バスケット

☐basketball [bǽskitbɔ̀ːl／バァスケットボール]　名バスケットボール

☐bat [bǽt／バァット]　名(野球などの)バット，こうもり

☐bath [bǽθ／バァス]　名入浴，ふろ

☐bathroom [bǽθruːm／バァスルーム]　名ふろ場

☐be [bíː／ビー]　動～である，いる

☐beach [bíːtʃ／ビーチ]　名砂浜，波打ちぎわ

☐bear [béər／ベア]　名熊
動生む，ささえる，担う

☐beard [bíərd／ビアド]　名あごひげ

☐beat [bíːt／ビート]　動たたく，負かす

☐beautiful [bjúːtəfl／ビューティフル]　形美しい

☐beauty [bjúːti／ビューティ]　名美しさ，美人

☐because [bikɔ́ːz／ビコーズ]　接～だから，～なので

☐become [bikʌ́m／ビカム]　動～になる

☐bed [béd／ベッド]　名ベッド

☐bedroom [bédrùːm／ベッドルーム]　名寝室

☐bee [bíː／ビー]　名みつばち，働き者

☐beef [bíːf／ビーフ]　名牛肉

☐beefsteak [bíːfstèik／ビーフステイク]　名ビフテキ

☐been [bín／ビン]　動be の過去分詞形

☐beer [bíər／ビア]　名ビール

☐before [bifɔ́ːr／ビフォーア]　前～の前に

☐beg [bég／ベッグ]　動乞う，頼む

☐begin [bigín／ビギン]　動始まる，始める

☐beginner [bigínər／ビギナ]　名初学者，初心者

☐beginning [bigíniŋ／ビギニング]　名初め

☐behind [biháind／ビハインド]　前～のうしろに

☐believe [bilíːv／ビリーヴ]　動信じる，思う

☐bell [bél／ベル]　名鈴，鐘

☐belong [bilɔ́ːŋ／ビローング]　動(～に)属する

☐below [bilóu／ビロウ]　副下に〔へ，で〕
前～の下に

☐belt [bélt／ベルト]　名ベルト，帯

☐bench [béntʃ／ベンチ]　名ベンチ

☐beside [bisáid／ビサイド]　前～のそばに

☐best [bést／ベスト]　形最もよい
副最もよく

☐better [bétər／ベタ]　形よりよい
副よりよく

☐between [bitwíːn／ビトゥウィーン]　前(2つのもの)の間に

☐beyond [bijánd／ビヤンド]　前～の向こうに，を越えて

☐bicycle [báisikl／バイスィクル]　名自転車

☐big [bíg／ビッグ]　形大きい

☐bike [báik／バイク]　名自転車

☐bird [báːrd／バ～ド]　名鳥

☐birth [báːrθ／バ～ス]　名誕生，生まれ，出現

☐birthday [báːrθdèi／バ～スデイ]　名誕生日

☐bite [báit／バイト]　名噛むこと，ひとかじり
動噛む，咬みつく

☐black [blǽk／ブラァック]　名黒
形黒い

☐blackboard [blǽkbɔ̀ːrd／ブラァックボード]　名黒板

☐blanket [blǽŋkit／ブラァンケット]　名毛布
動おおう

☐blind [bláind／ブラインド]　名日よけ
形目の不自由な

☐block [blák／ブラック]　名固まり，一区画，ブロック

☐blow [blóu／ブロウ]　動(風が)吹く，吹き飛ばす

☐blue [blúː／ブルー]　名青
形青い

☐board [bɔ́ːrd／ボード]　名板
動(船・列車・バス・飛行機などに)乗り込む，食事つきで下宿す〔させ〕る

☐boat [bóut／ボウト]　名ボート，船

☐body [bádi／バディ]　名身体，本体

☑**boil** [bɔ́il／ボイル]	動沸かす，沸く，煮(え)る	☑**by** [bái／バイ]	前～のそばに〔の〕，～までに，～によって
☑**bone** [bóun／ボウン]	名骨		
☑**book** [búk／ブック]	名本		
☑**bookcase** [búkkèis／ブックケイス]	名本箱，書棚	**C**	
☑**bookshelf** [búkʃèlf／ブックシェルフ]	名本棚，書棚	☑**cabbage** [kæbidʒ／キァベッジ]	名キャベツ
☑**bookshop** [búkʃàp／ブックシャップ]	名本屋，書店	☑**cabin** [kæbin／キァビン]	名小屋，船室
☑**bookstore** [búkstɔ̀:r／ブックストーア]	名書店	☑**cage** [kéidʒ／ケイジ]	名鳥かご
☑**boot(s)** [bú:t(s)／ブート(ツ)]	名長靴	☑**cake** [kéik／ケイク]	名ケーキ，（固形石けん）1個
☑**borrow** [bárou／バロウ]	動借りる	☑**calendar** [kæləndər／キァレンダ]	名暦，カレンダー
☑**boss** [bɔ́:s／ボース]	名長，親分	☑**California** [kæləfɔ́:rnjə／キャリフォーニャ]	名カリフォルニア
	動支配する		
☑**both** [bóuθ／ボウス]	代両方	☑**call** [kɔ́:l／コール]	動呼ぶ，電話をかける，訪問する
	形両方の	☑**calm** [ká:m／カーム]	動静める，静まる
☑**bottle** [bátl／バトゥル]	名びん		形穏かな，静かな
☑**bottom** [bátəm／バタム]	名底，下部	☑**camera** [kæmərə／キァメラ]	名カメラ
☑**bow** [báu／バゥ]	名おじぎ	☑**camp** [kæmp／キャンプ]	名キャンプ，キャンプ場
	動おじぎをする		動キャンプする
[bóu／ボウ]	名弓	☑**can** [kæn／キァン]	助できる
☑**box** [báks／バックス]	名箱	☑**Canada** [kænədə／キァナダ]	名カナダ
☑**boy** [bɔ́i／ボイ]	名少年	☑**Canadian** [kənéidiən／カネイディアン]	名カナダ人
☑**branch** [bræntʃ／ブラァンチ]	名枝，支店		形カナダ(人)の
☑**brave** [bréiv／ブレイヴ]	形勇敢な	☑**candle** [kændl／キァンドゥル]	名ろうそく
☑**bread** [bréd／ブレッド]	名パン	☑**candy** [kændi／キァンディ]	名キャンデー
☑**break** [bréik／ブレイク]	名休み時間	☑**cap** [kæp／キャップ]	名（ふちなしの）帽子
	動こわす，こわれる	☑**capital** [kæpitl／キァピトゥル]	名首都，大文字，資本金
☑**breakfast** [brékfəst／ブレックファスト]	名朝食	☑**captain** [kæptən／キァプテン]	名船長，機長，主将
☑**breath** [bréθ／ブレス]	名息，呼吸	☑**car** [ká:r／カー]	名自動車
☑**bridge** [brídʒ／ブリッジ]	名橋	☑**card** [ká:rd／カード]	名カード，トランプ，はがき
☑**bright** [bráit／ブライト]	形明るい，頭の良い	☑**care** [kéər／ケア]	名心配，注意，世話
	副輝いて		動世話をする，〔否定文・疑問文で〕心配する，好む
☑**bring** [bríŋ／ブリング]	動～を連れてくる，～を持ってくる		
☑**Britain** [brítn／ブリトゥン]	名英国	☑**careful** [kéərfl／ケアフル]	形注意深い
☑**British** [brítiʃ／ブリティッシ]	形英国の，英国人の	☑**carpenter** [ká:rpəntər／カーペンタ]	名大工
☑**brother** [bráðər／ブラザ]	名兄，弟，兄弟	☑**carpet** [ká:rpit／カーペット]	名じゅうたん
☑**brown** [bráun／ブラウン]	名茶色	☑**carrot** [kærət／キァロット]	名にんじん
	形茶色の	☑**carry** [kæri／キァリ]	動運ぶ，持って歩く
☑**brush** [bráʃ／ブラッシ]	名ブラシ，はけ	☑**case** [kéis／ケイス]	名事件，場合，箱
	動（ブラシで）みがく	☑**cash** [kæʃ／キァッシ]	名現金
☑**bucket** [bákit／バケット]	名バケツ，手おけ	☑**cassette** [kəsét／カセット]	名カセットテープ
☑**build** [bíld／ビルド]	動（家などを）建てる，（船を）造船する，（ダム，鉄道，道路などを）建設する，（橋を）かける	☑**castle** [kæsl／キァスル]	名城
		☑**cat** [kæt／キァット]	名ネコ
		☑**catch** [kætʃ／キァッチ]	動捕える，つかむ，（乗物に）間に合う
☑**building** [bíldiŋ／ビルディング]	名建物	☑**cattle** [kætl／キァトゥル]	名牛，肉牛
☑**burn** [bə́:rn／バ〜ン]	動燃やす，燃える	☑**ceiling** [sí:liŋ／スィーリング]	名天井
☑**bus** [bás／バス]	名バス	☑**cent** [sént／セント]	名セント
☑**business** [bíznəs／ビズネス]	名仕事，商売，事業	☑**center** [séntər／センタ]	名中心，中央，(中心)施設
☑**businessman** [bíznəsmæn／ビズネスマァン]	名実業家	☑**centimeter** [séntəmì:tər／センティミータ]	名センチメートル
☑**busy** [bízi／ビズィ]	形忙しい，にぎやかな，（電話が）話し中で	☑**central** [séntrəl／セントゥラル]	形中心の，主要な
☑**but** [bát／バット]	接しかし	☑**century** [séntʃəri／センチュリ]	名100年，1世紀
☑**butcher** [bútʃər／ブチャ]	名肉屋	☑**certain** [sə́:rtn／サ〜トゥン]	形確かな，ある
☑**butter** [bátər／バタ]	名バター	☑**chain** [tʃéin／チェイン]	名くさり，一続き
☑**butterfly** [bátərflài／バタフライ]	名チョウ		動くさりでつなぐ
☑**buy** [bái／バイ]	動買う	☑**chair** [tʃéər／チェア]	名いす
		☑**chalk** [tʃɔ́:k／チョーク]	名チョーク

□**champion** [tʃǽmpiən／チャンピオン] 图優勝者，チャンピオン
□**chance** [tʃǽns／チャンス] 图機会
□**change** [tʃéindʒ／チェインジ] 图変化，小銭，つり銭
動変える，変わる

□**cheap** [tʃíːp／チープ] 形安い，安っぽい
□**check** [tʃék／チェック] 图照合，小切手
動照合する，点検する

□**cheerful** [tʃíərfl／チアフル] 形陽気な，快活な
□**cheese** [tʃíːz／チーズ] 图チーズ
□**cherry** [tʃéri／チェリ] 图さくらんぼ，桜の木
□**chicken** [tʃíkin／チキン] 图鶏，ひな鳥，鶏肉
□**chief** [tʃíːf／チーフ] 图首長，かしら
形主要な

□**child** [tʃáild／チャイルド] 图子供
□**children** [tʃíldrn／チルドゥレン] 图child の複数形
□**chimney** [tʃímni／チムニ] 图煙突
□**China** [tʃáinə／チャイナ] 图中国
□**Chinese** [tʃàiníːz／チャイニーズ] 图中国人，中国語
形中国の，中国人〔語〕の

□**chocolate** [tʃɔ́ːkəlit／チョーコレット] 图チョコレート，ココア
□**choose** [tʃúːz／チューズ] 動選ぶ
□**Christmas** [krísməs／クリスマス] 图クリスマス
□**church** [tʃə́ːrtʃ／チャ〜チ] 图教会
□**circle** [sə́ːrkl／サ〜クル] 图円(形)，仲間，サークル，集団

□**city** [síti／スィティ] 图都会，市，町
□**class** [klǽs／クラァス] 图クラス，授業
□**classical** [klǽsikl／クラァスィクル] 形古典主義の，正統派の
□**classmate** [klǽsmèit／クラァスメイト] 图級友
□**classroom** [klǽsrùːm／クラァスルーム] 图教室
□**clean** [klíːn／クリーン] 動〜をきれいにする，そうじする
形清潔な

□**clear** [klíər／クリア] 動片づける，晴れる
形晴れた，はっきりした

□**clerk** [klə́ːrk／クラ〜ク] 图事務員，店員
□**clever** [klévər／クレヴァ] 形利口な，上手な
□**climb** [kláim／クライム] 動登る
□**clock** [klák／クラック] 图置き時計，掛け時計
□**close**動[klóuz／クロウズ] 動閉める，閉まる
形副[klóus／クロウス] 形近くの
副近くに

□**cloth** [klɔ́ːθ／クロース] 图布
□**clothes** [klóuz／クロウズ] 图衣服
□**cloud** [kláud／クラウド] 图雲
□**cloudy** [kláudi／クラウディ] 形曇った
□**club** [klʌ́b／クラブ] 图クラブ
□**coach** [kóutʃ／コウチ] 图コーチ，客車
動指導する

□**coal** [kóul／コウル] 图石炭
□**coast** [kóust／コウスト] 图海岸，沿岸
□**coat** [kóut／コウト] 图上衣
動(ペンキなど)を塗る

□**cock** [kák／カック] 图おんどり
□**coffee** [kɔ́ːfi／コーフィ] 图コーヒー
□**coin** [kɔ́in／コイン] 图硬貨，コイン
□**cold** [kóuld／コウルド] 图寒さ，カゼ
形寒い，冷たい

□**collect** [kəlékt／コレクト] 動〜を集める
□**college** [kálidʒ／カレッヂ] 图(単科)大学
□**colo(u)r** [kʌ́lər／カラ] 图色
動彩色する

□**come** [kʌ́m／カム] 動来る
□**comfortable** [kʌ́mfərtəbl／カンファタブル] 形気持ちよい，快適な

□**common** [kámən／カモン] 形共通の，ふつうの
□**company** [kʌ́mpəni／カンパニ] 图会社，仲間
□**computer** [kəmpjúːtər／コンピューター] 图コンピュータ

□**concert** [kánsərt／カンサト] 图音楽会，演奏会
□**condition** [kəndíʃn／コンディシャン] 图状態，状況，条件
□**contest**图[kántest／カンテスト] 图競技，コンクール
動[kəntést／コンテスト] 動争う
□**continue** [kəntínjuː／コンティニュー] 動続く，続ける
□**conversation** [kànvərséiʃn／カンヴァセイシャン] 图会話，談話
□**cook** [kúk／クック] 图コック，料理人
動料理する
□**cookie** [kúki／クキ] 图クッキー
□**cool** [kúːl／クール] 動冷やす
形涼しい，冷たい
□**copy** [kápi／カピ] 图写し，複写，冊
動複写する，まねる
□**corn** [kɔ́ːrn／コーン] 图トウモロコシ，穀物
□**corner** [kɔ́ːrnər／コーナ] 图かど，すみ
□**correct** [kərékt／コレクト] 動訂正する
形正しい
□**cost** [kɔ́ːst／コースト] 图代価，値段，費用
動(金額が)かかる
□**cotton** [kátn／カトゥン] 图綿，木綿，綿糸
□**could** [kúd／クッド] 助can の過去形
□**count** [káunt／カウント] 图計算，勘定
動数える
□**counter** [káuntər／カウンタ] 图カウンター，計算者，計算機，反対
動逆襲する
□**country** [kʌ́ntri／カントゥリ] 图国，いなか
□**couple** [kʌ́pl／カプル] 图1対，1組の男女
□**course** [kɔ́ːrs／コース] 图進路，課程
□**court** [kɔ́ːrt／コート] 图宮廷，裁判所，コート
□**cousin** [kʌ́zn／カズン] 图いとこ
□**cover** [kʌ́vər／カヴァ] 图表紙
動〜をおおう
□**cow** [káu／カウ] 图雌牛
□**crazy** [kréizi／クレイズィ] 形気が狂った，熱狂した
□**cream** [kríːm／クリーム] 图クリーム
□**cross** [krɔ́ːs／クロース] 图十字架，十字路
動横断する
□**crossing** [krɔ́ːsiŋ／クロースィング] 图横断，交差点，踏切り，反対，妨害
□**crowd** [kráud／クラウド] 图群集
動群がる
□**crown** [kráun／クラウン] 图王冠
□**cry** [krái／クライ] 图叫び声
動叫ぶ，泣く
□**culture** [kʌ́ltʃər／カルチャ] 图文化，教養
□**cup** [kʌ́p／カップ] 图茶わん
□**curtain** [kə́ːrtn／カ〜トゥン] 图カーテン，幕

☑**custom** [kΛstəm／カスタム]　名習慣，風習
☑**cut** [kΛt／カット]　動切る，刻む，削る

D

☑**Dad** [dǽd／ダァッド]　名お父さん
☑**daily** [déili／デイリ]　形毎日の　副日ごとに
☑**dance** [dǽns／ダァンス]　名ダンス　動踊る
☑**dancer** [dǽnsər／ダァンサ]　名ダンサー，踊り子
☑**danger** [déindʒər／デインヂャ]　名危険
☑**dangerous** [déindʒərəs／デインヂャラス]　形危険な
☑**dark** [dɑ́ːrk／ダーク]　名暗がり　形暗い，黒っぽい
☑**darkness** [dɑ́ːrknəs／ダークネス]　名暗さ，やみ
☑**date** [déit／デイト]　名日付け，デート
☑**daughter** [dɔ́ːtər／ドータ]　名娘
☑**day** [déi／デイ]　名日，昼間，時代
☑**dead** [déd／デッド]　形死んだ
☑**dear** [díər／ディア]　形親愛な，貴重な
☑**death** [déθ／デス]　名死
☑**December** [disémbər／ディセンバ]　名12月（略：Dec.）
☑**decide** [disáid／ディサイド]　動決める，決心する
☑**deep** [díːp／ディープ]　形深い
☑**delicious** [dilíʃəs／デリシャス]　形おいしい
☑**dentist** [déntist／デンティスト]　名歯医者
☑**department** [dipɑ́ːrtmənt／ディパートメント]　名部門，部，学部
☑**depend** [dipénd／ディペンド]　動頼る，〜による
☑**design** [dizáin／ディザイン]　名設計，デザイン，図案　動設計する，計画する
☑**desk** [désk／デスク]　名机
☑**dial** [dáiəl／ダイアル]　名ダイヤル　動電話をかける
☑**diamond** [dáiəmənd／ダイアモンド]　名ダイヤモンド
☑**diary** [dáiəri／ダイアリ]　名日記
☑**dictionary** [díkʃənèri／ディクショネリ]　名辞書
☑**did** [díd／ディッド]　動助doの過去形
☑**die** [dái／ダイ]　動死ぬ
☑**different** [dífərənt／ディファレント]　形違った，別の
☑**difficult** [dífikəlt／ディフィカルト]　形むずかしい
☑**dig** [díg／ディッグ]　動掘る，探究する
☑**diligent** [dílidʒənt／ディリヂェント]　形勤勉な
☑**dinner** [dínər／ディナ]　名食事
☑**dirty** [dɔ́ːrti／ダ〜ティ]　形きたない，不正な
☑**discover** [diskΛvər／ディスカヴァ]　動発見する
☑**discuss** [diskΛs／ディスカス]　動話し合う，議論する，話題にする
☑**dish** [díʃ／ディッシ]　名深ざら，料理
☑**distance** [dístəns／ディスタンス]　名距離，間隙，遠方
☑**distant** [dístənt／ディスタント]　形離れた，遠い
☑**divide** [diváid／ディヴァイド]　動分ける，分かれる，割る
☑**do** [dúː／ドゥー]　動する　助〔疑問文，否定文，強勢文などに用いる〕
☑**doctor** [dɑ́ktər／ダクタ]　名医者，博士

☑**does** [dΛz／ダズ]　動助doの3人称・単数・現在形
☑**dog** [dɔ́ːg／ドーグ]　名犬
☑**doll** [dɑ́l／ダル]　名人形
☑**dollar** [dɑ́lər／ダラ]　名ドル
☑**door** [dɔ́ːr／ドーア]　名戸，入口
☑**double** [dΛbl／ダブル]　名2倍　動2倍にする　形2倍の　副2倍に
☑**doubt** [dáut／ダウト]　名疑い　動疑う
☑**down** [dáun／ダウン]　形下りの　副下へ，下に　前〜を下って
☑**downstairs** [dáunstéərz／ダウンステアズ]　副階下へ〔で〕
☑**downtown** [dáuntáun／ダウンタウン]　名中心街，商業地区　形商業地区の　副商業地区に〔へ，で〕
☑**dozen** [dΛzn／ダズン]　名1ダース，12個
☑**Dr.** [dɑ́ktər／ダクタ]　名〔doctorの略〕博士
☑**drama** [drɑ́ːmə／ドゥラーマ]　名劇，演劇
☑**draw** [drɔ́ː／ドゥロー]　動（絵や図を）描く，（カーテンなどを）引く
☑**dream** [dríːm／ドゥリーム]　名夢　動夢を見る
☑**dress** [drés／ドゥレス]　名（婦人，子供の）服，ドレス　動服を着せる
☑**drink** [dríŋk／ドゥリンク]　名飲み物　動飲む
☑**drive** [dráiv／ドゥライヴ]　名ドライブ　動運転する，追いだす
☑**driver** [dráivər／ドゥライヴァ]　名運転手
☑**drop** [drɑ́p／ドゥラップ]　名しずく，一滴　動落とす，落ちる
☑**drugstore** [drΛgstɔ̀ːr／ドゥラッグストーア]　名ドラッグストア
☑**drum** [drΛm／ドゥラム]　名太鼓，ドラム　動どんどんたたく
☑**dry** [drái／ドゥライ]　動乾かす，ふく，乾く，しなびる　形乾いた，雨の降らない
☑**duck** [dΛk／ダック]　名カモ，アヒル（の類）
☑**during** [djúəriŋ／デュアリング]　前〜の間に，〜の間ずっと
☑**duty** [djúːti／デューティー]　名義務，本分，職務

E

☑**each** [íːtʃ／イーチ]　代各自，めいめい　形めいめいの
☑**ear** [íər／イア]　名耳
☑**early** [ɔ́ːrli／ア〜リ]　形（時期，時間が）早い，初期の，遠い昔の　副（時間的に）早く，大昔に
☑**earn** [ɔ́ːrn／ア〜ン]　動かせぐ，（生計を）立てる，もうける
☑**earring** [íərriŋ／イアリング]　名イヤリング，耳飾り

☐**earth** [ə́:rθ／ア～ス]　名地球，土地

☐**earthquake** [ə́:rθkwèik／
　ア～スクウェイク]　名地震

☐**east** [íːst／イースト]　名東，〔the E-〕東洋

☐**eastern** [íːstərn／イースタン]　形東の

☐**easy** [íːzi／イーズィ]　形容易な

☐**eat** [íːt／イート]　動食べる，食事をする

☐**edge** [édʒ／エッヂ]　名端，ふち，きわ

☐**egg** [ég／エッグ]　名卵

☐**eight** [éit／エイト]　名8
　形8の

☐**eighteen** [èitíːn／エイティーン]　名18
　形18の

☐**eighth** [éitθ／エイトス]　名第8
　形第8の

☐**eighty** [éiti／エイティ]　名80
　形80の

☐**either** [íːðər／イーザ]　代（2つのうち）どちらでも，どちらか
　形（2つのうち）どちらかの
　副〔否定文で〕～もまた

☐**elbow** [élbou／エルボウ]　名ひじ
　動ひじで押す

☐**elect** [ilékt／イレクト]　動選挙する，選ぶ

☐**electric** [iléktrik／イレクトゥリック]　形電気の

☐**elephant** [éləfənt／エレファント]　名象

☐**elevator** [éləvèitər／エレヴェイタ]　名エレベーター

☐**eleven** [ilévn／イレヴン]　名11
　形11の

☐**eleventh** [ilévnθ／イレヴンス]　名第11
　形第11の

☐**else** [éls／エルス]　形その他の
　副その他に

☐**empty** [émpti／エンプティ]　動からにする
　形からの

☐**end** [énd／エンド]　名終わり，端，目的
　動終わる

☐**energy** [énərdʒi／エナヂィ]　名精力，活動力，エネルギー

☐**engine** [éndʒin／エンヂン]　名エンジン，機関，機関車

☐**engineer** [èndʒəníər／エンヂニア]　名技師，機関士

☐**England** [íŋglənd／イングランド]　名イギリス

☐**English** [íŋgliʃ／イングリッシ]　名英語
　形英国の，英語の

☐**Englishman** [íŋgliʃmən／
　イングリッシマン]　名イギリス人

☐**enjoy** [indʒɔ́i／インヂョイ]　動楽しむ

☐**enough** [ináf／イナフ]　形十分な
　副十分に，（～する）ほどに

☐**enter** [éntər／エンタ]　動（～に）入る

☐**equal** [íːkwəl／イークウォル]　動～に等しい
　形等しい，平等の

☐**eraser** [iréisər／イレイサ]　名消しゴム，黒板ふき

☐**escalator** [éskəlèitər／エスカレイタ]　名エスカレーター

☐**escape** [iskéip／イスケイプ]　名逃亡，脱出
　動逃げる，免れる

☐**especially** [ispéʃəli／イスペシャリ]　副特に，とりわけ

☐**etc.** [etsétərə／エトセトラ]　略～など，その他

☐**Europe** [júərəp／ユアラプ]　名ヨーロッパ

☐**European** [jùərəpíːən／
　ユアラピーアン]　形ヨーロッパの，ヨーロッパ人の
　名ヨーロッパ人

☐**even** [íːvn／イーヴン]　形平らな
　副～でさえ

☐**evening** [íːvniŋ／イーヴニング]　名夕方

☐**ever** [évər／エヴァ]　副〔疑問文・否定文・条件文で〕いつか，かつて，これまでに

☐**every** [évri／エヴリ]　形あらゆる，どの～もみな，～ごとに

☐**everybody** [évribàdi／エヴリバディ]　代だれでも

☐**everyday** [évridèi／エヴリデイ]　形毎日の，ふだんの

☐**everyone** [évriwàn／エヴリワン]　代だれでも

☐**everything** [évriθiŋ／エヴリスィング]　代なんでも

☐**everywhere** [évrihwèər／
　エヴリ（ホ）ウェア]　副どこでも

☐**exam** [igzǽm／イグザァム]　名試験

☐**examination** [igzæminéiʃn／
　イグザァミネイシャン]　名検査，試験

☐**example** [igzǽmpl／イグザァンプル]　名例，手本，見本

☐**except** [iksépt／イクセプト]　前～のほかは

☐**excite** [iksáit／イクサイト]　動興奮させる，（感情を）起こさせる

☐**exciting** [iksáitiŋ／イクサイティング]　形はらはらするような，興奮させる

☐**excuse** 名[ikskjúːs／イクスキュース]　名弁解，口実
　動[ikskjúːz／イクスキューズ]　動許す

☐**exercise** [éksərsàiz／エクササイズ]　名運動，練習，練習問題

☐**expect** [ikspékt／イクスペクト]　動予期する，期待する

☐**expensive** [ikspénsiv／
　イクスペンスィヴ]　形費用のかかる，高価な

☐**explain** [ikspléin／イクスプレイン]　動説明する，弁明する

☐**eye** [ái／アイ]　名目

F

☐**face** [féis／フェイス]　名顔

☐**fact** [fǽkt／ファクト]　名真相，実態，事実

☐**factory** [fǽktəri／ファクトリ]　名工場

☐**fail** [féil／フェイル]　動失敗する

☐**fair** [féər／フェア]　形公平な，かなりの，きれいな
　副公正に，見事に

☐**fall** [fɔ́ːl／フォール]　名秋
　動落ちる，倒れる

☐**false** [fɔ́ːls／フォールス]　形間違った，うその，本物でない

☐**family** [fǽməli／ファミリ]　名家族

☐**famous** [féiməs／フェイマス]　形有名な

☐**fan** [fǽn／ファン]　名うちわ，ファン
　動あおぐ

☐**far** [fáːr／ファー]　形遠い
　副遠く，ずっと

☐**farm** [fáːrm／ファーム]　名農場

☐**farmer** [fáːrmər／ファーマ]　名農場主，農夫

☐**fashion** [fǽʃn／ファシャン]　名流行，方法

☑ **fast** [fǽst／ファスト]	形速い，（時計が）進んでいる 副速く
☑ **fat** [fǽt／ファット]	形太った，脂肪の多い
☑ **father** [fáːðər／ファーザ]	名父
☑ **favorite** [féivərit／フェイヴァリット]	名お気に入りの人〔物〕 形お気に入りの
☑ **fear** [fíər／フィア]	名恐怖 動恐れる，危ぶむ，心配する
☑ **February** [fébrueri／フェブルエリ]	名2月（略：Feb.）
☑ **feel** [fíːl／フィール]	動感ずる，さわる
☑ **feeling** [fíːliŋ／フィーリング]	名感覚，気分
☑ **feet** [fíːt／フィート]	名footの複数形
☑ **fellow** [félou／フェロウ]	名人，男，仲間
☑ **fence** [féns／フェンス]	名フェンス，囲い，柵
☑ **fever** [fíːvər／フィーヴァ]	名熱，熱病，熱中
☑ **few** [fjúː／フュー]	形～しかない，（a をつけて）いくらかの
☑ **field** [fíːld／フィールド]	名野原，畑，競技場，分野
☑ **fifteen** [fìftíːn／フィフティーン]	名15 形15の
☑ **fifth** [fífθ／フィフス]	名第5 形第5の
☑ **fifty** [fífti／フィフティ]	名50 形50の
☑ **fight** [fáit／ファイト]	名戦い，闘志 動戦う，奮闘する
☑ **fill** [fíl／フィル]	動満たす，みちる
☑ **film** [fílm／フィルム]	名フィルム，映画
☑ **final** [fáinl／ファイヌル]	名決勝戦 形最後の，最終的な
☑ **find** [fáind／ファインド]	動見つける，わかる
☑ **fine** [fáin／ファイン]	形りっぱな，晴れた，元気な
☑ **finger** [fíŋgər／フィンガ]	名指
☑ **finish** [fíniʃ／フィニッシ]	動終える，仕上げる，終わる
☑ **fire** [fáiər／ファイア]	名火，火事
☑ **first** [fə́ːrst／ファ～スト]	名第1 形第1の 副第1に
☑ **fish** [fíʃ／フィッシ]	名魚
☑ **five** [fáiv／ファイヴ]	名5 形5の
☑ **fix** [fíks／フィックス]	動固定する，すえる，整える，修理する
☑ **flag** [flǽg／フラァッグ]	名旗
☑ **floor** [flɔ́ːr／フローア]	名床，～階
☑ **flow** [flóu／フロウ]	名流れ 動流れる
☑ **flower** [fláuər／フラウア]	名花
☑ **fly** [flái／フライ]	名ハエ 動飛ぶ
☑ **fog** [fág／ファッグ]	名霧，濃霧 動霧でつつまれる
☑ **folk** [fóuk／フォウク]	名人々，家族
☑ **follow** [fálou／ファロウ]	動～に続く，～のあとを継ぐ，従う

☑ **following** [fálouiŋ／ファロウイング]	名次に述べる〔記す〕もの 形次の，以下の
☑ **fond** [fánd／ファンド]	形～が好きで
☑ **food** [fúːd／フード]	名食物
☑ **fool** [fúːl／フール]	名ばか者
☑ **foolish** [fúːliʃ／フーリッシ]	形ばかな，愚かな
☑ **foot** [fút／フット]	名足，ふもと
☑ **football** [fútbɔːl／フットボール]	名フットボール
☑ **for** [fɔ́ːr／フォーア]	前～のために，～を求めて，～向けの，～に対して，～にとって，～の間 接なぜならば
☑ **foreign** [fɔ́ːrin／フォーリン]	形外国の
☑ **foreigner** [fɔ́ːrinər／フォーリナ]	名外国人
☑ **forest** [fɔ́ːrist／フォーレスト]	名森林，山林
☑ **forget** [fərgét／フォゲット]	動忘れる
☑ **fork** [fɔ́ːrk／フォーク]	名フォーク
☑ **form** [fɔ́ːrm／フォーム]	名形，姿，方式，用紙 動形づくる
☑ **forty** [fɔ́ːrti／フォーティ]	名40 形40の
☑ **forward** [fɔ́ːrwərd／フォーワド]	副前方に〔へ〕，先に〔へ〕
☑ **four** [fɔ́ːr／フォーア]	名4 形4の
☑ **fourteen** [fɔ̀ːrtíːn／フォーティーン]	名14 形14の
☑ **fourth** [fɔ́ːrθ／フォース]	名第4 形第4の
☑ **fox** [fáks／ファックス]	名キツネ
☑ **France** [frǽns／フラァンス]	名フランス
☑ **free** [fríː／フリー]	形自由な，暇な
☑ **French** [fréntʃ／フレンチ]	名フランス語 形フランスの，フランス語〔人〕の
☑ **Frenchman** [fréntʃmən／フレンチマン]	名（1人の）フランス人
☑ **fresh** [fréʃ／フレッシ]	形新鮮な
☑ **Friday** [fráidei／フライデイ]	名金曜日（略：Fri.）
☑ **fridge** [frídʒ／フリッヂ]	名冷蔵庫
☑ **friend** [frénd／フレンド]	名友人
☑ **friendly** [fréndli／フレンドリ]	形親しみやすい，親切な，好意的な
☑ **frog** [frág／フラッグ]	名カエル
☑ **from** [frám／フラム]	前～から
☑ **front** [fránt／フラント]	形正面の 副前部，正面
☑ **fruit** [frúːt／フルート]	名くだもの
☑ **fry** [frái／フライ]	名揚げ物 動油でいためる〔揚げる〕
☑ **full** [fúl／フル]	形～でいっぱいの
☑ **fun** [fʌ́n／ファン]	名楽しみ，おもしろいこと
☑ **funny** [fʌ́ni／ファニ]	形おかしい，おもしろい，変な
☑ **fur** [fə́ːr／ファ～]	名毛皮，毛皮製品
☑ **furniture** [fə́ːrnitʃər／ファ～ニチャ]	名家具
☑ **future** [fjúːtʃər／フューチャ]	名未来，将来 形未来の

G

☐**game** [géim／ゲイム]　　名試合，ゲーム遊び，競技，勝負

☐**garage** [gərá:ʒ／ガラージ]　　名車庫，ガレージ

☐**garden** [gá:rdn／ガードゥン]　　名庭，花園

☐**gas** [gǽs／ギァス]　　名ガス，ガソリン

☐**gasoline** [gǽsəlì:n／ギャソリーン]　　名ガソリン

☐**gate** [géit／ゲイト]　　名門

☐**gather** [gǽðər／ギァザ]　　動集める，摘む，集まる

☐**gentle** [dʒéntl／ヂェントゥル]　　形おとなしい，やさしい，穏かな

☐**gentleman** [dʒéntlmən／ヂェントゥルマン]　　名紳士

☐**German** [dʒə́:rmən／ヂャ〜マン]　　名ドイツ語，ドイツ人　形ドイツの，ドイツ語の，ドイツ人の

☐**Germany** [dʒə́:rməni／ヂャ〜マニ]　　名ドイツ

☐**gesture** [dʒéstʃər／ヂェスチャ]　　名身ぶり，そぶり　動身ぶりをする

☐**get** [gét／ゲット]　　動得る，買う，理解する

☐**gift** [gíft／ギフト]　　名贈り物，特殊な才能

☐**girl** [gə́:rl／ガ〜ル]　　名女の子，少女

☐**give** [gív／ギヴ]　　動与える，渡す

☐**glad** [glǽd／グラァッド]　　形うれしい，喜んで

☐**glass** [glǽs／グラァス]　　名ガラス，コップ

☐**glasses** [glǽsiz／グラァスィズ]　　名めがね

☐**glove** [glʌ́v／グラヴ]　　名手袋，グローブ

☐**go** [góu／ゴウ]　　動行く

☐**goal** [góul／ゴウル]　　名目標，目的地，ゴール，決勝点

☐**god** [gád／ガッド]　　名神，〔G-〕(キリスト教の)神

☐**gold** [góuld／ゴウルド]　　名金，金貨　形金の，金製の

☐**golden** [góuldən／ゴウルドゥン]　　形金色の，貴重な

☐**golf** [gálf／ガルフ]　　名ゴルフ

☐**good** [gúd／グッド]　　形よい，ためになる

☐**good-by(e)** [gùdbái／グッ(ド)バイ]　　間さようなら

☐**grade** [gréid／グレイド]　　名等級，程度，学年　動等級をつける

☐**gram** [grǽm／グラァム]　　名グラム

☐**grandchild** [grǽntʃàild／グラァンチャイルド]　　名孫

☐**grandfather** [grǽndfà:ðər／グラァン(ド)ファーザ]　　名祖父

☐**grandmother** [grǽndmʌ̀ðər／グラァン(ド)マザ]　　名祖母

☐**grape** [gréip／グレイプ]　　名ブドウ

☐**grass** [grǽs／グラァス]　　名草，芝生

☐**gray** [gréi／グレイ]　　名灰色　形灰色の，陰気な，白髪の

☐**great** [gréit／グレイト]　　形偉大な，重要な

☐**Greece** [grí:s／グリース]　　名ギリシャ

☐**Greek** [grí:k／グリーク]　　名ギリシャ人〔語〕　形ギリシャの，ギリシャ人〔語〕の

☐**green** [grí:n／グリーン]　　名緑　形緑色の

☐**greeting** [grí:tiŋ／グリーティング]　　名あいさつ

☐**grocery** [gróusəri／グロウサリ]　　名食料雑貨類〔店〕

☐**ground** [gráund／グラウンド]　　名地面，土地，運動場

☐**group** [grú:p／グループ]　　名集団

☐**grow** [góu／グロウ]　　動成長する，〜になる，栽培する

☐**grown-up** 名[gróunʌ̀p／グロウンアップ]　　名大人　形[gróunʌ́p／グロウンアップ]　　形大人の

☐**guard** [gá:rd／ガード]　　名番人，見張り，警戒　動守る，番をする

☐**guess** [gés／ゲス]　　名推量，憶測　動推量する，思う

☐**guest** [gést／ゲスト]　　名客，ゲスト

☐**guide** [gáid／ガイド]　　名ガイド，案内書　動案内する，助言を与える，指導する

☐**guitar** [gitá:r／ギター]　　名ギター

☐**gun** [gʌ́n／ガン]　　名銃，大砲

☐**gym** [dʒím／ヂム]　　名体育館，体育

☐**gymnasium** [dʒimnéiziəm／ヂムネイズィアム]　　名体育館

H

☐**habit** [hǽbit／ハァビット]　　名癖，習慣

☐**had** [hǽd／ハァド]　　動助have, has の過去・過去分詞形

☐**hair** [héər／ヘア]　　名毛，髪

☐**haircut** [héərkʌ̀t／ヘアカット]　　名散髪

☐**half** [hǽf／ハァフ]　　名半分，2分の1

☐**hall** [hɔ́:l／ホール]　　名広間，廊下，会館

☐**ham** [hǽm／ハァム]　　名ハム

☐**hamburger** [hǽmbə̀:rgər／ハァンバ〜ガ]　　名ハンバーガー

☐**hand** [hǽnd／ハァンド]　　名手

☐**handbag** [hǽndbæg／ハァンドバッグ]　　名ハンドバッグ

☐**handkerchief** [hǽŋkərtʃif／ハァンカチフ]　　名ハンカチ

☐**handsome** [hǽnsəm／ハァンサム]　　名顔立ちの美しい，立派な

☐**hang** [hǽŋ／ハァング]　　動かける，吊るす，ぶら下がる

☐**happen** [hǽpn／ハァプン]　　動(偶然に)起こる

☐**happiness** [hǽpinəs／ハァピネス]　　名幸福，満足

☐**happy** [hǽpi／ハァピ]　　形幸福な，うれしい，楽しい

☐**hard** [há:rd／ハード]　　形堅い，むずかしい，熱心な　副一生懸命に，激しく，熱心に

☐**hardly** [há:rdli／ハードリ]　　副ほとんど〜でない

☐**has** [hǽz／ハァズ]　　動助haveの3人称・単数・現在形

☐**hat** [hǽt／ハァット]　　名(縁のある)帽子

☐**have** [hǽv／ハァヴ]　　動持っている，食べる，飲む　助〔過去分詞と結合して完了形をつくる〕

☐**Hawaii** [həwáii:／ハワイイー]　　名ハワイ

☐**he** [hí:／ヒー]　　代彼は，彼が

☐**head** [héd／ヘッド]　　名頭，頭脳，かしら

☑**headache** [hédèik／ヘッドエイク] 名頭痛，悩みの種

☑**health** [hélθ／ヘルス] 名健康，健康状態

☑**healthy** [hélθi／ヘルスィ] 形健康な，健全な

☑**hear** [híər／ヒア] 動聞く，聞こえる

☑**heart** [háːrt／ハート] 名心臓，心，中心

☑**heat** [híːt／ヒート] 名熱
動熱くする，暖める

☑**heater** [híːtər／ヒータ] 名暖房装置，電熱器，ヒーター

☑**heavy** [hévi／ヘヴィ] 形重い

☑**heel** [híːl／ヒール] 名かかと

☑**helicopter** [hélikὰptər／ヘリカプタ] 名ヘリコプター

☑**hello** [helóu／ヘロウ] 間（電話をかけるときの）もしもし，やあ（あいさつ）

☑**helmet** [hélmit／ヘルメット] 名ヘルメット，かぶと

☑**help** [hélp／ヘルプ] 動助ける，手伝う

☑**hen** [hén／ヘン] 名めんどり

☑**her** [háːr／ハ～] 代彼女の〔に，を〕

☑**here** [híər／ヒア] 副ここに〔へ，で〕

☑**hero** [híːrou／ヒーロウ] 名英雄，主人公

☑**hers** [háːrz／ハ～ズ] 代彼女のもの

☑**herself** [hərsélf／ハセルフ] 代彼女自身

☑**hi** [hái／ハイ] 間やあ，こんにちは

☑**hide** [háid／ハイド] 動隠す，隠れる

☑**high** [hái／ハイ] 形高い
副高く

☑**highway** [háiwèi／ハイウェイ] 名幹線道路，ハイウェイ

☑**hike** [háik／ハイク] 名ハイキング
動ハイキングをする

☑**hill** [híl／ヒル] 名小山，丘，坂

☑**him** [hím／ヒム] 代彼を，彼に

☑**himself** [himsélf／ヒムセルフ] 代彼自身

☑**hint** [hínt／ヒント] 名ヒント，暗示，注意
動ほのめかす，それとなく知らせる

☑**his** [híz／ヒズ] 代彼の，彼のもの

☑**history** [hístəri／ヒスタリ] 名歴史，経歴

☑**hit** [hít／ヒット] 動打つ，ぶつかる

☑**hobby** [hάbi／ハビ] 名趣味

☑**hold** [hóuld／ホウルド] 動持つ，催す

☑**hole** [hóul／ホウル] 名穴

☑**holiday** [hάlədèi／ハリデイ] 名休日

☑**home** [hóum／ホウム] 名家庭，家
副家に，本国に

☑**homework** [hóumwὲːrk／ホウムワ～ク] 名宿題

☑**honest** [άnist／アネスト] 形正直な

☑**honey** [hΛni／ハニ] 名はちみつ

☑**hope** [hóup／ホウプ] 名希望
動望む

☑**horse** [hɔ́ːrs／ホース] 名馬

☑**hospital** [hάspitl／ハスピトゥル] 名病院

☑**host** [hóust／ホウスト] 名主人，主人役

☑**hostess** [hóustəs／ホウステス] 名女主人，女主人役

☑**hot** [hάt／ハット] 形暑い，辛い

☑**hotel** [houtél／ホウテル] 名ホテル

☑**hour** [áuər／アウア] 名時間，時刻

☑**house** [háus／ハウス] 名家

☑**housewife** [háuswàif／ハウスワイフ] 名主婦

☑**housework** [háuswὲːrk／ハウスワ～ク] 名家事

☑**how** [háu／ハウ] 副どのようにして，どれほど，どうして

☑**hundred** [hΛndrəd／ハンドゥレッド] 名100
形100の

☑**hunger** [hΛŋgər／ハンガ] 名飢え，熱望

☑**hungry** [hΛŋgri／ハングリ] 形空腹の，飢えた

☑**hunt** [hΛnt／ハント] 動狩りをする，あさる

☑**hunter** [hΛntər／ハンタ] 名狩人，猟師

☑**hurry** [háːri／ハ～リ] 名急ぎ
動急ぐ

☑**hurt** [háːrt／ハ～ト] 名傷，けが
動傷つける，痛む
形けがをした

☑**husband** [hΛzbənd／ハズバンド] 名夫

I

☑**I** [ái／アイ] 代私は〔が〕

☑**ice** [áis／アイス] 名氷

☑**idea** [aidíːə／アイディーア] 名考え，着想，意見

☑**idle** [áidl／アイドゥル] 動ぶらぶら過ごす
形遊んでいる，暇な，怠惰な

☑**if** [íf／イフ] 接もし～ならば，～かどうか

☑**ill** [íl／イル] 形病気の

☑**illness** [ílnəs／イルネス] 名病気

☑**imagine** [imǽdʒin／イマァヂン] 動想像する，思う

☑**important** [impɔ́ːrtnt／インポータント] 形重要な

☑**impossible** [impάsəbl／インパスィブル] 形あり得ない，不可能な

☑**in** [ín／イン] 前～の中に〔の，で〕

☑**inch** [íntʃ／インチ] 名インチ

☑**indeed** [indíːd／インディード] 副実に，本当に

☑**India** [índiə／インディア] 名インド

☑**Indian** [índiən／インディアン] 名アメリカインディアン，インド人
形インディアンの，インドの，インド人の

☑**indoor** [índɔ̀ːr／インドーア] 形屋内の，室内の

☑**information** [ìnfərméiʃn／インフォメイシャン] 名情報，知識，案内

☑**ink** [íŋk／インク] 名インク

☑**inn** [ín／イン] 名宿屋

☑**insect** [ínsekt／インセクト] 名昆虫

☑**inside** [insáid／インサイド] 名内側
前～の内部に

☑**interest** [íntərəst／インタレスト] 名興味，関心，利息
動興味をもたせる

☑**interesting** [íntərəstiŋ／インタレスティング] 形おもしろい，興味のある

☑**international** [ìntərnǽʃənl／インタナァショヌル] 形国際的な，国家間の

☑**into** [íntu:／イントゥー] 前～の中へ

☑**introduce** [intrədjúːs／イントゥロデュース] 動紹介する，導入する

☑**invent** [invént／インヴェント] 動発明する

☐**invention** [invénʃn／インヴェンシャン]　名発明，発明品

☐**invitation** [ìnvitéiʃn／インヴィテイシャン]　名招待，招待状

☐**invite** [inváit／インヴァイト]　動招待する

☐**iron** [áiərn／アイアン]　名鉄，アイロン　動アイロンをかける　形鉄（製）の

☐**is** [íz／イズ]　動～である，いる

☐**island** [áilənd／アイランド]　名島

☐**it** [ít／イット]　代それは〔が〕，それに〔を〕

☐**Italian** [itǽljən／イタァリャン]　名イタリア人，イタリア語　形イタリアの，イタリア人〔語〕の

☐**Italy** [ítəli／イタリ]　名イタリア

☐**its** [íts／イッツ]　代その

☐**itself** [itsélf／イトセルフ]　代それ自身

J

☐**jacket** [dʒǽkit／ヂァケット]　名上衣，ジャケット

☐**jam** [dʒǽm／ヂァム]　名ジャム

☐**January** [dʒǽnjuèri／ヂァニュエリ]　名1月（略：Jan.）

☐**Japan** [dʒəpǽn／ヂァパァン]　名日本　〔j-〕漆器

☐**Japanese** [dʒæpəníːz／ヂァパニーズ]　名日本人，日本語　形日本の，日本人〔語〕の

☐**jaw** [dʒɔ́ː／ヂョー]　名あご

☐**jazz** [dʒǽz／ヂァズ]　名ジャズ

☐**jeans** [dʒíːnz／ヂーンズ]　名ジーンズ，ジーパン

☐**jet** [dʒét／ヂェット]　名ジェット機，噴出

☐**job** [dʒáb／ヂャブ]　名仕事

☐**join** [dʒɔ́in／ヂョイン]　動結合する，つなぐ，～に加わる

☐**joke** [dʒóuk／ヂョウク]　名冗談　動冗談を言う

☐**journey** [dʒə́ːrni／ヂャ～ニ]　名旅行

☐**joy** [dʒɔ́i／ヂョイ]　名喜び

☐**joyful** [dʒɔ́ifl／ヂョイフル]　形喜ばしい，喜んでいる

☐**judge** [dʒʌ́dʒ／ヂャッヂ]　名裁判官，審判，審査員，判定　動裁判する，審査する，判断する

☐**juice** [dʒúːs／ヂュース]　名ジュース

☐**July** [dʒulái／ヂュライ]　名7月（略：Jul.）

☐**jump** [dʒʌ́mp／ヂャンプ]　名跳躍，ジャンプ　動跳ぶ

☐**June** [dʒúːn／ヂューン]　名6月（略：Jun.）

☐**junior** [dʒúːnjər／ヂューニャ]　名年少者　形年下の

☐**just** [dʒʌ́st／ヂャスト]　形正しい，適正な　副ちょうど，まさに，きっかり

K

☐**keep** [kíːp／キープ]　動保つ，飼う，取っておく，守る，預かる

☐**keeper** [kíːpər／キーパ]　名番人，管理人，記録係

☐**kettle** [kétl／ケトゥル]　名やかん

☐**key** [kíː／キー]　名鍵

☐**kick** [kík／キック]　名けること，足げ　動ける

☐**kill** [kíl／キル]　動殺す，（時間）をつぶす

☐**kilogram** [kíləgræm／キログラァム]　名キログラム

☐**kilometer** [kilámitər／キラミタ]　名キロメートル

☐**kind** [káind／カインド]　名種類　形親切な

☐**kindness** [káindnəs／カインドネス]　名親切，親切な行為

☐**king** [kíŋ／キング]　名王

☐**kiss** [kís／キス]　名キス　動キスをする

☐**kitchen** [kítʃən／キチン]　名台所

☐**knee** [níː／ニー]　名ひざ

☐**knife** [náif／ナイフ]　名ナイフ

☐**knit** [nít／ニット]　動編む

☐**knock** [nák／ナック]　名ノック　動打つ，叩く，ノックする

☐**know** [nóu／ノウ]　動知る，知っている，分っている

☐**Korea** [kəríːə／コリーア]　名韓国，朝鮮

☐**Korean** [kəríːən／コリーアン]　名韓国〔朝鮮〕人，韓国〔朝鮮〕語　形韓国〔朝鮮〕の，韓国〔朝鮮〕人〔語〕の

L

☐**ladder** [lǽdər／ラァダ]　名はしご，手段

☐**lady** [léidi／レイディ]　名婦人

☐**lake** [léik／レイク]　名湖

☐**lamb** [lǽm／ラァム]　名子羊，子羊の肉

☐**lamp** [lǽmp／ラァンプ]　名ランプ，あかり，灯火

☐**land** [lǽnd／ラァンド]　名陸地，土地，国土　動上陸する，着陸する

☐**language** [lǽŋgwidʒ／ラァングウィッヂ]　名言語，ことば，国語

☐**large** [láːrdʒ／ラーヂ]　形大きい，多量の

☐**last** [lǽst／ラァスト]　形最後の　副最後に

☐**late** [léit／レイト]　形遅い　副遅く

☐**lately** [léitli／レイトリ]　副近ごろ，最近

☐**later** [léitər／レイタ]　形〔late の比較級〕あとの　副あとで

☐**latest** [léitist／レイテスト]　形最近の，一番遅い

☐**laugh** [lǽf／ラァフ]　名笑い　動笑う

☐**laundry** [lɔ́ːndri／ローンドゥリ]　名洗たく物，洗たく屋

☐**law** [lɔ́ː／ロー]　名法律，規則，法則

☐**lay** [léi／レイ]　動横たえる，（卵を）産む

☐**lazy** [léizi／レイズィ]　形怠惰な，ものぐさな

☐**lead** [líːd／リード]　動導く，先頭に立つ，ぬきんでる

☐**leader** [líːdər／リーダ]　名指導者，統率者

☐**leaf** [líːf／リーフ]　名（木や草の）葉

☐**learn** [lə́ːrn／ラ～ン]　動学ぶ，知る

☐**least** [líːst／リースト]　名最小，最小限度　形最小の　副もっとも少なく

☐**leave** [líːv／リーヴ]　動去る，置いていく

☑**left** [léft／レフト]	名左 形左の 副左に
☑**leg** [lég／レッグ]	名脚
☑**lemon** [lémən／レモン]	名レモン
☑**lend** [lénd／レンド]	動貸す
☑**less** [lés／レス]	形より少ない 副より少なく
☑**lesson** [lésn／レスン]	名(教科書の)課，授業
☑**let** [lét／レット]	動～させる，〔Let's ～で〕さあ～しよう
☑**letter** [létər／レタ]	名手紙，文字
☑**library** [láibreri／ライブレリ]	名図書館
☑**lie** [lái／ライ]	名嘘 動横たわる 動嘘をつく
☑**life** [láif／ライフ]	名生活，人生，生命
☑**lift** [líft／リフト]	名持ち上げること，リフト 動持ち上げる
☑**light** [láit／ライト]	名光，電灯 形軽い，明るい
☑**lightning** [láitniŋ／ライトニング]	名稲光，稲妻，雷
☑**like** [láik／ライク]	動好む 前～に似た，～のような
☑**lily** [líli／リリ]	名ゆり
☑**line** [láin／ライン]	名線，(文字の)行，行列，ひも
☑**lion** [láiən／ライアン]	名ライオン
☑**lip** [líp／リップ]	名くちびる
☑**list** [líst／リスト]	名表，目録 動名簿〔目録〕に記入する
☑**listen** [lísn／リスン]	動聞く
☑**little** [lítl／リトゥル]	形小さい，少ない 形副ほとんどない，〔a をつけて〕少しはある
☑**live** [lív／リヴ]	動生活する，住む，暮らす 形生きている，生の
☑**living** [líviŋ／リヴィング]	名生活，生計 形生命のある
☑**loaf** [lóuf／ロウフ]	名(パンの)ひとかたまり，ローフ
☑**locker** [lákər／ラカ]	名ロッカー
☑**London** [lándən／ランダン]	名ロンドン
☑**lonely** [lóunli／ロウンリ]	形孤独の，さびしい
☑**long** [lɔ́ːŋ／ローング]	形長い 副長く
☑**look** [lúk／ルック]	名見ること，様子 動見る，～に見える
☑**lose** [lúːz／ルーズ]	動失う，負ける
☑**lot** [lát／ラット]	名たくさん 〔a ～ of〕たくさんの
☑**loud** [láud／ラウド]	形騒々しい，(声や音が)大きい 副大声で
☑**loudly** [láudli／ラウドリ]	副大声で，騒々しく
☑**love** [lʌ́v／ラヴ]	名愛 動愛する
☑**lovely** [lʌ́vli／ラヴリ]	形かわいらしい，すばらしい

☑**low** [lóu／ロウ]	形低い 副低く
☑**luck** [lʌ́k／ラック]	名運，幸運
☑**lucky** [lʌ́ki／ラキ]	形幸運の
☑**lunch** [lʌ́ntʃ／ランチ]	名昼食，弁当 動昼食を食べる

M

☑**ma'am** [mǽm／マァム]	名〔madam の短縮形〕奥様
☑**machine** [məʃíːn／マシーン]	名機械
☑**mad** [mǽd／マッド]	形気の狂った，熱狂した，怒った
☑**madam** [mǽdəm／マァダム]	名奥様
☑**magazine** [mǽgəzìːn／マァガズィーン]	名雑誌，弾倉
☑**magic** [mǽdʒik／マァヂック]	名魔法，奇術，不思議な力
☑**mail** [méil／メイル]	名郵便(物) 動郵送する
☑**mailbox** [méilbàks／メイルバックス]	名郵便受け，ポスト
☑**main** [méin／メイン]	形主要な
☑**major** [méidʒər／メイヂャ]	名専攻科目 形大きな，多数の，専門の
☑**make** [méik／メイク]	動作る，～させる，～を…にする
☑**maker** [méikər／メイカ]	名作る人，製作者，製造業者
☑**mall** [mɔ́ːl／モール]	名歩行者天国，ショッピングセンター
☑**man** [mǽn／マァン]	名男，人間
☑**manager** [mǽnidʒər／マァネヂャ]	名支配人，経営者
☑**manner** [mǽnər／マァナ]	名方法，やり方 〔-s〕風習，作法
☑**many** [méni／メニ]	形多くの
☑**map** [mǽp／マァップ]	名地図
☑**march** [máːrtʃ／マーチ]	名行進，行進曲 動行進する
☑**March** [máːrtʃ／マーチ]	名3月(略：Mar.)
☑**mark** [máːrk／マーク]	名しるし，目標，点数 動しるしをつける，注目する
☑**market** [máːrkit／マーケット]	名市場
☑**marry** [mǽri／マァリ]	動結婚する
☑**master** [mǽstər／マァスタ]	名主人
☑**match** [mǽtʃ／マァッチ]	名マッチ，試合，(能力などで)対等の人，好敵手 動つり合う
☑**math** [mǽθ／マァス]	名数学
☑**mathematics** [mæθəmǽtiks／マァセマァティックス]	名数学
☑**matter** [mǽtər／マァタ]	名事柄，事態，物質
☑**may** [méi／メイ]	助～してもよい，～かもしれない
☑**May** [méi／メイ]	名5月
☑**maybe** [méibiː／メイビー]	副たぶん
☑**me** [míː／ミー]	代私を〔に〕
☑**meal** [míːl／ミール]	名食事
☑**mean** [míːn／ミーン]	動意味する，～のつもりで言う

☑meaning [mí:niŋ／ミーニング] 名意味，意義
☑meat [mí:t／ミート] 名肉
☑mechanic [məkǽnik／メキァニック] 名機械工，職工
☑medicine [médəsn／メディスン] 名薬，医学
☑medium [mí:diəm／ミーディアム] 名手段，媒体，中間
形中くらいの
☑meet [mí:t／ミート] 名競技会
動会う
☑meeting [mí:tiŋ／ミーティング] 名会，集会
☑member [mémbər／メンバ] 名会員
☑memory [méməri／メモリ] 名記憶，思い出，記念
☑men [mén／メン] 名man の複数形
☑mend [ménd／メンド] 動直す，修繕する
☑menu [ménju:／メニュー] 名献立表，食事
☑merchant [mɔ́:rtʃənt／マ〜チャント] 名商人
☑merry [méri／メリ] 形陽気な，快活な
☑message [mésidʒ／メセッヂ] 名伝言，通信
☑metal [métl／メトゥル] 名金属
☑meter [mí:tər／ミータ] 名メートル，（ガス，水道，タクシーなどの）メーター
☑microphone [máikrəfòun／マイクロフォウン] 名マイクロホン，マイク
☑middle [mídl／ミドゥル] 名中央
形中央の，中間の
☑midnight [mídnàit／ミッドナイト] 名午前0時，真夜中の
☑might [máit／マイト] 助may の過去形
☑mild [máild／マイルド] 形温厚な，温和な，まろやかな
☑mile [máil／マイル] 名マイル
☑milk [mílk／ミルク] 名牛乳，ミルク
☑million [míljən／ミリョン] 名100万，多数
☑mind [máind／マインド] 名心，精神，知力
動心にとめる，気にかける，いやがる
☑mine [máin／マイン] 代私のもの
☑minor [máinər／マイナ] 名未成年者
形小さいほうの，二流の
☑minute [mínit／ミニット] 名分，ちょっとの間
☑mirror [mírər／ミラ] 名鏡
☑miss [mís／ミス] 名取り逃がし
動取り逃がす，〜しそこなう，〜がないので寂しく思う
☑Miss [mís／ミス] 名未婚女性の総称
☑missing [mísiŋ／ミスィング] 形行方不明の
☑mistake [mistéik／ミステイク] 名誤り，まちがい
動まちがえる，思い違いをする
☑mix [míks／ミックス] 名混合
動混ぜる，混ざる
☑model [mádl／マドゥル] 名手本，模型，型，モデル
☑modern [mádərn／マダン] 形現代の，新式の
☑mom [mám／マム] 名ママ，お母さん
☑moment [móumənt／モウメント] 名瞬間
☑Monday [mándèi／マンディ] 名月曜日(略：Mon.)
☑money [máni／マニ] 名お金
☑monkey [máŋki／マンキ] 名サル
☑month [mánθ／マンス] 名(暦の)月
☑moon [mú:n／ムーン] 名月

☑more [mɔ́:r／モーア] 形[many, much の比較級で]もっと多くの
副[much の比較級で]もっと
☑morning [mɔ́:rniŋ／モーニング] 名朝，午前
☑most [móust／モウスト] 形[many, much の最上級で]もっとも多くの
副[much の最上級で]いちばん，もっとも
☑mother [máðər／マザ] 名母
☑motor [móutər／モウタ] 名モーター，発動機
☑Mount [máunt／マウント] 名[山の名の前につけて]〜山
☑mountain [máuntn／マウントゥン] 名山
☑mouse [máus／マウス] 名ネズミ，ハツカネズミ
☑mouth [máuθ／マウス] 名口
☑move [mú:v／ムーヴ] 動動かす，引っ越す
☑movie [mú:vi／ムーヴィ] 名映画
☑Mr. [místər／ミスタ] 名[Mister の略]〜氏，〜さん
☑Mrs. [mísiz／ミスィズ] 名[Mistress の略]〜夫人
☑Ms. [míz／ミズ] 名ミズ[Miss と Mrs. を合わせた女性の敬称]
☑Mt. [máunt／マウント] 名[Mount の略]〜山
☑much [mátʃ／マッチ] 形多量の
副非常に
☑mud [mád／マッド] 名泥
☑museum [mju:zíəm／ミューズィアム] 名博物館，美術館
☑music [mjú:zik／ミューズィック] 名音楽
☑musical [mjú:zikl／ミューズィクル] 名ミュージカル
形音楽の，音楽的な
☑musician [mju:zíʃn／ミューズィシャン] 名音楽家
☑must [mást／マスト] 助〜しなくてはならない，〜にちがいない
☑my [mái／マイ] 代私の
☑myself [maisélf／マイセルフ] 代私自身

N

☑nail [néil／ネイル] 名くぎ，指のつめ
☑name [néim／ネイム] 名名前
動名前をつける
☑narrow [nǽrou／ナァロウ] 形せまい，厳密な，かろうじての
☑nation [néiʃn／ネイシャン] 名国家，国民
☑national [nǽʃnəl／ナァショナル] 形国民の，国家の
☑natural [nǽtʃərəl／ナァチュラル] 形自然の，当然な
☑nature [néitʃər／ネイチャ] 名自然，性質，天性
☑near [níər／ニア] 副近く
前〜の近くに
☑nearly [níərli／ニアリ] 副ほとんど，今少しで
☑necessary [nésəsèri／ネセセリ] 形必要な，欠くことのできない
☑neck [nék／ネック] 名首
☑necklace [nékləs／ネクレス] 名ネックレス，首飾り
☑need [ní:d／ニード] 名必要，入用，欠乏
動必要とする
☑neighbo(u)r [néibər／ネイバ] 名隣人，近所の人，隣席の人

□**neither** [níːðər／ニーザ] 代どちらも～しない
形どちらも～でない
副～でもなく(…でもない)，～も…しない

□**nest** [nést／ネスト] 名巣
□**net** [nét／ネット] 名網
□**never** [névər／ネヴァ] 副決して～ない
□**new** [njúː／ニュー] 形新しい
□**news** [njúːz／ニューズ] 名ニュース
□**newspaper** [njúːzpèipər／ニューズペイパ] 名新聞
□**New York** [njùː jɔ́ːrk／ニューヨーク] 名ニューヨーク
□**next** [nékst／ネクスト] 形次の
副次に
□**nice** [náis／ナイス] 形よい，りっぱな，親切な
□**night** [náit／ナイト] 名夜
□**nine** [náin／ナイン] 名9
形9の
□**nineteen** [nàintíːn／ナインティーン] 名19
形19の
□**ninety** [náinti／ナインティ] 名90
形90の
□**ninth** [náinθ／ナインス] 名第9
形第9の
□**no** [nóu／ノウ] 形(少しも～)ない，だれも～ない
副いいえ
□**No., no.** [nʌ́mbər／ナンバ] 名〔numberの略〕～番，～号
□**noble** [nóubl／ノウブル] 形高貴な，気品のある
□**nobody** [nóubədi／ノウバディ] 代だれも～ない
□**nod** [nád／ナッド] 名うなずき
動うなずく，会釈する
□**noise** [nɔ́iz／ノイズ] 名物音，騒音
□**noisy** [nɔ́izi／ノイズィ] 形やかましい
□**none** [nʌ́n／ナン] 代だれも～ない，ひとつも～ない
□**noon** [núːn／ヌーン] 名正午
□**nor** [nɔ́ːr／ノーア] 接また～でもない
□**north** [nɔ́ːrθ／ノース] 名北
□**northern** [nɔ́ːrðərn／ノーザン] 形北の
□**nose** [nóuz／ノウズ] 名鼻
□**not** [nát／ナット] 副～でない
□**notebook** [nóutbùk／ノウトブック] 名ノート
□**nothing** [nʌ́θiŋ／ナスィング] 名無，ゼロ
代何も～ない，少しも～しない
□**November** [nouvémbər／ノウヴェンバ] 名11月(略：Nov.)
□**now** [náu／ナウ] 名現在
副今
□**number** [nʌ́mbər／ナンバ] 名数(字)，番号
動番号をつける
□**nurse** [nɔ́ːrs／ナ〜ス] 名看護師
□**nut** [nʌ́t／ナット] 名木の実

O

□**obey** [oubéi／オウベイ] 動従う
□**ocean** [óuʃn／オウシャン] 名大洋，海
□**o'clock** [əklák／オクラック] 副～時

□**October** [aktóubər／アクトウバ] 名10月(略：Oct.)
□**of** [ʌ́v／アヴ] 前～の，～という，～のうちの，～について
□**off** [ɔ́ːf／オーフ] 副離れて，向こうに
前～から離れて
□**offer** [ɔ́ːfər／オーファ] 名提供，申し出
動提供する，申し出る
□**office** [ɔ́ːfis／オーフィス] 名事務所，会社，役所
□**often** [ɔ́ːfn／オーフン] 副しばしば
□**oh** [óu／オウ] 間ああ，おお
□**oil** [ɔ́il／オイル] 名油，石油
□**OK, O.K., okay** [òukéi／オウケイ] 形よろしい
副よし，オーケー
□**old** [óuld／オウルド] 形年とった，古い
□**Olympic** [əlímpik／オリンピック] 形オリンピックの
□**on** [án／アン] 前～の上に，～の上で
□**once** [wʌ́ns／ワンス] 副いちど，かつて
□**one** [wʌ́n／ワン] 名1，ひとつ
代人
形ひとつの
□**oneself** [wʌnsélf／ワンセルフ] 代自分で，自分自身を〔に〕
□**onion** [ʌ́njən／アニョン] 名たまねぎ
□**only** [óunli／オウンリ] 形唯一の
副ただ
□**open** [óupn／オウプン] 動開く，始める
形開いている
□**operator** [ápərèitər／アペレイタ] 名運転者，交換手
□**or** [ɔ́ːr／オーア] 接または，〔命令文の後で〕さもないと
□**orange** [ɔ́ːrindʒ／オーレンヂ] 名オレンジ
□**orchestra** [ɔ́ːrkəstrə／オーケストゥラ] 名オーケストラ，管弦楽団
□**order** [ɔ́ːrdər／オーダ] 名順序，配列，秩序，命令，注文
動命令する，注文する
□**other** [ʌ́ðər／アザ] 代もう一方
形他の
□**ought** [ɔ́ːt／オート] 助〔to を伴って〕～すべきである
□**our** [áuər／アウア] 代私たちの
□**ours** [áuərz／アウアズ] 代私たちのもの
□**ourselves** [auərsélvz／アウアセルヴズ] 代私たち自身
□**out** [áut／アウト] 副外へ
□**outdoor** [áutdɔ̀ːr／アウトドーア] 形屋外の
□**outside** [àutsáid／アウトサイド] 名外部
前～の外側に〔の，で〕
□**oven** [ʌ́vn／アヴン] 名オーブン
□**over** [óuvər／オウヴァ] 前～の上に，を越えて，～以上の，～をしながら
副越えて，終って
□**overcoat** [óuvərkòut／オウヴァコウト] 名オーバーコート
□**own** [óun／オウン] 動所有する
形自身の
□**ox** [áks／アックス] 名雄牛

P

□**Pacific** [pəsífik／パスィフィック] 名太平洋
形太平洋(沿岸)の

☐**package** [pǽkidʒ／パケッヂ]　　名包み，荷物
☐**page** [péidʒ／ペイヂ]　　名ページ
☐**painful** [péinfl／ペインフル]　　形痛い，つらい
☐**paint** [péint／ペイント]　　名ペンキ
　　動〜を描く，ペンキを塗る

☐**painter** [péintər／ペインタ]　　名画家，ペンキ屋
☐**painting** [péintiŋ／ペインティング]　　名絵，絵をかくこと
☐**pair** [péər／ペア]　　名1組，1対，夫婦
☐**pajamas/pyjamas** [pədʒá:məz／パヂャーマズ]　　名パジャマ，寝巻き

☐**paper** [péipər／ペイパ]　　名紙，新聞，書類
☐**pardon** [pá:rdn／パードゥン]　　名許し
　　動許す

☐**parent** [péərənt／ペアレント]　　名親，〔-s〕両親
☐**Paris** [pǽris／パァリス]　　名パリ
☐**park** [pá:rk／パーク]　　名公園
　　動駐車する

☐**part** [pá:rt／パート]　　名部分，役割
☐**party** [pá:rti／パーティ]　　名パーティ
☐**pass** [pǽs／パス]　　動通り過ぎる，（時が）たつ，合格する，手渡す

☐**passenger** [pǽsindʒər／パァセンヂャ]　　名乗客
☐**passport** [pǽspɔ̀:rt／パスポート]　　名パスポート，手段
☐**past** [pǽst／パァスト]　　名過去
　　形過去の

☐**pay** [péi／ペイ]　　名給料，報酬
　　動支払う

☐**peace** [pí:s／ピース]　　名平和
☐**pear** [péər／ペア]　　名梨
☐**pearl** [pá:rl／パール]　　名真珠，真珠色
☐**pen** [pén／ペン]　　名ペン
☐**pencil** [pénsl／ペンスル]　　名鉛筆
☐**penny** [péni／ペニ]　　名ペニー
☐**people** [pí:pl／ピープル]　　名人々，国民
☐**pepper** [pépər／ペパ]　　名こしょう，とうがらし
☐**percent** [pərsént／パセント]　　名パーセント，100分の1
☐**perhaps** [pərhǽps／パハァップス]　　副たぶん
☐**period** [píəriəd／ピアリオド]　　名期間，授業時間，終止符
☐**person** [pá:rsn／パ〜スン]　　名人
☐**pet** [pét／ペット]　　名ペット
☐**phone** [fóun／フォウン]　　名電話
　　動電話する

☐**photo** [fóutou／フォウトウ]　　名写真
☐**photograph** [fóutəgræf／フォウトグラフ]　　名写真

☐**pianist** [piǽnist／ピアニスト]　　名ピアニスト
☐**piano** [piǽnou／ピアノウ]　　名ピアノ
☐**pick** [pík／ピック]　　動（花，果物などを）摘みとる，選ぶ

☐**picnic** [píknik／ピクニック]　　名ピクニック
☐**picture** [píktʃər／ピクチャ]　　名絵，写真，映画
☐**pie** [pái／パイ]　　名パイ
☐**piece** [pí:s／ピース]　　名1片，1個，かけら
☐**pig** [píg／ピッグ]　　名ブタ
☐**pilot** [páilət／パイロット]　　名パイロット
☐**pin** [pín／ピン]　　名ピン
☐**pink** [píŋk／ピンク]　　名ピンク
　　形ピンク色の

☐**pipe** [páip／パイプ]　　名管，パイプ

☐**pity** [píti／ピティ]　　名哀れみ，同情
☐**place** [pléis／プレイス]　　名場所，住所
　　動置く，すえる

☐**plan** [plǽn／プラァン]　　名案
　　動計画する

☐**plane** [pléin／プレイン]　　名飛行機，平面
☐**plant** [plǽnt／プラァント]　　名植物，工場（施設）
　　動植える，（種）をまく

☐**plastic** [plǽstik／プラァスティック]　　名プラスチック，ビニール
　　形プラスチック製の，ビニール製の

☐**plate** [pléit／プレイト]　　名皿，板金，表札
☐**platform** [plǽtfɔ̀:rm／プラァットフォーム]　　名プラットホーム，演壇

☐**play** [pléi／プレイ]　　名劇，遊び，競技
　　動遊ぶ，（運動を）する，（楽器を）ひく，演ずる

☐**player** [pléiər／プレイア]　　名（運動の）選手，役者，競技者，演奏者
☐**playground** [pléigràund／プレイグラウンド]　　名運動場，遊園地

☐**pleasant** [pléznt／プレズント]　　形愉快な，気持のよい
☐**please** [plí:z／プリーズ]　　動喜ばせる
　　副〔丁重な依頼などに添えて〕どうぞ

☐**plenty** [plénti／プレンティ]　　名たくさん
☐**plus** [plʌ́s／プラス]　　形プラスの，正の
　　前〜を加えた

☐**p.m., P.M.** [pí:ém／ピーエム]　　略午後の
☐**pocket** [pákit／パケット]　　名ポケット
☐**poem** [póuəm／ポウエム]　　名詩
☐**poet** [póuit／ポウエット]　　名詩人
☐**point** [póint／ポイント]　　名点，得点，要点，先端
☐**pole** [póul／ポウル]　　名棒，極（地）
☐**police** [pəlí:s／ポリース]　　名警察
☐**policeman** [pəlí:smən／ポリースマン]　　名警官
☐**polite** [pəláit／ポライト]　　形礼儀正しい，行儀のよい

☐**pond** [pánd／パンド]　　名池
☐**pool** [pú:l／プール]　　名小さな池，水たまり
☐**poor** [púər／プア]　　形貧しい，不得意な，かわいそうな

☐**popular** [pápjələr／パピュラ]　　形人気のある，大衆向きの

☐**port** [pɔ́:rt／ポート]　　名港，港町
☐**portable** [pɔ́:rtəbl／ポータブル]　　名携帯用の物
　　形持ち運びできる

☐**position** [pəzíʃn／ポズィシャン]　　名立場，地位，位置
☐**possible** [pásəbl／パスィブル]　　形ありうる，可能な，できるかぎりの

☐**post** [póust／ポウスト]　　名ポスト，郵便物，地位
☐**postbox** [póustbàks／ポウストバックス]　　名（英国の）ポスト
☐**postcard** [póustkà:rd／ポウストカード]　　名郵便はがき

☐**poster** [póustər／ポウスタ]　　名ポスター
☐**postman** [póustmən／ポウストマン]　　名郵便集配人
☐**pot** [pát／パット]　　名丸い入れ物，ポット
☐**potato** [pətéitou／ポテイトウ]　　名ジャガ芋

□**pound** [páund／パウンド] 　名ポンド

□**power** [páuər／パウワ] 　名力，能力，権力

□**practice(-se)** [prǽktis／プラァクティス] 　名習慣，練習，実行
　　　動実行する，練習する

□**present** 名形[préznt／プレズント] 　名現在，プレゼント
　　　形出席して，現在の

　　　動[prizént／プリゼント] 　動贈る

□**president** [prézidənt／プレズィデント] 　名大統領，社長，会長，学長，頭取

□**pretty** [príti／プリティ] 　形かわいい，きれいな
　　　副かなり

□**price** [práis／プライス] 　名値段，物価，代価

□**pride** [práid／プライド] 　名自慢，自尊心，うぬぼれ

□**prince** [príns／プリンス] 　名王子

□**princess** [prínsəs／プリンセス] 　名王女

□**print** [prínt／プリント] 　名印刷，印刷物
　　　動印刷する，出版する

□**prize** [práiz／プライズ] 　名賞（品）

□**probable** [prábəbl／プラバブル] 　形ありそうな

□**problem** [prábləm／プラブレム] 　名問題，やっかいなこと

□**program** [próugræm／プロウグラァム] 　名プログラム，番組

□**proud** [práud／プラウド] 　形高慢な，誇らしげな，喜ばしい

□**pull** [púl／プル] 　名引くこと
　　　動引く

□**pupil** [pjú:pl／ピュープル] 　名生徒，弟子

□**purse** [pə́:rs／パ～ス] 　名財布，ハンドバッグ

□**push** [púʃ／プッシ] 　動押す，突く

□**put** [pút／プット] 　動置く

Q

□**quarter** [kwɔ́:rtər／クウォータ] 　名4分の1，15分

□**queen** [kwí:n／クウィーン] 　名女王，王妃

□**question** [kwéstʃən／クウェスチョン] 　名質問，疑問，問題

□**quick** [kwík／クウィック] 　形速い，機敏な，せっかちな
　　　副速く

□**quickly** [kwíkli／クウィックリ] 　副速く，急いで，手速く

□**quiet** [kwáiət／クワイエット] 　形静かな，温和な，落ちついた

□**quietly** [kwáiətli／クワイエトリ] 　副静かに，落ちついて

□**quite** [kwáit／クワイト] 　副まったく，かなり

R

□**rabbit** [rǽbit／ラァビット] 　名ウサギ

□**race** [réis／レイス] 　名競争，人種

□**racket** [rǽkit／ラァケット] 　名ラケット

□**radio** [réidiou／レイディオウ] 　名ラジオ

□**railroad** [réilròud／レイルロウド] 　名鉄道

□**railway** [réilwèi／レイルウェイ] 　名鉄道

□**rain** [réin／レイン] 　名雨
　　　動雨が降る

□**rainbow** [réinbòu／レインボウ] 　名虹

□**rainy** [réini／レイニ] 　形雨の，雨の多い

□**raise** [réiz／レイズ] 　動上げる，育てる

□**rat** [rǽt／ラァット] 　名ネズミ

□**rather** [rǽðər／ラァザ] 　副いくぶん，むしろ

□**raw** [rɔ́:／ロー] 　形生の，未熟な

□**reach** [rí:tʃ／リーチ] 　動着く，達する

□**read** [rí:d／リード] 　動読む
　　read [réd／レッド] 　[rí:d]の過去・過去分詞形

□**reader** [rí:dər／リーダ] 　名読者，教科書

□**ready** [rédi／レディ] 　形用意ができて

□**real** [rí:əl／リーアル] 　形本当の

□**really** [rí:əli／リーアリ] 　副実際は，本当に，まったく，実に〔間投詞的に〕ほんとう？

□**reason** [rí:zn／リーズン] 　名理由，理性

□**receive** [risí:v／リスィーヴ] 　動受け取る，迎える，受け入れる

□**record** 名[rékərd／レカド] 　名レコード，記録，成績
　　　動[rikɔ́:rd／リコード] 　動記録する，録音する

□**recorder** [rikɔ́:rdər／リコーダ] 　名記録計，録音器，縦笛

□**red** [réd／レッド] 　名赤
　　　形赤い

□**refrigerator** [rifrídʒərèitər／リフリヂレイタ] 　名冷蔵庫

□**regular** [régjələr／レギュラ] 　形定期的な，規則的な，正式の

□**relax** [rilǽks／リラァックス] 　動くつろがせる，ゆるめる，くつろぐ

□**remember** [rimémbər／リメンバ] 　動思い出す，覚えている

□**repeat** [ripí:t／リピート] 　名くり返し
　　　動くり返して言う

□**reply** [riplái／リプライ] 　名返答，応答
　　　動返事をする

□**report** [ripɔ́:rt／リポート] 　名報告，報道，記事
　　　動報告する

□**request** [rikwést／リクウェスト] 　名願い（事），頼み（事）

□**rest** [rést／レスト] 　名残り，休息，（物を支える）台
　　　動休む，休養する

□**restaurant** [réstərənt／レストラント] 　名レストラン，食堂

□**return** [ritə́:rn／リタ～ン] 　動帰る，返す

□**ribbon** [ríbn／リボン] 　名リボン

□**rice** [ráis／ライス] 　名米

□**rich** [rítʃ／リッチ] 　形金持ちの，豊かな

□**ride** [ráid／ライド] 　名乗ること
　　　動乗る

□**right** [ráit／ライト] 　名右
　　　形正しい

□**ring** [ríŋ／リング] 　名（指）輪，闘牛場
　　　動鳴らす，鳴る

□**rise** [ráiz／ライズ] 　動（太陽・月が）昇る，上がる，立つ，起き上がる

□**river** [rívər／リヴァ] 　名川

□**road** [róud／ロウド] 　名道路

□**roast** [róust／ロウスト] 　名焼き肉
　　　動（肉を）焼く，あぶる

□**rock** [rák／ラック] 　名岩，岩石
　　　動揺り動かす

□**rocket** [rákit／ラケット] 　名ロケット（弾），打ち上げ花火

□**rod** [rád／ラッド] 　名棒，釣りざお

□**roll** [róul／ロウル] 　名回転，巻いた物，出席簿
　　　動ころがる，ころがす，巻く

□**Rome** [róum／ロウム] 　名ローマ

☑**roof** [rú:f／ルーフ]　名屋根
☑**room** [rú:m／ルーム]　名部屋，余地
☑**rope** [róup／ロウプ]　名なわ，ロープ
☑**rose** [róuz／ロウズ]　名バラ
☑**round** [ráund／ラウンド]　名丸，円，球形
　形丸い，ふっくらした
　副周囲を，回って
☑**row** [róu／ロウ]　名列
　動船をこぐ
☑**rule** [rú:l／ルール]　名規則，慣例
　動支配する
☑**ruler** [rú:lər／ルーラ]　名支配者，定規
☑**run** [rʌ́n／ラン]　名走ること，競争
　動走る，経営する
☑**runner** [rʌ́nər／ラナ]　名ランナー，走る人
☑**rush** [rʌ́ʃ／ラッシ]　名突進，殺到
　動突進する，大急ぎでする
☑**Russia** [rʌ́ʃə／ラシャ]　名ロシア
☑**Russian** [rʌ́ʃn／ラシャン]　名ロシア(系)人，ロシア語
　形ロシアの,ロシア人〔語〕の

S

☑**sad** [sǽd／サァッド]　形悲しい
☑**safe** [séif／セイフ]　名金庫
　形安全な
☑**sail** [séil／セイル]　名帆
　動出帆する
☑**sailor** [séilər／セイラ]　名水夫，船員
☑**salad** [sǽləd／サァラド]　名サラダ
☑**sale** [séil／セイル]　名販売,安売り,売れ行き
☑**salt** [sɔ́:lt／ソールト]　名塩
☑**same** [séim／セイム]　代〔the をつけて〕同じもの〔こと〕
　形同一の
☑**sample** [sǽmpl／サァンプル]　名見本，サンプル
　動(見本で)試す
☑**sand** [sǽnd／サァンド]　名砂，砂浜，砂地
☑**sandwich** [sǽndwitʃ／サァン(ド)ウィッチ]　名サンドイッチ
☑**Saturday** [sǽtərdei／サァタデイ]　名土曜日(略：Sat.)
☑**sausage** [sɔ́:sidʒ／ソーセッヂ]　名ソーセージ
☑**say** [séi／セイ]　動言う，話す
☑**scene** [sí:n／スィーン]　名場面，景色
☑**school** [skú:l／スクール]　名学校，授業
☑**science** [sáiəns／サイエンス]　名科学
☑**scientist** [sáiəntist／サイエンティスト]　名科学者
☑**scissors** [sízərz／スィザズ]　名はさみ
☑**sea** [sí:／スィー]　名海
☑**seaside** [sí:sàid／スィーサイド]　名海辺
☑**season** [sí:zn／スィーズン]　名季節
☑**seat** [sí:t／スィート]　名座席
☑**second** [sékənd／セカンド]　名秒，第2
　形第2の
　副第2に
☑**secret** [sí:krit／スィークレット]　名秘密，神秘
　形秘密の，人目につかない
☑**see** [sí:／スィー]　動見る，会う，わかる
☑**seem** [sí:m／スィーム]　動(〜のように)見える，思われる
☑**sell** [sél／セル]　動売る，売れる
☑**send** [sénd／センド]　動送る，届ける
☑**senior** [sí:njər／スィーニャ]　名年長者，先輩，上級生
　形年長の
☑**sentence** [séntəns／センテンス]　名文，判決
☑**September** [septémbər／セプテンバ]　名9月(略：Sept.)
☑**servant** [sə́:rvənt／サ〜ヴァント]　名召使い，家来
☑**serve** [sə́:rv／サ〜ヴ]　動仕える，給仕する，役に立つ
☑**service** [sə́:rvis／サ〜ヴィス]　名奉仕，勤務，(教会の)礼拝
☑**set** [sét／セット]　動置く，(カメラ・めざまし時計などを)セットする，(日・月が)沈む
☑**seven** [sévn／セヴン]　名7
　形7の
☑**seventeen** [sèvntí:n／セヴンティーン]　名17
　形17の
☑**seventh** [sévnθ／セヴンス]　名第7
　形第7の
☑**seventy** [sévnti／セヴンティ]　名70
　形70の
☑**several** [sévrəl／セヴラル]　形いくつかの
☑**shadow** [ʃǽdou／シァドウ]　名影
☑**shall** [ʃǽl／シァル]　助〜するでしょう
☑**shape** [ʃéip／シェイプ]　名形，姿
　動形作る
☑**sharp** [ʃá:rp／シャープ]　形鋭い，きびしい
☑**shave** [ʃéiv／シェイヴ]　名ひげをそること
　動ひげをそる
☑**she** [ʃí:／シー]　代彼女は〔が〕
☑**sheep** [ʃí:p／シープ]　名羊
☑**sheet** [ʃí:t／シート]　名敷布，シーツ，(紙など薄いものの)1枚
☑**shelf** [ʃélf／シェルフ]　名棚
☑**shine** [ʃáin／シャイン]　動輝く
☑**ship** [ʃíp／シップ]　名船
☑**shirt** [ʃə́:rt／シャ〜ト]　名シャツ
☑**shoe(s)** [ʃú:(z)／シュー]　名靴
☑**shoot** [ʃú:t／シュート]　動撃つ，射る
☑**shop** [ʃáp／シャップ]　名店
☑**shopkeeper** [ʃápkì:pər／シャップキーパ]　名店主，商人
☑**shopping** [ʃápiŋ／シャピング]　名買い物
☑**shore** [ʃɔ́:r／ショーア]　名岸
☑**short** [ʃɔ́:rt／ショート]　形短い
☑**should** [ʃúd／シュッド]　助shall の過去形
☑**shoulder** [ʃóuldər／ショウルダ]　名肩
☑**shout** [ʃáut／シャウト]　動叫ぶ
☑**show** [ʃóu／ショウ]　名展覧会，見せ物
　動見せる，明らかにする
☑**shower** [ʃáuər／シャウア]　名にわか雨，シャワー
☑**shut** [ʃʌ́t／シャット]　動閉じる，しまる

☑**shy** [ʃái／シャイ]　形恥ずかしがりの，内気な

☑**sick** [sík／スィック]　形病気の

☑**sickness** [síknəs／スィックネス]　名病気

☑**side** [sáid／サイド]　名側面

☑**sign** [sáin／サイン]　名しるし，記号，合図／動署名する，合図する

☑**signal** [sígnl／スィグヌル]　名信号，合図

☑**silent** [sáilənt／サイレント]　形静かな，無音の

☑**silk** [sílk／スィルク]　名絹／形絹の

☑**silver** [sílvər／スィルヴァ]　名銀／形銀の，銀製の

☑**simple** [símpl／スィンプル]　形単純な，簡単な，簡素な，率直な

☑**since** [síns／スィンス]　前～以来／接～以来，～だから

☑**sing** [síŋ／スィング]　動歌う

☑**singer** [síŋər／スィンガ]　名歌手

☑**single** [síŋgl／スィングル]　名1つの物／形ただ1つの，独身の

☑**sink** [síŋk／スィンク]　名（台所の）流し／動沈む，沈める

☑**sir** [sə́:r／サ～]　名〔目上の人，店の客など男性に対する丁重な呼びかけ〕あなた，先生

☑**sister** [sístər／スィスタ]　名姉，妹

☑**sit** [sít／スィット]　動すわる

☑**six** [síks／スィックス]　名6／形6の

☑**sixteen** [sìkstí:n／スィクスティーン]　名16／形16の

☑**sixth** [síksθ／スィックスス]　名第6／形第6の

☑**sixty** [síksti／スィクスティ]　名60／形60の

☑**size** [sáiz／サイズ]　名大きさ，寸法

☑**skate** [skéit／スケイト]　動スケートをする

☑**ski** [skí:／スキー]　動スキーをする

☑**skin** [skín／スキン]　名皮膚，肌

☑**skirt** [ská:rt／スカ～ト]　名スカート，すそ

☑**sky** [skái／スカイ]　名空

☑**sleep** [slí:p／スリープ]　名眠り／動眠る

☑**sleepy** [slí:pi／スリーピ]　形眠い，眠そうな

☑**slip** [slíp／スリップ]　名滑ること，誤り，スリップ／動滑る，滑らせる，そっと行く

☑**slow** [slóu／スロウ]　形おそい，のろい

☑**slowly** [slóuli／スロウリ]　副ゆっくり，おそく

☑**small** [smɔ́:l／スモール]　形小さい

☑**smart** [smá:rt／スマート]　形利口な，生意気な，しゃれた

☑**smell** [smél／スメル]　名におい／動においをかぐ，においがする

☑**smile** [smáil／スマイル]　名微笑／動ほほえむ

☑**smoke** [smóuk／スモウク]　名煙，喫煙／動たばこを吸う

☑**snake** [snéik／スネイク]　名蛇／動くねくねと動く

☑**snow** [snóu／スノウ]　名雪／動雪が降る

☑**snowy** [snóui／スノウイ]　形雪の降る，雪の多い

☑**so** [sóu／ソウ]　副そのように，それほど，そう／接それで

☑**soap** [sóup／ソウプ]　名石けん

☑**soccer** [sákər／サカ]　名サッカー

☑**social** [sóuʃl／ソウシャル]　形社会の，社会的な，社交的な

☑**sock(s)** [sák(s)／サック]　名ソックス，短いくつ下

☑**sofa** [sóufə／ソウファ]　名ソファー

☑**soft** [sɔ́:ft／ソーフト]　形やわらかい

☑**softly** [sɔ́:ftli／ソーフトリ]　副やわらかに，静かに，やさしく

☑**soldier** [sóuldʒər／ソウルヂャ]　名軍人，兵士

☑**some** [sʌ́m／サム]　代いくらか，数個／形いくらかの，ある

☑**somebody** [sʌ́mbàdi／サムバディ]　代だれか，ある人

☑**someone** [sʌ́mwàn／サムワン]　代だれか，ある人

☑**something** [sʌ́mθìŋ／サムスィング]　代何か

☑**sometimes** [sʌ́mtàimz／サムタイムズ]　副ときどき

☑**son** [sʌ́n／サン]　名息子

☑**song** [sɔ́:ŋ／ソーング]　名歌

☑**soon** [sú:n／スーン]　副すぐ，間もなく

☑**sorry** [sári／サリ]　形気の毒で，すまなく，残念で

☑**sort** [sɔ́:rt／ソート]　名種類／動分類する

☑**sound** [sáund／サウンド]　名音／動鳴る，響く／形健全な／副ぐっすりと

☑**soup** [sú:p／スープ]　名スープ

☑**sour** [sáuər／サウア]　形すっぱい，不機嫌な

☑**south** [sáuθ／サウス]　名南／形南の

☑**southern** [sʌ́ðərn／サザン]　形南の

☑**space** [spéis／スペイス]　名空間，宇宙，場所

☑**Spain** [spéin／スペイン]　名スペイン

☑**Spanish** [spǽniʃ／スパァニッシ]　名スペイン人，スペイン語／形スペイン人〔語〕の

☑**speak** [spí:k／スピーク]　動話す

☑**speaker** [spí:kər／スピーカ]　名話す人，拡声機

☑**special** [spéʃl／スペシャル]　形特別の，専門の

☑**speech** [spí:tʃ／スピーチ]　名発言，演説，話

☑**speed** [spí:d／スピード]　名速度／動速める

☑**spell** [spél／スペル]　動つづる

☑**spelling** [spéliŋ／スペリング]　名（語の）つづり方

☑**spend** [spénd／スペンド]　動（金を）使う，（時を）過ごす

☑**spoon** [spú:n／スプーン]　名スプーン

☑**sport** [spɔ́:rt／スポート]　名スポーツ

☑**spot** [spát／スパット]　名しみ，点，場所

☐ spring [spríŋ／スプリング]	图春，ばね，泉 動跳ねる
☐ stadium [stéidiəm／ステイディアム]	图競技場
☐ stage [stéidʒ／ステイジ]	图ステージ，舞台，段階
☐ stair [stéər／ステア]	图階段
☐ stamp [stǽmp／スタアンプ]	图切手，印 動切手を貼る，判をおす
☐ stand [stǽnd／スタアンド]	動立つ，立っている
☐ star [stá:r／スター]	图星，スター
☐ start [stá:rt／スタート]	图出発，初め 動出発する，始まる，始める
☐ state [stéit／ステイト]	图州，国家，状態
☐ station [stéiʃn／ステイシャン]	图駅
☐ stay [stéi／ステイ]	图滞在 動滞在する
☐ steal [stí:l／スティール]	動盗む
☐ steam [stí:m／スティーム]	图蒸気，スチーム
☐ step [stép／ステップ]	图歩み 動歩む
☐ stewardess [stjú:ərdəs／ステューアデス]	图スチュワーデス
☐ stick [stík／スティック]	图棒切れ，ステッキ 動突き刺す
☐ still [stíl／スティル]	形静かな，静止した 副まだ，それでも
☐ stocking [stákiŋ／スタキング]	图ストッキング
☐ stone [stóun／ストウン]	图石
☐ stop [stáp／スタップ]	图停車場，中止 動止まる，止める
☐ store [stɔ́:r／ストーア]	图商店，貯蔵品
☐ storm [stɔ́:rm／ストーム]	图嵐
☐ story [stɔ́:ri／ストーリ]	图物語，話，階
☐ stove [stóuv／ストウヴ]	图ストーブ
☐ straight [stréit／ストゥレイト]	形まっすぐな，率直な 副まっすぐに，率直に
☐ strange [stréindʒ／ストゥレインヂ]	形奇妙な，見知らぬ
☐ stranger [stréindʒər／ストゥレインヂャ]	图見知らぬ人，不案内な人
☐ straw [strɔ́:／ストゥロー]	图わら，ストロー
☐ stream [strí:m／ストゥリーム]	图小川，流れ
☐ street [strí:t／ストゥリート]	图通り，（町の）道路
☐ strike [stráik／ストゥライク]	图打つこと，打撃，ストライキ 動打つ，ぶつかる
☐ strong [strɔ́:ŋ／ストゥローング]	形強い，じょうぶな
☐ student [stjú:dnt／ステューデント]	图学生
☐ study [stʌ́di／スタディ]	图研究，書斎 動勉強する，研究する
☐ style [stáil／スタイル]	图型，様式，スタイル，文体
☐ subject [sʌ́bdʒikt／サブヂェクト]	图主題，科目，主語
☐ suburb [sʌ́bə:rb／サバ〜ブ]	图〔ふつう-s〕郊外
☐ subway [sʌ́bwèi／サブウェイ]	图地下鉄
☐ succeed [səksí:d／サクスィード]	動成功する，相続する
☐ success [səksés／サクセス]	图成功，成功者
☐ such [sʌ́tʃ／サッチ]	形そのような
☐ sudden [sʌ́dn／サドゥン]	形突然の，急な
☐ sugar [ʃúgər／シュガ]	图砂糖
☐ suitcase [sú:tkèis／スートケイス]	图スーツケース，旅行かばん
☐ summer [sʌ́mər／サマ]	图夏
☐ sun [sʌ́n／サン]	图太陽
☐ Sunday [sʌ́ndèi／サンデイ]	图日曜日（略：Sun.）
☐ sunny [sʌ́ni／サニ]	形日当たりのよい，陽気な
☐ sunshine [sʌ́nʃàin／サンシャイン]	图日光，日なた
☐ supermarket [sú:pərmà:rkit／スーパマーケット]	图スーパーマーケット
☐ supper [sʌ́pər／サパ]	图夕食
☐ suppose [səpóuz／サポウズ]	動推測する，思う，仮定する
☐ sure [ʃúər／シュア]	形確実な
☐ surprise [sərpráiz／サプライズ]	動驚かす 图驚き
☐ swan [swán／スワン]	图白鳥
☐ sweater [swétər／スウェタ]	图セーター
☐ sweep [swí:p／スウィープ]	動掃く，掃除する
☐ sweet [swí:t／スウィート]	图砂糖菓子 形甘い，さわやかな，（声が）耳に快い
☐ swim [swím／スウィム]	图水泳 動泳ぐ
☐ swing [swíŋ／スウィング]	图振ること，ブランコ 動揺れる，振る
☐ Swiss [swís／スウィス]	图スイス人 形スイス（人）の
☐ Switzerland [swítsərlənd／スウィッツァランド]	图スイス

T

☐ table [téibl／テイブル]	图テーブル，食卓，表
☐ tail [téil／テイル]	图尾，後部
☐ take [téik／テイク]	動取る，（人を）連れていく，（物を）持っていく，乗る
☐ talk [tɔ́:k／トーク]	图話 動話す
☐ tall [tɔ́:l／トール]	形背の高い
☐ tape [téip／テイプ]	图テープ
☐ taste [téist／テイスト]	图味 動味わう，〜の味がする
☐ taxi [tǽksi／タアクスィ]	图タクシー
☐ tea [tí:／ティー]	图茶，紅茶
☐ teach [tí:tʃ／ティーチ]	動教える
☐ teacher [tí:tʃər／ティーチャ]	图先生
☐ team [tí:m／ティーム]	图チーム
☐ tear 图[tíər／ティア] 動[téər／テア]	图涙 動破る，裂く，ちぎる
☐ teeth [tí:θ／ティース]	图tooth の複数形クセント
☐ telephone [téləfòun／テレフォウン]	图電話 動電話をする
☐ television [téləvìʒn／テレヴィジャン]	图テレビ
☐ tell [tél／テル]	動話す，知らせる，告げる
☐ ten [tén／テン]	图10 形10の
☐ tennis [ténis／テニス]	图テニス
☐ tent [tént／テント]	图テント

英単語	意味	英単語	意味
☑tenth [ténθ／テンス]	名第10 形第10の	☑tiger [táigər／タイガ]	名トラ
☑terrible [térəbl／テリブル]	形ひどい，恐ろしい，悲惨な	☑till [tíl／ティル]	前接〜までに
☑test [tést／テスト]	名試験 動試験をする	☑time [táim／タイム]	名時間，期間
☑text [tékst／テクスト]	名本文，教科書	☑tired [táiərd／タイアド]	形疲れた，あきた
☑textbook [tékstbùk／テクストブック]	名教科書	☑to [tu:／トゥー]	前〜へ，〜に，まで
☑than [ðǽn／ザァン]	接〜よりも	☑toast [tóust／トゥスト]	名トースト，乾杯 動こんがり焼く，乾杯する
☑thank [θǽŋk／サァンク]	動感謝する		
☑thanks [θǽŋks／サァンクス]	名感謝 間ありがとう	☑today [tədéi／トゥデイ]	名副今日
☑that [ðǽt／ザァット]	代あれ，それ 形あの，その	☑together [təgéðər／トゥゲザ]	副いっしょに
☑the [（子音の前で）ðə／ザ] [（母音の前で）ði／ズィ]	冠その〔通例訳さない〕	☑toilet [tɔ́ilət／トイレット]	名洗面所，トイレ
☑theater [θíətər／スィーアタ]	名劇場	☑tomato [təméitou／トメイトウ]	名トマト
☑their [ðéər／ゼア]	代彼らの	☑tomorrow [təmárou／トゥマーロウ]	名副明日
☑theirs [ðéərz／ゼアズ]	代彼らのもの	☑tonight [tənáit／トゥナイト]	名副今夜
☑them [ðém／ゼム]	代彼らに〔を〕	☑too [tú:／トゥー]	副〔肯定文で〕もまた，〜すぎる
☑themselves [ðəmsélvz／ゼムセルヴズ]	代彼ら自身		
☑then [ðén／ゼン]	副その時，それから，では	☑tool [tú:l／トゥール]	名道具
☑there [ðéər／ゼア]	副そこへ，そこで，そこに，あそこで	☑tooth [tú:θ／トゥース]	名歯
☑these [ðí:z／ズィーズ]	代これらは〔this の複数形〕 形これらの	☑toothache [tú:θèik／トゥースエイク]	名歯痛
		☑toothbrush [tú:θbrʌ̀ʃ／トゥースブラッシ]	名歯ブラシ
☑they [ðéi／ゼイ]	代彼らは〔が〕	☑toothpaste [tú:θpèist／トゥースペイスト]	名練り歯磨き
☑thick [θík／スィック]	形厚い，太い，密生した，濃い		
☑thin [θín／スィン]	形薄い，まばらな，細い，やせた	☑top [táp／タップ]	名頂上，てっぺん，首位，こま
☑thing [θíŋ／スィング]	名物，事	☑topic [tápik／タピック]	名話題，トピック
☑think [θíŋk／スィンク]	動考える，思う	☑touch [tʌ́tʃ／タッチ]	名ふれること 動さわる，ふれる
☑third [θə́:rd／サ〜ド]	名第3 形第3の	☑tour [túər／トゥア]	名旅行，見物
☑thirsty [θə́:rsti／サ〜スティ]	形のどが渇いた，熱望している	☑toward [tɔ́rd／トード，təwɔ́:rd／トゥウォード]	前〜の方へ〔に〕，〜に向かって
☑thirteen [θə̀:rtí:n／サ〜ティーン]	名13 形13の	☑tower [táuər／タウア]	名塔
☑thirty [θə́:rti／サ〜ティ]	名30 形30の	☑town [táun／タウン]	名町
☑this [ðís／ズィス]	代これは 形この	☑toy [tɔ́i／トイ]	名おもちゃ
☑those [ðóuz／ゾゥズ]	代それらは，あれらは 形それらの，あれらの〔いずれも that の複数形〕	☑traffic [trǽfik／トゥラァフィック]	名交通，貿易
		☑train [tréin／トゥレイン]	名電車，列車 動訓練する
☑thought [θɔ́:t／ソート]	名考え，意見	☑travel [trǽvl／トゥラァヴル]	名旅行 動旅行する
☑thousand [θáuznd／サウザンド]	名千 形千の	☑traveler [trǽvələr／トゥラァヴェラ]	名旅行者
☑three [θrí:／スリー]	名3 形3の	☑tray [tréi／トゥレイ]	名盆，浅皿
		☑tree [trí:／トゥリー]	名木
☑throat [θróut／スロウト]	名のど	☑trip [tríp／トゥリップ]	名旅行
☑through [θrú:／スルー]	前〜を通じて	☑trouble [trʌ́bl／トゥラブル]	名心配，苦労，困ったこと，めんどう 動めんどうをかける
☑throw [θróu／スロウ]	動投げる		
☑thumb [θʌ́m／サム]	名（手の）親指	☑truck [trʌ́k／トゥラック]	名貨物自動車，トラック
☑Thursday [θə́:rzdei／サ〜ズデイ]	名木曜日（略：Thur.）	☑true [trú:／トゥルー]	形ほんとうの
☑ticket [tíkit／ティケット]	名切符	☑truth [trú:θ／トゥルース]	名真理，真実
☑tie [tái／タイ]	名ネクタイ，結び目 動結ぶ	☑try [trái／トゥライ]	名試み，努力 動やってみる，努力する
		☑Tuesday [tjú:zdei／テューズデイ]	名火曜日（略：Tues.）
		☑tulip [tjú:lip／テューリップ]	名チューリップ
		☑tunnel [tʌ́nl／タヌル]	名トンネル，地下道
		☑turn [tə́:rn／タ〜ン]	名回転，曲り角，順番 動向きを変える，回す，回る
		☑TV [tí:ví:／ティーヴィー]	名〔television の略〕テレビ

☑ **twelfth** [twélfθ／トゥウェルフス]	名第12
	形第12の
☑ **twelve** [twélv／トゥウェルヴ]	名12
	形12の
☑ **twentieth** [twéntiəθ／トゥウェンティエス]	名第20
	形第20の
☑ **twenty** [twénti／トゥウェンティ]	名20
	形20の
☑ **twice** [twáis／トゥワイス]	副2度，2倍
☑ **two** [tú:／トゥー]	名2
	形2の
☑ **type** [táip／タイプ]	名型，種類，見本
	動タイプする
☑ **typewriter** [táipràitər／タイプライタ]	名タイプライター
☑ **typist** [táipist／タイピスト]	名タイピスト

U

☑ **umbrella** [ʌmbrélə／アンブレラ]	名かさ
☑ **uncle** [ʌ́ŋkl／アンクル]	名おじ
☑ **under** [ʌ́ndər／アンダ]	前〜の下に
☑ **underground** [ʌ́ndərgràund／アンダグラウンド]	名地下鉄
	形地下の，秘密の
☑ **understand** [ʌ̀ndərstǽnd／アンダスタァンド]	動理解する
☑ **unhappy** [ʌnhǽpi／アンハァピ]	形悲しい，不幸な
☑ **uniform** [jú:nəfɔ̀:rm／ユーニフォーム]	名制服
☑ **university** [jù:nəvə́:rsəti／ユーニヴァ〜スィティ]	名大学
☑ **until** [əntíl／アンティル]	前接〜まで＝till
☑ **up** [ʌ́p／アップ]	副上へ，昇って，〜しつくして
☑ **upon** [əpán／アパン]	前〜の上に
☑ **upstairs** [ʌ́pstéərz／アプステアズ]	副階上へ〔で〕，2階へ〔で〕
☑ **us** [ʌ́s／アス]	代私たちに〔を〕
☑ **U.S.A.** [jú:éséi／ユーエスエイ]	名略アメリカ合衆国
☑ **use** 名[jú:s／ユース]	名使用
動[jú:z／ユーズ]	動使う
☑ **used** [jú:st／ユース（ト）]	形〜に慣れて
[jú:zd／ユーズド]	形使い古した，中古の
☑ **useful** [jú:sfl／ユースフル]	形役に立つ
☑ **usual** [jú:ʒuəl／ユージュアル]	形いつもの，普通の
☑ **usually** [jú:ʒuəli／ユージュアリ]	副普通

V

☑ **vacation** [veikéiʃn／ヴェイケイシャン]	名休日，休み
☑ **valley** [vǽli／ヴァリ]	名谷，渓谷
☑ **vase** [véis／ヴェイス]	名花びん
☑ **vegetable** [védʒtəbl／ヴェヂタブル]	名野菜
	形野菜の
☑ **very** [véri／ヴェリ]	副非常に，大変
☑ **video** [vídiòu／ヴィディオウ]	名ビデオ（テープ）
☑ **view** [vjú:／ヴュー]	名視界，光景，目的，考え，景色
☑ **village** [vílidʒ／ヴィレッヂ]	名村
☑ **violin** [vàiəlín／ヴァイオリン]	名バイオリン
☑ **visit** [vízit／ヴィズィット]	名訪問
	動訪れる
☑ **visitor** [vízitər／ヴィズィタ]	名訪問者，来客，観光客
☑ **voice** [vɔ́is／ヴォイス]	名声

☑ **volleyball** [válibɔ̀:l／ヴァリボール]	名バレーボール

W

☑ **waist** [wéist／ウェイスト]	名ウエスト，腰
☑ **wait** [wéit／ウェイト]	動待つ，給仕する
☑ **waiter** [wéitər／ウェイタ]	名給仕
☑ **waitress** [wéitrəs／ウェイトゥレス]	名ウェイトレス
☑ **wake** [wéik／ウェイク]	動目をさます，起こす
☑ **walk** [wɔ́:k／ウォーク]	名歩み
	動歩く
☑ **wall** [wɔ́:l／ウォール]	名壁
☑ **wallet** [wálit／ワレット]	名財布，札入れ
☑ **want** [wánt／ワント]	動ほしい，〜したい
☑ **war** [wɔ́:r／ウォーア]	名戦争
☑ **warm** [wɔ́:rm／ウォーム]	形暖かい，温かい
☑ **was** [wáz／ワズ]	動am，isの過去形
☑ **wash** [wáʃ／ワッシ]	動洗う，洗濯する
☑ **Washington** [wáʃiŋtən／ワシングトン]	名ワシントン
☑ **watch** [wátʃ／ワッチ]	名腕時計，見張り
	動見る，見張る
☑ **water** [wɔ́:tər／ウォータ]	名水
☑ **wave** [wéiv／ウェイブ]	名波
	動揺れる，（手や旗を）ふる
☑ **way** [wéi／ウェイ]	名道，方法
☑ **we** [wí:／ウィー]	代私たちは〔が〕
☑ **weak** [wí:k／ウィーク]	形弱い，劣った
☑ **wear** [wéər／ウェア]	動身につけている
☑ **weather** [wéðər／ウェザ]	名天気，天候
☑ **Wednesday** [wénzdei／ウェンズデイ]	名水曜日（略：Wed.）
☑ **week** [wí:k／ウィーク]	名週
☑ **weekday** [wí:kdèi／ウィークデイ]	名平日，週日
☑ **weekend** [wí:kènd／ウィーケンド]	名週末
☑ **weight** [wéit／ウェイト]	名重さ，重荷
☑ **welcome** [wélkəm／ウェルカム]	動歓迎する
	形歓迎される
	間ようこそ
☑ **well** [wél／ウェル]	形健康で
	副うまく
	間おや，まあ，さて
☑ **were** [wə́:r／ワ〜]	動areの過去形
☑ **west** [wést／ウェスト]	名西
☑ **western** [wéstərn／ウェスタン]	形西の
☑ **wet** [wét／ウェット]	形ぬれた，湿った，湿気の多い
☑ **whale** [hwéil／(ホ)ウェイル]	名鯨
☑ **what** [hwát／(ホ)ワット]	代何
	形何の
☑ **when** [hwén／(ホ)ウェン]	副いつ
☑ **where** [hwéər／(ホ)ウェア]	副どこ
☑ **whether** [hwéðər／(ホ)ウェザ]	接〜かどうか
☑ **which** [hwítʃ／(ホ)ウィッチ]	代どちら
☑ **while** [hwáil／(ホ)ワイル]	名しばらくの間
	接〜する間に，なのに，だが一方
☑ **white** [hwáit／(ホ)ワイト]	名白
	形白い
☑ **who** [hú:／フー]	代だれが〔に〕
☑ **whole** [hóul／ホウル]	形全体の，完全な
☑ **whom** [hú:m／フーム]	代だれを〔に〕

whose [húːz／フーズ] 代だれの，だれの物
why [hwái／(ホ)ワイ] 副なぜ
wide [wáid／ワイド] 形幅の広い　副幅広く，遠く
wife [wáif／ワイフ] 名妻
wild [wáild／ワイルド] 形野生の，乱暴な
will [wíl／ウィル] 名意志　助〜しよう，〜だろう
win [wín／ウィン] 動勝つ
wind 名[wínd／ウィンド] 動[wáind／ワインド] 名風　動曲がる，巻く
window [wíndou／ウィンドウ] 名窓
windy [wíndi／ウィンディ] 形風のある，風の強い
wine [wáin／ワイン] 名ぶどう酒，ワイン
wing [wíŋ／ウィング] 名翼，羽
winter [wíntər／ウィンタ] 名冬
wipe [wáip／ワイプ] 動拭く，ぬぐいとる
wise [wáiz／ワイズ] 形賢い
wish [wíʃ／ウィッシ] 動望む，〜したい
with [wið／ウィズ] 前〜とともに，〜を用いて
within [wiðín／ウィズイン] 副内側で〔へ，に〕　前〜の内側に，〜以内に〔で〕
without [wiðáut／ウィズアウト] 前〜なしで
wolf [wúlf／ウルフ] 名オオカミ
woman [wúmən／ウマン] 名女性，婦人
women [wímin／ウィミン] 名woman の複数形
wonder [wʌ́ndər／ワンダ] 名驚異，不思議，驚くべき物，奇跡的な行為　動驚く，〜かしらと思う，疑問に思う
wonderful [wʌ́ndərfl／ワンダフル] 形すばらしい
wood [wúd／ウッド] 名木材，〔-s〕森
wooden [wúdn／ウドゥン] 形木造の，木製の
wool [wúl／ウル] 名羊毛
word [wə́ːrd／ワ〜ド] 名単語，ことば
work [wə́ːrk／ワ〜ク] 名仕事　動働く，勉強する
worker [wə́ːrkər／ワ〜カ] 名働く人，労働者
world [wə́ːrld／ワ〜ルド] 名世界，世の中
worry [wə́ːri／ワ〜リ] 名心配　動悩む，心配させる
worse [wə́ːrs／ワ〜ス] 形より悪い　副より悪く
worst [wə́ːrst／ワ〜スト] 名最悪　形もっとも悪い　副もっとも悪く
would [wúd／ウッド] 助will の過去形
wrist [ríst／リスト] 名手首
write [ráit／ライト] 動書く
writer [ráitər／ライタ] 名作家
wrong [rɔ́ːŋ／ローング] 形間違った，悪い

Y

yard [jάːrd／ヤード] 名中庭，ヤード(長さの単位)
year [jíər／イア] 名年
yellow [jélou／イェロウ] 名黄色　形黄色の

yes [jés／イェス] 副はい
yesterday [jéstərdèi／イェスタデイ] 名副きのう
yet [jét／イェット] 副〔否定文・条件文で〕まだ〔疑問文で〕もう
you [júː／ユー] 代あなた(たち)は〔が〕，あなた(たち)に〔を〕
young [jʌ́ŋ／ヤング] 形若い，未熟な
your [júər／ユア] 代あなた(たち)の
yours [júərz／ユアズ] 代あなた(たち)のもの
yourself [juərsélf／ユアセルフ] 代あなた自身
yourselves [juərsélvz／ユアセルヴズ] 代あなたがた自身

Z

zero [zíːrou／ズィーロウ] 名ゼロ，零度
zoo [zúː／ズー] 名動物園

2 級 （約550語）

A

☑ **ability** [əbíləti／アビリティ]　名能力，才能

☑ **accent** [ǽksent／アクセント]　名アクセント

☑ **accept** [əksépt／アクセプト]　動受け入れる，認める

☑ **according** [əkɔ́:rdiŋ／アコーディング]　前〔according to ～〕～によれば，

☑ **ache** [éik／エイク]　名痛み
動痛む，～をとても欲しがる

☑ **action** [ǽkʃn／アクシャン]　名行動，活動，動作

☑ **active** [ǽktiv／アクティヴ]　形活動的な，積極的な

☑ **actor** [ǽktər／アクタ]　名俳優，男優，行為者

☑ **actress** [ǽktris／アクトゥレス]　名女優

☑ **actual** [ǽktʃuəl／アクチュアル]　形現実の，現在の

☑ **admire** [ədmáiər／アドマイア]　動感心する，感嘆する

☑ **admit** [ədmít／アドミット]　動認める，～を入れる

☑ **adult** [ədʌ́lt／アダルト]　名成人，大人
形成人の，大人用の

☑ **adventure** [ədvéntʃər／アドヴェンチャ]　名冒険

☑ **afterward** [ǽftərwərd／アフタワド]　副後で，後に

☑ **aim** [éim／エイム]　名目的，ねらい
動ねらう

☑ **altogether** [ɔ̀:ltəgéðər／オールトゥゲザ]　副まったく，全部で

☑ **amount** [əmáunt／アマウント]　名額，量
動〔amount to ～〕総計～になる

☑ **ancient** [éinʃənt／エインシェント]　形古代の，大昔の

☑ **anger** [ǽŋgər／アンガ]　名怒り

☑ **anxious** [ǽŋkʃəs／アンクシャス]　形心配して，切望して

☑ **appearance** [əpíərəns／アピアランス]　名出現，外観，外見

☑ **apply** [əplái／アプライ]　動適用する，応用する，活用する

☑ **approach** [əpróutʃ／アプロウチ]　名接近
動近づく

☑ **army** [ɑ́:rmi／アーミ]　名陸軍，軍隊

☑ **arrange** [əréindʒ／アレインヂ]　動整える，取り決める，準備する

☑ **arrangement** [əréindʒmənt／アレインヂメント]　名協定，準備，整理

☑ **arrival** [əráivl／アライヴル]　名到着

☑ **ashamed** [əʃéimd／アシェイムド]　形恥じて

☑ **aside** [əsáid／アサイド]　副わきに〔へ〕，別にして

☑ **atomic** [ətámik／アタミック]　形原子の，原子力の，原子爆弾の

☑ **attempt** [ətémpt／アテンプト]　名企て，試み
動企てる

☑ **attention** [əténʃn／アテンシャン]　名注意，配慮

☑ **attitude** [ǽtitjù:d／アティテュード]　名態度，考え方，姿勢

☑ **avenue** [ǽvənjù:／アヴェニュー]　名大通り，並木道

☑ **average** [ǽvəridʒ／アヴェレッヂ]　名平均，一般的水準
形平均の，並みの

☑ **avoid** [əvɔ́id／アヴォイド]　動～を避ける，よける

☑ **aware** [əwéər／アウェア]　形気づいて

☑ **awful** [ɔ́:fl／オーフル]　形恐ろしい，すさまじい，たいへんな

B

☑ **backward** [bǽkwərd／バァックワド]　形後方への，遅れた
副後方に，逆に

☑ **baggage** [bǽgidʒ／バァゲッヂ]　名手荷物

☑ **balance** [bǽləns／バァランス]　名つり合い，調和，差し引き，天びん，はかり

☑ **band** [bǽnd／バァンド]　名帯，集団，楽団

☑ **bathe** [béið／ベイズ]　動入浴する，水泳する

☑ **battle** [bǽtl／バアトゥル]　名戦闘，戦い，闘争

☑ **bay** [béi／ベイ]　名湾，入江

☑ **beast** [bí:st／ビースト]　名けだもの，動物

☑ **bend** [bénd／ベンド]　名曲がった状態，湾曲
動曲げる，曲がる

☑ **besides** [bisáidz／ビサイヅ]　前～に加えて，～のほかに
副そのうえ

☑ **bill** [bíl／ビル]　名請求書，紙幣，証券，くちばし

☑ **bit** [bít／ビット]　名小片，少量

☑ **blame** [bléim／ブレイム]　名とがめ，叱責
動とがめる，責める

☑ **blood** [blʌ́d／ブラッド]　名血液

☑ **bloom** [blú:m／ブルーム]　名花盛り，最盛期
動花が咲く

☑ **blossom** [blásəm／ブラサム]　名（果樹などの）花

☑ **blouse** [bláus／ブラウス]　名ブラウス

☑ **bomb** [bám／バム]　名爆弾，核爆弾
動爆撃する

☑ **boring** [bɔ́:riŋ／ボーリング]　形退屈な，うんざりさせるような

☑ **bowl** [bóul／ボウル]　名どんぶり，鉢，椀

☑ **breast** [brést／ブレスト]　名胸

☑ **breathe** [brí:ð／ブリーズ]　動呼吸する

☑ **brick** [brík／ブリック]　名れんが

☑ **broad** [brɔ́:d／ブロード]　形幅の広い

☑ **bury** [béri／ベリ]　動埋める

☑ **bush** [búʃ／ブッシ]　名かん木，やぶ

☑ **button** [bʌ́tn／バトゥン]　名（衣服の）ボタン
動ボタンをかける

☑ **buyer** [báiər／バイア]　名買い手，購買者

C

☑ **cancel** [kǽnsl／キャンスル]　動取り消す，消す，無効にする

☑ **cancer** [kǽnsər／キャンサ]　名がん，悩みの種，かに座

☑ **careless** [kéərləs／ケアレス]　形不注意な，軽率な

☑ **casual** [kǽʒuəl／キャジュアル]　名ふだん着
形何気ない，ふだん着の

☑ **cause** [kɔ́:z／コーズ]　名原因，理由
動ひきおこす，～させる

☑ **chairman** [tʃéərmən／チェアマン]　名議長，委員長，会長

☑ **character** [kǽriktər／キャラクタ]　名性格，人格，人物，登場人物，字

☑ **charming** [tʃɑ́:rmiŋ／チャーミング]　形魅力のある

☐ **chat** [tʃæt／チァット]	名おしゃべり 動おしゃべりする，雑談する
☐ **cheer** [tʃíər／チア]	名歓呼，上機嫌 動元気づける
☐ **choice** [tʃɔ́is／チョイス]	名選択，選択権，最上品 形よりすぐった
☐ **citizen** [sítizn／スィティズン]	名市民，一般人
☐ **climate** [kláimit／クライメット]	名気候
☐ **collection** [kəlékʃn／コレクシャン]	名収集(物)，所蔵品
☐ **comb** [kóum／コウム]	名くし 動くしですく
☐ **comfort** [kʌ́mfərt／カンファト]	名慰め，快適さ，安楽 動慰める
☐ **commercial** [kəmə́:rʃl／コマ〜シャル]	名コマーシャル 形商業の，貿易の
☐ **communicate** [kəmjú:nikèit／コミューニケイト]	動伝達する，伝える，交換する
☐ **communication** [kəmjù:nikéiʃn／コミューニケイシャン]	名伝達，通信，交通機関
☐ **compare** [kəmpéər／コンペア]	動比較する
☐ **complain** [kəmpléin／コンプレイン]	動不平を言う，訴える
☐ **complete** [kəmplí:t／コンプリート]	動完成する 形完全な，完成した，全部の
☐ **composition** [kàmpəzíʃn／カンポズィシャン]	名作文，構成，成分，作曲
☐ **consider** [kənsídər／コンスィダ]	動よく考える，考慮に入れる
☐ **contain** [kəntéin／コンテイン]	動含む，入れる
☐ **control** [kəntróul／コントゥロウル]	名支配，管理，抑制(力) 動支配する，抑制する，制御する
☐ **convenience** [kənví:njəns／コンヴィーニャンス]	名好都合，便宜，便利
☐ **convenient** [kənví:njənt／コンヴィーニャント]	形便利な，都合のよい，便がよい
☐ **cooperate** [kouápərèit／コウアパレイト]	動いっしょに仕事をする，協力する
☐ **cooperation** [kouàpəréiʃn／コウアパレイシャン]	名協力，協同，支援
☐ **cottage** [kátidʒ／カテッヂ]	名いなか家，小住宅，別荘
☐ **courage** [kə́:ridʒ／カ〜リッヂ]	名勇気，度胸
☐ **create** [kriéit／クリエイト]	動創造する，創作する
☐ **creature** [krí:tʃər／クリーチャ]	名生き物，創造物
☐ **credit** [krédit／クレディット]	名クレジット，信用販売，預金(残高)，名声，名誉
☐ **crew** [krú:／クルー]	名〔集合的〕乗組員
☐ **crop** [kráp／クラップ]	名収穫(物)，作物
☐ **curious** [kjúəriəs／キュアリアス]	形好奇心の強い，奇妙な
☐ **customer** [kʌ́stəmər／カスタマ]	名お客，得意先

D

☐ **dam** [dǽm／ダァム]	名ダム，堰(せき)
☐ **damage** [dǽmidʒ／ダァメッヂ]	名損害 動傷つける
☐ **dash** [dǽʃ／ダァッシ]	名突進，突撃，急襲 動突進する，衝突する
☐ **daytime** [déitàim／デイタイム]	名昼間，日中
☐ **deaf** [déf／デフ]	形耳が聞こえない，聞こうとしない
☐ **deal** [dí:l／ディール]	名契約，取り決め 動取り扱う，処理する，ふるまう
☐ **deck** [dék／デック]	名甲板，デッキ
☐ **declare** [dikléər／ディクレア]	動宣言する，断言する
☐ **degree** [digrí:／ディグリー]	名程度，(温度・角度などの)度，学位
☐ **delight** [diláit／ディライト]	名喜び，愉快 動喜ばせる
☐ **deliver** [dilívər／デリヴァ]	動配達する，解放する，救い出す
☐ **delivery** [dilívəri／デリヴァリ]	名配達，配達品，話し方
☐ **demand** [dimǽnd／ディマァンド]	名要求，需要
☐ **democracy** [dimákrəsi／ディマクラスィ]	名民主主義
☐ **democratic** [dèməkrǽtik／デモクラァティック]	形民主主義の，民主的な
☐ **depth** [dépθ／デプス]	名深さ
☐ **desert** 名[dézərt／デザト] 動[dizə́:rt／ディザ〜ト]	名砂漠，荒れ地 動見捨てる，逃亡する
☐ **desire** [dizáiər／ディザイア]	名望み，要求 動望む
☐ **dessert** [dizə́:rt／ディザ〜ト]	名デザート
☐ **destroy** [distrɔ́i／ディストゥロイ]	動破壊する，滅ぼす
☐ **develop** [divéləp／ディヴェロプ]	動開発する，発達させる，発達する
☐ **difference** [dífərəns／ディファレンス]	名違い，差，紛争
☐ **difficulty** [dífikəlti／ディフィカルティ]	名困難
☐ **direct** [dirékt／ディレクト]	動指図する，向ける 形まっすぐな，直接の
☐ **direction** [dirékʃn／ディレクシャン]	名方向，指示，監督(使用法の)説明
☐ **dirt** [də́:rt／ダ〜ト]	名ほこり，ごみ，泥
☐ **disagree** [dìsəgrí:／ディスアグリー]	動一致しない，意見が合わない，争う
☐ **disappear** [dìsəpíər／ディスアピア]	動姿を消す，見えなくなる
☐ **disappoint** [dìsəpɔ́int／ディスアポイント]	動失望させる
☐ **disco** [dískou／ディスコウ]	名ディスコ(音楽に合わせて踊るダンスホール)
☐ **discotheque** [dískətèk／ディスコテック]	名ディスコ(音楽に合わせて踊るダンスホール)
☐ **discovery** [diskʌ́vəri／ディスカヴァリ]	名発見
☐ **discussion** [diskʌ́ʃn／ディスカシャン]	名討論，話し合い
☐ **disease** [dizí:z／ディズィーズ]	名病気，疾患
☐ **disk／disc** [dísk／ディスク]	名レコード盤，ディスク，円盤
☐ **dislike** [disláik／ディスライク]	名きらい，反感 動きらう，好まない
☐ **district** [dístrikt／ディストゥリクト]	名地域，地区
☐ **doubtful** [dáutfl／ダウトフル]	形自信がない，疑わしい
☐ **dramatic** [drəmǽtik／ドゥラマァティック]	形劇の，劇的な

☑**drill** [drṍl／ドゥリル]　名反復訓練，練習，ドリル，きり

動穴をあける，訓練する，練習をする

☑**drown** [dráun／ドゥラウン]　動溺れる，溺死する

☑**dull** [dʌ́l／ダル]　動鈍くする

形鈍い，退屈な，さえない，どんよりした

☑**dust** [dʌ́st／ダスト]　名ちり，ごみ

動ちりを払う

E

☑**eager** [íːgər／イーガ]　形熱心な，～したがる

☑**earnest** [ə́ːrnist／ア〜ネスト]　形まじめな，真剣な，熱心な，誠実な

☑**economy** [ikánəmi／イカナミ]　名節約(になること)，経済，安い

☑**educate** [édʒəkèit／エヂュケイト]　動教育する

☑**education** [èdʒəkéiʃn／エヂュケイシャン]　名教育

☑**effect** [ifékt／イフェクト]　名結果，効果，効力

☑**effort** [éfərt／エフォト]　名努力

☑**electricity** [ilektrísəti／イレクトゥリスィティ]　名電気

☑**electronic** [ilèktránik／イレクトゥラニック]　形電子工学の，電子の

☑**employ** [emplói／インプロイ]　動雇う，使う

☑**enemy** [énəmi／エネミ]　名敵

☑**entire** [intáiər／インタイア]　形全体の，まったくの，完全な

☑**entrance** [éntrəns／エントゥランス]　名入口，入学，入場

☑**envelope** [énvəlòup／エンヴェロウプ]　名封筒

☑**error** [érər／エラ]　名誤り，間違い，思い違い

☑**essay** [ései／エセイ]　名随筆，小論，作文

☑**etiquette** [étikit／エティケット]　名作法，礼儀，エチケット

☑**event** [ivént／イヴェント]　名行事，事件

☑**evident** [évidənt／エヴィデント]　形明白な

☑**exact** [igzǽkt／イグザァクト]　形正確な，厳密な

☑**examine** [igzǽmin／イグザァミン]　動試験をする，診察する，調査する

☑**excellent** [éksələnt／エクセレント]　形すぐれた，優秀な

☑**exchange** [ikstʃéindʒ／イクスチェインヂ]　名交換，両替

動交換する，両替する，取り替える

☑**excitement** [iksáitmənt／イクサイトメント]　名興奮，刺激

☑**exist** [igzíst／イグズィスト]　動存在する，生きている

☑**exit** [égzit／エグズィット]　名出口，退出

☑**experience** [ikspíəriəns／イクスピアリエンス]　名体験，経験

動経験する

☑**experiment** [ikspérimənt／イクスペリメント]　名実験

動実験をする

☑**export** 名[ékspɔːrt／エクスポート] 動[ikspɔ́ːrt／イクスポート]　名輸出，〔-s〕輸出品

動輸出する

☑**express** [iksprés／イクスプレス]　名急行

動表現する

形急行の

☑**expression** [ikspréʃn／イクスプレシャン]　名表現，表情

F

☑**faithful** [féiθfl／フェイスフル]　形忠実な，誠実な，正確な

☑**familiar** [fəmíljər／ファミリャ]　形親しい，よく知られた，見慣れた

☑**farther** [fáːrðər／ファーザ]　形もっと遠い

副もっと遠くに

☑**fasten** [fǽsn／ファスン]　動固定する

☑**fault** [fɔ́ːlt／フォールト]　名欠点，短所，誤り，責任

☑**favor** [féivər／フェイヴァ]　名好意，親切な行為

動好意を示す，賛成する，有利に働く

☑**feather** [féðər／フェザ]　名羽

☑**feed** [fíːd／フィード]　名飼料

動食物を与える，育てる，(動物が)えさを食べる

☑**female** [fíːmeil／フィーメイル]　名雌，女性

形雌の，女性の

☑**festival** [féstəvl／フェスティヴル]　名祝祭，催し物

☑**fireplace** [fáiərplèis／ファイアプレイス]　名暖炉

☑**firm** [fə́ːrm／ファ〜ム]　名会社，商会，商社

形堅い，しっかり固定した

☑**fit** [fít／フィット]　形～に適した，健康な，ふさわしい，適任の

☑**flat** [flǽt／フラァット]　形平らな，(器が)浅い，きっぱりした

副きっぱりと，水平に，ぴったりと

☑**flight** [fláit／フライト]　名飛行，飛行便

☑**float** [flóut／フロウト]　名浮き袋，(パレードの)だし

動浮かぶ，浮かべる

☑**flood** [flʌ́d／フラッド]　名洪水

動氾濫する

☑**foggy** [fági／ファギ]　形霧の深い

☑**force** [fɔ́ːrs／フォース]　名力，暴力，軍隊

動むりやり～させる

☑**forecast** [fɔ́ːrkæst／フォーキャスト]　名予報，天気予報

動予報する

☑**forever** [fərévər／フォエヴァ]　副永久に，いつまでも

☑**forgive** [fərgív／フォギヴ]　動許す

☑**formal** [fɔ́ːrml／フォームル]　形公式の，格式ばった，形の上での

☑**former** [fɔ́ːrmər／フォーマ]　形以前の

☑**forth** [fɔ́ːrθ／フォース]　副前へ，先へ

☑**fortunate** [fɔ́ːrtʃənit／フォーチュネット]　形幸運な，幸せな

☑**fortune** [fɔ́ːrtʃən／フォーチュン]　名運，幸運，富，財産

☑**fountain** [fáuntn／ファウンテン]　名泉，噴水

☑**frame** [fréim／フレイム]　名骨組み，体格，枠，(絵の)額縁

☑**freedom** [fríːdəm／フリーダム]　名自由，解放

☑**freeze** [fríːz／フリーズ]　名寒波

動凍る，氷が張る，冷凍する

☑**friendship** [fréndʃip／フレン(ド)シップ]　名友情，交際

☑**frighten** [fráitn／フライトゥン]　動驚かす

□**further** [fə́:rðər／ファ〜ザ]　　形もっと遠い，いっそうの
　　　　　　　　　　　　　　　　　　副もっと遠くに，それ以上の，さらに

G

□**gain** [géin／ゲイン]　　動得る，かせぐ
□**general** [dʒénərəl／ヂェネラル]　　名陸〔空〕軍大将
　　　　　　　　　　　　　　　　　　形一般の，一般的な，概略の
□**geography** [dʒiágrəfi／ヂアグラフィ]　　名地理学，地勢，地形
□**giant** [dʒáiənt／ヂャイアント]　　名巨人
　　　　　　　　　　　　　　　　　　形巨大な
□**government** [gʌ́vərnmənt／ガヴァ（ン）メント]　　名政府，管理
□**gradual** [grǽdʒuəl／グラァヂュアル]　　形徐々に進む，ゆるやかな
□**graduate** [grǽdʒuèit／グラァヂュエイト]　　名卒業生
　　　　　　　　　　　　　　　　　　動卒業する
□**graduation** [grǽdʒuéiʃn／グラァヂュエイシャン]　　名卒業，卒業式
□**grain** [gréin／グレイン]　　名〔集合的〕穀物，粒
□**grand** [grǽnd／グラァンド]　　形壮大な，雄大な
□**grateful** [gréitfl／グレイトフル]　　形感謝する，心地よい
□**greet** [grí:t／グリート]　　動挨拶する
□**grocer** [gróusər／グロウサ]　　名食料品商
□**growth** [gróuθ／グロウス]　　名増加，発展，成長

H

□**hammer** [hǽmər／ハァマ]　　名ハンマー
□**handle** [hǽndl／ハァンドゥル]　　名柄，取っ手
　　　　　　　　　　　　　　　　　　動手を触れる，手で扱う
□**handy** [hǽndi／ハァンディ]　　形便利な，器用な，扱いやすい
□**harbor** [há:rbər／ハーバ]　　名港
　　　　　　　　　　　　　　　　　　動心に抱く
□**harm** [há:rm／ハーム]　　名害，損傷，悪意
□**harvest** [há:rvist／ハーヴェスト]　　名収穫，取り入れ
　　　　　　　　　　　　　　　　　　動収穫する
□**hate** [héit／ヘイト]　　動憎む
□**heaven** [hévn／ヘヴン]　　名天国，楽園，天
□**height** [háit／ハイト]　　名高さ，身長
□**helpful** [hélpfl／ヘルプフル]　　形役立つ
□**historical** [histó:rikl／ヒストーリクル]　　形歴史上の，歴史学の
□**honor** [ánər／アナ]　　名名誉，名声，敬意，光栄
□**hopeful** [hóupfl／ホウプフル]　　形希望にみちた，有望な
□**however** [hauévər／ハウエヴァ]　　接しかし，けれども
　　　　　　　　　　　　　　　　　　副どんなに〜でも
□**humor** [hjú:mər／ヒューマ]　　名ユーモア，気分

I

□**image** [ímidʒ／イメッヂ]　　名像，姿，イメージ
□**imagination** [imæ̀dʒənéiʃn／イマァヂネイシャン]　　名想像力，空想
□**immediate** [imí:diit／イミーディエット]　　形すぐさまの，直接の
□**impatient** [impéiʃnt／インペイシェント]　　形気短な，せっかちな，しきりに〜したがる

□**import** 名[ímpɔ:rt／インポート]　　名輸入，〔-s〕輸入品
　　　動[impɔ́:rt／インポート]　　動輸入する
□**importance** [impɔ́:rtəns／インポータンス]　　名重要性，重大
□**increase** 名[ínkri:s／インクリース]　　名増加，増進
　　　動[inkrí:s／インクリース]　　動増す，ふえる，拡大する，強まる
□**independent** [ìndipéndənt／インディペンデント]　　形独立の
□**industrial** [indʌ́striəl／インダストゥリアル]　　形産業の，工業の
□**industry** [índəstri／インダストゥリ]　　名産業，工業
□**influence** [ínfluəns／インフルエンス]　　名影響（力），感化，勢力，信望，威信
□**informal** [infɔ́:rml／インフォームル]　　形格式ばらない，略式の
□**instance** [ínstəns／インスタンス]　　名例，実例
□**instant** [ínstənt／インスタント]　　形即座の
□**instead** [instéd／インステッド]　　副その代わり
□**instruct** [instrʌ́kt／インストゥラクト]　　動指図する，教える
□**instruction** [instrʌ́kʃn／インストゥラクシャン]　　名使用説明（書），教授，教育，指図
□**intelligent** [intélidʒənt／インテリヂェント]　　形知能の高い，理知的な
□**intend** [inténd／インテンド]　　動〜するつもりである
□**interior** [intíriər／インティリア]　　名内部，内側
　　　　　　　　　　　　　　　　　　形内部の，奥地の
□**interview** [íntərvjù:／インタヴュー]　　名面接
□**introduction** [ìntrədʌ́kʃn／イントゥロダクシャン]　　名紹介，序論，入門書
□**inventor** [invéntər／インヴェンタ]　　名発明者，考案者

J

□**jealous** [dʒéləs／ヂェラス]　　形しっと深い，油断のない
□**jewel** [dʒú:əl／ヂューエル]　　名宝石
□**journalist** [dʒə́:rnəlist／ヂャ〜ナリスト]　　名ジャーナリスト，新聞・雑誌記者

K

□**kneel** [ní:l／ニール]　　動ひざまずく
□**knowledge** [nálidʒ／ナレッヂ]　　名知識，学識，学問

L

□**label** [léibl／レイブル]　　名はり紙，ラベル
　　　　　　　　　　　　　　　　　　動はり紙をする，分類する
□**lack** [lǽk／ラァック]　　名欠乏，不足
　　　　　　　　　　　　　　　　　　動欠く，不足する
□**lane** [léin／レイン]　　名小道，車線
□**latter** [lǽtər／ラァタ]　　形後半の，あとの
□**leisure** [lí:ʒər／リージャ]　　名暇，余暇
□**length** [léŋkθ／レンクス]　　名長さ，縦
□**level** [lévl／レヴル]　　名水平（面），水準，標準
　　　　　　　　　　　　　　　　　　動〜を平らにする
　　　　　　　　　　　　　　　　　　形平らな
□**liberty** [líbərti／リバティ]　　名自由
□**likely** [láikli／ライクリ]　　形〜しそうな，〜らしい，ありそうな
　　　　　　　　　　　　　　　　　　副たぶん

☐**limit** [límit／リミット] 　名限界，限度
　　　　　　　　　　　　動～を制限する

☐**liter** [lí:tər／リータ] 　名リットル

☐**lively** [láivli／ライヴリ] 　形元気のよい，陽気な，
　　　　　　　　　　　　生き生きした

☐**lock** [lák／ラック] 　名錠
　　　　　　　　　　　　動～にかぎをかける，か
　　　　　　　　　　　　ぎがかかる

☐**loose** [lú:s／ルース] 　形ゆるい，固定していな
　　　　　　　　　　　　い，だらしがない

☐**lord** [lɔ́:rd／ロード] 　名(L-)主，神；君主，
　　　　　　　　　　　　領主

☐**loss** [lɔ́:s／ロース] 　名損失(額)，紛失，敗北，
　　　　　　　　　　　　喪失，浪費

☐**luggage** [lʌ́gidʒ／ラゲッヂ] 　名〔集合的〕手荷物

M

☐**magnet** [mǽgnit／マァグネット] 　名磁石，人を引きつける
　　　　　　　　　　　　人〔物〕

☐**maid** [méid／メイド] 　名お手伝いさん

☐**male** [méil／メイル] 　名雄，男性
　　　　　　　　　　　　形雄の，男性の

☐**manage** [mǽnidʒ／マァネッヂ] 　動管理する，扱う，どう
　　　　　　　　　　　　にか～する

☐**marriage** [mǽridʒ／マァリッヂ] 　名結婚

☐**material** [mətíriəl／マティリアル] 　名材料，原料，資料
　　　　　　　　　　　　形物質的な

☐**measure** [méʒər／メジャ] 　名寸法，大きさ，ものさ
　　　　　　　　　　　　し
　　　　　　　　　　　　動測る

☐**media** [mí:diə／ミーディア] 　名〔medium の複数形〕
　　　　　　　　　　　　手段，機関，媒体

☐**melt** [mélt／メルト] 　動溶ける，溶かす

☐**mental** [méntl／メントゥル] 　形精神の，知能の，精神
　　　　　　　　　　　　病の

☐**misunderstand** [mìsʌndərstǽnd／ 　動誤解する
ミスアンダスタァンド]

☐**moonlight** [mú:nlàit／ムーンライト] 　名月光

☐**movement** [mú:vmənt／ムーヴメント] 　名運動，動き

☐**muddy** [mʌ́di／マディ] 　形泥だらけの，ぬかるみ
　　　　　　　　　　　　の

☐**muscle** [mʌ́sl／マスル] 　名筋肉

☐**mustache** [mʌ́stæʃ／マスタァシ] 　名口ひげ

N

☐**nationality** [næʃənǽləti／ 　名国籍
ナァショナァリティ]

☐**native** [néitiv／ネイティヴ] 　名土地の人
　　　　　　　　　　　　形故郷の，生まれつきの

☐**needle** [ní:dl／ニードゥル] 　名針，かぎ針

☐**nervous** [nə́:rvəs／ナ〜ヴァス] 　形神経質な，苦労性の，
　　　　　　　　　　　　神経の

☐**nonsense** [nánsens／ナンセンス] 　名無意味なことば，つま
　　　　　　　　　　　　らないこと
　　　　　　　　　　　　形ばかな，くだらない

☐**note** [nóut／ノウト] 　名覚え書き，メモ，短い
　　　　　　　　　　　　手紙，音符，楽譜，(本
　　　　　　　　　　　　文の)注
　　　　　　　　　　　　動書きとめる，注意する，
　　　　　　　　　　　　気づく

☐**notice** [nóutis／ノウティス] 　名通知，予告，注意，掲
　　　　　　　　　　　　示
　　　　　　　　　　　　動気がつく，注意する

☐**novel** [návl／ナヴル] 　名小説

O

☐**object** 名[ábdʒikt／アブヂェクト]
　　　　　動[əbdʒékt／オブヂェクト] 　名物，対象，目的
　　　　　　　　　　　　動反対する，抗議する

☐**occasion** [əkéiʒn／オケイジャン] 　名場合，行事，機会

☐**odd** [ád／アッド] 　形奇数の，変な，臨時の，
　　　　　　　　　　　　片方だけの

☐**officer** [ɔ́:fisər／オーフィサ] 　名将校，公務員，警官

☐**official** [əfíʃl／オフィシャル] 　名公務員，役人
　　　　　　　　　　　　形公の，公式の

☐**operate** [ápərèit／アペレイト] 　動(機械が)動く，作用す
　　　　　　　　　　　　る，手術する，操作す
　　　　　　　　　　　　る，経営する

☐**operation** [àpəréiʃn／アペレイシャン] 　名操作，作用，手術

☐**opinion** [əpínjən／オピニョン] 　名意見，世論，見解

☐**opposite** [ápəzit／アポズィット] 　名反対の事，逆のもの，
　　　　　　　　　　　　反意語
　　　　　　　　　　　　形向こう側の，反対の
　　　　　　　　　　　　前～に向かいあって

☐**ordinary** [ɔ́:rdənèri／オーディネリ] 　形普通の，平凡な

☐**origin** [ɔ́:ridʒin／オーリヂン] 　名起源，生まれ

☐**original** [ərídʒənl／オリヂヌル] 　名原型，原作
　　　　　　　　　　　　形独創的な，原文の，最
　　　　　　　　　　　　初の

☐**outline** [áutlàin／アウトライン] 　名輪郭，略図，大要
　　　　　　　　　　　　動概要をのべる

☐**overcome** [òuvərkʌ́m／オウヴァカム] 　動打ち勝つ，克服する，
　　　　　　　　　　　　勝つ

☐**owe** [óu／オウ] 　動恩を受けている，借り
　　　　　　　　　　　　ている，感じている

☐**owner** [óunər／オウナ] 　名所有者

P

☐**pack** [pǽk／パァック] 　名包み，束，荷
　　　　　　　　　　　　動荷造りする，包む

☐**pain** [péin／ペイン] 　名苦痛

☐**palace** [pǽlis／パァレス] 　名宮殿

☐**pale** [péil／ペイル] 　形(顔色が)青白い，青ざ
　　　　　　　　　　　　めた，(色が)淡い，光
　　　　　　　　　　　　の弱い

☐**pan** [pǽn／パァン] 　名平なべ

☐**pants** [pǽnts／パァンツ] 　名ズボン，パンツ

☐**particular** [pərtíkjələr／ 　形特定の，格別の，詳し
パティキュラ] 　　　　　　　　い，特有の

☐**path** [pǽθ／パァス] 　名道，小道，方向

☐**patience** [péiʃns／ペイシェンス] 　名忍耐(力)，根気

☐**patient** [péiʃnt／ペイシェント] 　名患者
　　　　　　　　　　　　形忍耐強い

☐**pattern** [pǽtərn／パァタン] 　名模様，図案，模範

☐**peaceful** [pí:sfl／ピースフル] 　形平和な，平和的な

☐**per** [pə́:r／パ〜] 　前～につき

☐**perfect** 動[pərfékt／パ〜フェクト]
　　　　　形[pə́:rfikt／パ〜フェクト] 　動仕上げる
　　　　　　　　　　　　形完全な，申し分のない

☐**perform** [pərfɔ́:rm／パフォーム] 　動行う，果たす，演じる，
　　　　　　　　　　　　演奏する

☑**permit** 名[pə́:rmit／パミット]
　　動[pə:rmít／パミット]
　　名認可，許可(証)
　　動許す，同意する，許可する

☑**personal** [pə́:rsənl／パ〜ソヌル]
　　形個人の，一身上の，本人による

☑**photographer** [fətágrəfər／フォタグラファ]
　　名カメラマン，写真家

☑**physical** [fízikl／フィズィクル]
　　形身体の，物質的な，物理学(上)の

☑**pillow** [pílou／ピロウ]
　　名まくら

☑**plain** [pléin／プレイン]
　　名平原，平野
　　形明白な，普通の，質素な，平易な

☑**pleasure** [pléʒər／プレジャ]
　　名楽しみ，喜び

☑**polish** [páliʃ／パリッシ]
　　名磨き粉，つや，洗練
　　動磨く，洗練する

☑**pollution** [pəlú:ʃn／ポルーシャン]
　　名よごすこと，公害

☑**population** [pàpjəléiʃn／パピュレイシャン]
　　名人口

☑**postage** [póustidʒ／ポウステッヂ]
　　名郵便料金

☑**pour** [pɔ́:r／ポーア]
　　動注ぐ，浴びせる，流れでる，(雨が)激しく降る

☑**powder** [páudər／パウダ]
　　名粉，おしろい，火薬

☑**powerful** [páuərfl／パウアフル]
　　形力強い，勢力のある，影響力のある

☑**practical** [præktikl／プラァクティクル]
　　形実際的な，現実的な，実用的な，事実上の

☑**precious** [préʃəs／プレシャス]
　　形高価な，貴重な

☑**prefer** [prifə́:r／プリファ〜]
　　動〜のほうを好む

☑**prepare** [pripéər／プリペア]
　　動準備をする，調理する，覚悟をする

☑**press** [prés／プレス]
　　名〔集合的〕新聞，印刷物，プレス
　　動押す，アイロンをかける

☑**pressure** [préʃər／プレシャ]
　　名押すこと，圧力，圧迫，強制

☑**prevent** [privént／プリヴェント]
　　動妨げる，防ぐ，予防する

☑**principal** [prínsəpl／プリンスィプル]
　　名校長，長
　　形最も重要な，主な

☑**prison** [prízn／プリズン]
　　名刑務所

☑**private** [práivit／プライヴェット]
　　形私有の，私立の，民間の，個人的な，非公開の

☑**produce** [prədjú:s／プロデュース]
　　動産出する，生産する，生ずる

☑**product** [prádəkt／プラダクト]
　　名産物，製品

☑**production** [prədʌ́kʃn／プロダクシャン]
　　名生産，製作

☑**professional** [prəféʃənl／プロフェショヌル]
　　名専門家，プロ
　　形職業の，プロの，本職の

☑**progress** 名[prágres／プラグレス]
　　動[prəgrés／プログレス]
　　名進歩，発展，発達
　　動進歩する，進む

☑**promise** [prámis／プラミス]
　　名約束，誓約，将来の見込み
　　動約束する

☑**proper** [prápər／プラパ]
　　形ふさわしい，正式の，固有の

☑**propose** [prəpóuz／プロポウズ]
　　動提案する，持ち出す，推薦する

☑**protect** [prətékt／プロテクト]
　　動保護する

☑**protection** [prətékʃn／プロテクシャン]
　　名保護，保護する物〔人〕

☑**prove** [prú:v／プルーヴ]
　　動証明する，ためす

☑**proverb** [právərb／プラヴァ〜ブ]
　　名ことわざ，格言

☑**public** [pʌ́blik／パブリック]
　　名一般の人々
　　形公共の，公衆の

☑**publish** [pʌ́bliʃ／パブリッシ]
　　動出版する，発表する

☑**punctual** [pʌ́ŋktʃuəl／パンクチュアル]
　　形時間を守る，きちょうめんな

☑**punish** [pʌ́niʃ／パニッシ]
　　動罰する

☑**pure** [pjúər／ピュア]
　　形純粋な，清い

☑**purpose** [pə́:rpəs／パ〜パス]
　　名目的，目標

Q

☑**quality** [kwáləti／クワリティ]
　　名品質，良質，特質

☑**quantity** [kwántəti／クワンティティ]
　　名分量，数量，額，高，定量

☑**quarrel** [kwɔ́:rəl／クウォーレル]
　　名口論
　　動口論する

R

☑**rare** [réər／レア]
　　形生焼けの，珍しい

☑**realize** [rí:əlàiz／リーアライズ]
　　動悟る，実現する

☑**receipt** [risí:t／リスィート]
　　名領収書，受け取ること

☑**recent** [rí:snt／リースント]
　　形近ごろの，最近の

☑**recognize** [rékəgnàiz／レコグナイズ]
　　動認める

☑**recover** [rikʌ́vər／リカヴァ]
　　動取りもどす，健康を回復する，直る

☑**refuse** [rifjú:z／リフューズ]
　　動断わる，辞退する

☑**regard** [rigá:rd／リガード]
　　名関係，考慮，注意，関心，心づかい
　　動〜とみなす，尊重する，見守る

☑**relation** [riléiʃn／リレイシャン]
　　名関係，利害関係，親類

☑**relative** [rélətiv／レラティヴ]
　　名親戚
　　形関係がある，相対的な

☑**remain** [riméin／リメイン]
　　動残る，〜のままである，とどまる

☑**remark** [rimá:rk／リマーク]
　　名感想，批評
　　動(感想・所見として)言う，〜に気づく，批評を述べる

☑**remarkable** [rimá:rkəbl／リマーカブル]
　　形注目すべき，著しい

☑**remind** [rimáind／リマインド]
　　動思いださせる

☑**remove** [rimú:v／リムーヴ]
　　動移す，取り除く，追放する，転居する

☑**rent** [rént／レント]
　　名使用料，地代，家賃
　　動賃貸しする／賃借りする

☑**repair** [ripéər／リペア]
　　名修繕，修理
　　動修繕する，修理する

☑**require** [rikwáiər／リクワイア]
　　動要求する，必要とする

☑**reserve** [rizə́:rv／リザ〜ヴ]	名蓄え，遠慮
	動取っておく，蓄えておく，予約する，保留する
☑**respect** [rispékt／リスペクト]	名尊敬，尊重，配慮，注意，関心
	動尊敬する，考慮する
☑**result** [rizʌ́lt／リザルト]	名結果，成り行き
	動〜という結果になる
☑**review** [rivjú:／リヴュー]	名復習，批評
	動復習する，批評する，回想する
☑**rhythm** [ríðm／リズム]	名リズム，律動，調子
☑**root** [rú:t／ルート]	名根，根源
	動根づく
☑**rough** [rʌ́f／ラフ]	形粗い，荒れた，ざらざらの，大ざっぱな，荒れ狂う
☑**rub** [rʌ́b／ラブ]	動摩擦する，なでる
☑**rude** [rú:d／ルード]	形不作法な，乱暴な，突然の

S

☑**safety** [séifti／セイフティ]	名安全，無事
☑**salary** [sǽləri／サァラリ]	名給料
☑**salesman** [séilzmən／セイルズマン]	名男子店員，セールスマン
☑**satisfy** [sǽtisfài／サァティスファイ]	動満足させる，充足する
☑**save** [séiv／セイヴ]	動救う，貯蓄する，（労力・時間・出費などを）省く
☑**scarce** [skéərs／スケアス]	形不足して，少なく，まれな
☑**schedule** [skédʒu:l／スケヂュール]	名予定，計画表，時刻表
	動予定する
☑**scientific** [sàiəntífik／サイエンティフィック]	形科学的な，科学の
☑**scold** [skóuld／スコウルド]	動叱る
☑**screen** [skrí:n／スクリーン]	名画面，スクリーン，目隠し，仕切り
	動さえぎる
☑**search** [sə́:rtʃ／サ〜チ]	名捜索，探究
	動捜す，捜索する
☑**secretary** [sékrətèri／セクレットリ]	名秘書，書記
☑**section** [sékʃn／セクシャン]	名部門，地区，（文章の）節
	動区分する
☑**seed** [sí:d／スィード]	名種
	動種をまく
☑**seek** [sí:k／スィーク]	動求める，得ようとする，捜しだす
☑**selfish** [sélfiʃ／セルフィッシ]	形利己的な，わがままな
☑**seller** [sélər／セラ]	名売り手，販売人，売れ行きが〜のもの
☑**sense** [séns／センス]	名感覚，分別，意義，正気，センス
	動感じる
☑**separate** 形[sépərit／セパレット] 動[sépərèit／セパレイト]	形分かれた，別々の
	動分ける，離す
☑**serious** [síriəs／スィリアス]	形まじめな，重大な，真剣な

☑**settle** [sétl／セトゥル]	動解決する，落着かせる，定住する，移民する
☑**sew** [sóu／ソウ]	動縫う，縫い物をする
☑**shake** [ʃéik／シェイク]	名震動，振ること
	動振る，揺れる，震える，震わせる
☑**share** [ʃéər／シェア]	名分け前，分担，役割，株
	動分け合う，共有する
☑**shell** [ʃél／シェル]	名貝がら，（卵・木の実などの）から
☑**shock** [ʃák／シャック]	名衝撃，震動，ショック
	動ショックを与える
☑**shot** [ʃát／シャット]	名発射，銃声，シュート，写真
	動shoot の過去・過去分詞形
☑**sight** [sáit／サイト]	名光景，名所，視力，視界，見ること
☑**silence** [sáiləns／サイレンス]	名沈黙，静けさ
☑**slice** [sláis／スライス]	名（薄く切った）1 切れ
	動薄く切る
☑**slide** [sláid／スライド]	名滑り台，滑ること，スライド
	動滑る，滑り落ちる
☑**slight** [sláit／スライト]	形わずかな，軽い
☑**slope** [slóup／スロウプ]	名坂，斜面，勾配
	動傾斜する
☑**smooth** [smú:ð／スムーズ]	動平らにする，なめらかにする
	形なめらかな，波立たない，快調の
☑**society** [səsáiəti／ソサイアティ]	名社会，協会，クラブ，社交界
☑**solve** [sálv／サルヴ]	動解く，解決する
☑**somewhere** [sʌ́mhwèər／サム（ホ）ウェア]	副どこかに〔へ〕，およそ〜ぐらい
☑**soul** [sóul／ソウル]	名魂，霊魂，精神
☑**souvenir** [sù:vəníər／スーヴェニア]	名記念品，みやげ
☑**spare** [spéər／スペア]	名予備のもの
	動節約する，（労力・費用などを）惜しむ，（時間を）さく
	形予備の，余分の
☑**specialist** [spéʃəlist／スペシャリスト]	名専門家，専門医
☑**spirit** [spírit／スピリット]	名精神，霊，勇気
☑**splendid** [spléndid／スプレンディッド]	形華麗な，輝かしい，すばらしい
☑**spread** [spréd／スプレッド]	名普及，広がり，展開，掛け布
	動広げる，広める，伸ばす，伝わる
☑**square** [skwéər／スクウェア]	名正方形，四角，広場，平方
	形公正な，対等の，正方形の，四角の
☑**standard** [stǽndərd／スタァンダド]	名標準，水準
☑**statement** [stéitmənt／ステイトメント]	名声明(書)，陳述
☑**statue** [stǽtʃu:／スタァチュー]	名彫像，像

☑ **steel** [stíːl／スティール] 　名鋼鉄，はがね

☑ **sticky** [stíki／スティキ] 　形ねばねばする，やっかいな，蒸し暑い

☑ **stiff** [stíf／スティフ] 　形堅い，堅苦しい，頑固な

☑ **stir** [stə́ːr／スタ～] 　名混乱，動くこと　動かき回す，かき立てる，動く

☑ **stomach** [stʌ́mək／スタマック] 　名胃，腹

☑ **strength** [stréŋkθ／ストゥレンクス] 　名力，体力，知力

☑ **stress** [strés／ストゥレス] 　名重圧，ストレス，圧力，強調　動強調する

☑ **strict** [stríkt／ストゥリクト] 　形厳しい，厳密な，完全な

☑ **string** [stríŋ／ストゥリング] 　名ひも，弦

☑ **successful** [səksésfl／サクセスフル] 　形成功した，上首尾の

☑ **suffer** [sʌ́fər／サファ] 　動苦しむ，耐える，損害を受ける

☑ **suggest** [səgdʒést／サ（グ）ヂェスト] 　動提案する，暗に示す，思いつかせる

☑ **suit** [súːt／スート] 　名スーツ１着，訴訟　動適する，似合う

☑ **sunrise** [sʌ́nràiz／サンライズ] 　名日の出

☑ **sunset** [sʌ́nsèt／サンセット] 　名日没，夕焼け空，日暮れ，晩年

☑ **supply** [səplái／サプライ] 　名供給，在庫　動供給する

☑ **support** [səpɔ́ːrt／サポート] 　名扶養，支持，生活費　動支える，扶養する，支持する

☑ **surface** [sə́ːrfis／サ～フェス] 　名表面，外見　形地上の，海面の，水面の

☑ **sweat** [swét／スウェット] 　名汗　動汗をかく，苦労する

☑ **switch** [swítʃ／スウィッチ] 　名スイッチ，転換　動変える，スイッチをひねる

☑ **system** [sístəm／スィステム] 　名方式，体系，組織

T

☑ **tale** [téil／テイル] 　名話，物語

☑ **tax** [tǽks／タァックス] 　名税金，重い負担

☑ **telegram** [téləgræm／テレグラァム] 　名電報

☑ **temperature** [témpərətʃər／テンペラチャ] 　名温度，気温，体温

☑ **term** [tə́ːrm／タ～ム] 　名期間，学期，任期，学術用語

☑ **thankful** [θǽŋkfl／サァンクフル] 　形感謝の気持ちでいっぱいの

☑ **therefore** [ðéərfɔ̀ːr／ゼアフォーア] 　副だから，それゆえに

☑ **thief** [θíːf／スィーフ] 　名どろぼう，盗人

☑ **thread** [θréd／スレッド] 　名〔集合的〕糸，縫い糸　動糸を通す

☑ **thunder** [θʌ́ndər／サンダ] 　名雷鳴，雷　動雷が鳴る，どなる

☑ **tight** [táit／タイト] 　形締まった，きつい，厳しい　副しっかりと，十分に

☑ **tip** [típ／ティップ] 　名チップ，耳打ち　動チップをやる

☑ **tire** [táiər／タイア] 　名タイヤ　動疲れさせる，飽きさせる，疲れる，うんざりする

☑ **title** [táitl／タイトゥル] 　名書名，題，肩書き

☑ **toe** [tóu／トウ] 　名足の指，つま先

☑ **ton** [tʌ́n／タン] 　名（重量単位の）トン，（船の）トン

☑ **tongue** [tʌ́ŋ／タング] 　名舌，言語

☑ **total** [tóutl／トウトゥル] 　名合計，総計　動合計する　形全体の，完全な

☑ **tough** [tʌ́f／タフ] 　形困難な，堅い，頑固な，強い

☑ **tourist** [túərist／トゥアリスト] 　名観光客，旅行者

☑ **towel** [táuəl／タウエル] 　名タオル，手ぬぐい

☑ **trade** [tréid／トゥレイド] 　名貿易，商売，商業，職業　動売買する，貿易する，交換する

☑ **tradition** [trədíʃn／トゥラディシャン] 　名伝統，しきたり，伝説

☑ **traditional** [trədíʃənl／トゥラディショヌル] 　形伝統的な

☑ **translate** [trænsléit／トゥラァンスレイト] 　動翻訳する，解釈する

☑ **treat** [tríːt／トゥリート] 　名もてなし，歓待　動扱う，待遇する，治療する，ごちそうする

☑ **treatment** [tríːtmənt／トゥリートメント] 　名取り扱い，論じ方，治療

☑ **triangle** [tráiæŋgl／トゥライアングル] 　名三角形，トライアングル

☑ **trick** [trík／トゥリック] 　名たくらみ，いたずら，悪ふざけ

☑ **trousers** [tráuzərz／トゥラウザズ] 　名（男の）ズボン

☑ **trunk** [trʌ́ŋk／トゥランク] 　名（木の）幹，荷物入れ，象の鼻

☑ **trust** [trʌ́st／トゥラスト] 　名信頼，委託　動信頼する，預ける

U

☑ **unable** [ʌnéibl／アンエイブル] 　形〜することができない

☑ **union** [júːnjən／ユーニョン] 　名結合，団結，一致，同盟，連合

☑ **unite** [juːnáit／ユ（ー）ナイト] 　動ひとつになる，結合する，合併する

☑ **unless** [ənlés／アンレス] 　接〜しなければ

☑ **unusual** [ʌnjúːʒuəl／アンユージュアル] 　形普通でない，変な，珍しい，独特の

☑ **upper** [ʌ́pər／アパ] 　形上部の，上位の，上流の

☑ **upset** [ʌ́psèt／アプセット] 　名転覆，混乱　動ろうばいさせる，ひっくり返す，だめにする

☑ **useless** [júːsləs／ユースレス] 　形役に立たない

V

☑**vacuum** [vǽkjuəm／**ヴァキュウム**]　名電気掃除機，真空，空白

☑**valuable** [vǽljuəbl／**ヴァリュアブル**]　名〔通例-s〕貴重品　形高価な，貴重な

☑**value** [vǽljuː／**ヴァリュー**]　名価値，価格　動評価する，重んじる

☑**various** [véəriəs／**ヴェアリアス**]　形さまざまな，多彩な，変化にとむ

☑**vitamin** [váitəmin／**ヴァイタミン**]　名ビタミン

W

☑**waken** [wéikn／**ウェイクン**]　動起こす，目をさます

☑**warn** [wɔ́ːrn／**ウォーン**]　動警告する，予告する，さとす

☑**waste** [wéist／**ウェイスト**]　名浪費，荒れ地，廃物，くず　動浪費する，無駄にする，荒廃させる　形荒れた，生かされない，不用の

☑**wealth** [wélθ／**ウェルス**]　名富，財産

☑**wealthy** [wélθi／**ウェルスィ**]　形富裕な，金持ちの

☑**wedding** [wédiŋ／**ウェディング**]　名結婚式，結婚記念日

☑**weekly** [wíːkli／**ウィークリ**]　形毎週の　副毎週

☑**weep** [wíːp／**ウィープ**]　動泣く，悲しむ，（涙を）流す

☑**weigh** [wéi／**ウェイ**]　動重さを量る，目方を量る

☑**well-known** [wélnóun／**ウェルノウン**]　形有名な，よく知られている

☑**whatever** [hwàtévər／（ホ）**ワットエヴァ**]　代〜のものは何でも　形どんな〜でも

☑**wheat** [hwíːt／（ホ）**ウィート**]　名小麦

☑**whenever** [hwenévər／（ホ）**ウェンエヴァ**]　接〜の時はいつでも，〜するたびに

☑**wherever** [hweərévər／（ホ）**ウェアエヴァ**]　副〜するどんな所ででも

☑**whichever** [hwitʃévər／（ホ）**ウィチエヴァ**]　代どちらでも　形どちらの〜でも

☑**whisper** [hwíspər／（ホ）**ウィスパ**]　名ささやき声，ひそひそ話　動ささやく

☑**whoever** [hùːévər／**フーエヴァ**]　代（〜する）人はだれでも，だれが〜とも

☑**width** [wídθ／**ウィドス**]　名広さ，幅，横

☑**willing** [wíliŋ／**ウィリング**]　形喜んで〜する，自発的な

☑**wire** [wáiər／**ワイア**]　名針金，電信，電報　動電報を打つ

☑**worth** [wɔ́ːrθ／**ワ〜ス**]　名価値　形〜の価値がある，〜するに足る

☑**wound** [wúːnd／**ウーンド**]　名傷，負傷，けが　動傷つける

☑**wrap** [rǽp／**ラァップ**]　動包む，まとう，隠す

Y

☑**youth** [júːθ／**ユース**]　名若さ，青年，青春

1 級 （約500語）

A

☑ **absence** [ǽbsəns／アブセンス]　名不在，欠席，欠勤

☑ **absolute** [ǽbsəlù:t／アブソルート]　形完全な，絶対の

☑ **account** [əkáunt／アカウント]　名勘定，報告，記事，(銀行の)口座，答弁，説明，話
動説明をする

☑ **acid** [ǽsid／アスィッド]　名酸
形すっぱい，酸性の，不機嫌な

☑ **activity** [æktívəti／アクティヴィティ]　名活動，活気，機敏，行為，機能

☑ **ad** [ǽd／アッド]　名広告，宣伝

☑ **addition** [ədíʃn／アディシャン]　名追加，添加，足し算，付加物

☑ **adopt** [ədápt／アダプト]　動(方法・意見などを)採用する，選ぶ，(人を)受け入れる，承認する

☑ **advance** [ədvǽns／アドヴァンス]　名前進，進歩，向上
動進む，進歩する，昇進する

☑ **advantage** [ədvǽntidʒ／アドヴァンテッヂ]　名有利な点〔立場〕，強み，利益

☑ **advertise** [ǽdvərtàiz／アドヴァタイズ]　動広告する

☑ **advertisement** [ædvərtáizmənt／アドヴァタイズメント, ədvə́:rtismənt／アドヴァ〜ティスメント]　名広告

☑ **affair** [əféər／アフェア]　名事件，問題

☑ **affect** [əfékt／アフェクト]　動影響する，感動させる，(病気が)〜を冒す

☑ **afford** [əfɔ́:rd／アフォード]　動〔can afford to 〜〕〜する余裕がある

☑ **agent** [éidʒənt／エイヂェント]　名代理人，特約店，周旋人，薬剤

☑ **agreement** [əgrí:mənt／アグリーメント]　名一致，協定，協約，同意

☑ **agriculture** [ǽgrikλltʃər／アグリカルチャ]　名農業，農耕，農法，農学

☑ **aid** [éid／エイド]　名手伝い，援助，補助器具
動援助する

☑ **alarm** [əlá:rm／アラーム]　名警報(器)，目ざまし時計，驚き
動警報を発する

☑ **ambitious** [æmbíʃəs／アンビシャス]　形大望を抱いている，熱望している

☑ **amusement** [əmjú:zmənt／アミューズメント]　名楽しみ，楽しみごと，娯楽

☑ **angle** [ǽŋgl／アングル]　名角，角度

☑ **anyhow** [énihàu／エニハウ]　副とにかく，何とかして，どうしても

☑ **apologize(-gise)** [əpálədʒàiz／アパロヂャイズ]　動詫びる，謝罪する

☑ **apparent** [əpǽrənt, əpéər-／アパレント]　形明らかな，見せかけの

☑ **applicant** [ǽplikənt／アプリカント]　名応募者，申込者

☑ **application** [æplikéiʃn／アプリケイシャン]　名応用，適用，願書，申し込み，申込書

☑ **appoint** [əpɔ́int／アポイント]　動任命する，約束する

☑ **appointment** [əpɔ́intmənt／アポイントメント]　名(人に会う)約束，任命

☑ **appreciate** [əprí:ʃièit／アプリーシエイト]　動認める，鑑賞する，感謝する

☑ **approve** [əprú:v／アプルーヴ]　動賛成する，承認する

☑ **argue** [á:rgju:／アーギュー]　動議論する，主張する

☑ **argument** [á:rgjəmənt／アーギュメント]　名議論，論拠，要旨

☑ **arise** [əráiz／アライズ]　動(問題などが)発生する，起こる

☑ **arrest** [ərést／アレスト]　名逮捕，検挙
動逮捕する，検挙する

☑ **article** [á:rtikl／アーティクル]　名品目，商品，記事

☑ **artificial** [à:rtəfíʃl／アーティフィシャル]　形人工の，人造の

☑ **ash** [ǽʃ／アシ]　名灰

☑ **association** [əsòusiéiʃn／アソウスィエイシャン]　名協会，団体，会，関連，連想

☑ **astronaut** [ǽstrənɔ̀:t／アストゥロノート]　名宇宙飛行士

☑ **attach** [ətǽtʃ／アタッチ]　動〜を付ける，添える，くっつける

☑ **attract** [ətrǽkt／アトゥラァクト]　動ひきつける，魅惑する

☑ **attractive** [ətrǽktiv／アトゥラァクティヴ]　形人をひきつける，魅力的な

☑ **audience** [ɔ́:diəns／オーディエンス]　名〔集合的〕観衆，聴衆，(ラジオの)聴取者，(テレビの)視聴者

☑ **author** [ɔ́:θər／オーサ]　名著者，作家

☑ **available** [əvéiləbl／アヴェイラブル]　形利用できる，入手可能な，有効な，役に立つ

B

☑ **background** [bǽkgràund／バァックグラウンド]　名背景，遠景，事情，素性，経歴

☑ **bar** [bá:r／バー]　名棒，酒場，〔集合的〕弁護士

☑ **bare** [béər／ベア]　形おおいのない，むきだしの，飾らない，ただの

☑ **behave** [bihéiv／ビヘイヴ]　動ふるまう，行儀よくする

☑ **belief** [bilí:f, bə-／ビリーフ]　名信念，信仰，信頼

☑ **benefit** [bénəfit／ベネフィット]　名利益，恩恵
動〜に利益を与える，〜から利益をうる

☑ **bind** [báind／バインド]　動縛る，束縛する，包帯する，製本する

☑ **bitter** [bítər／ビタ]　形苦い，痛烈な，冷酷な，辛らつな

☑ **blank** [blǽŋk／ブラァンク]　名空白
形白紙の，空の，ぼんやりした

☐**bless** [blés／ブレス]　動祝福する，恩恵を与える

☐**boast** [bóust／ボウスト]　名自慢（の種），誇り　動自慢する，誇る

☐**bold** [bóuld／ボウルド]　形大胆な，ずうずうしい，目立つ

☐**border** [bɔ́:rdər／ボーダ]　名へり，国境，境界　動〜に隣接する

☐**bore** [bɔ́:r／ボーア]　動退屈させる，うんざりさせる，穴をあける

☐**bother** [báðər／バザ]　名悩みの種，やっかい，めんどう　動悩ます，気をもむ，くよくよする

☐**brain** [bréin／ブレイン]　名脳，知力

☐**brake** [bréik／ブレイク]　名ブレーキ

☐**bride** [bráid／ブライド]　名花嫁，新婦

☐**brief** [brí:f／ブリーフ]　名摘要，概要　形短い，簡潔な

☐**broadcast** [brɔ́:dkæst／ブロードキャスト]　名放送　動放送する

☐**bud** [bʌ́d／バッド]　名芽　動芽を出す

☐**burst** [bə́:rst／バ〜スト]　名破裂，爆発　動破裂する，突然〜する，引き裂く，爆発する

C

☐**calculator** [kǽlkjəlèitər／キァルキュレイタ]　名計算器

☐**capacity** [kəpǽsəti／カパアスィティ]　名収容能力，定員，才能，可能性

☐**career** [kəríər／カリア]　名経歴，生涯，職歴，職業

☐**carriage** [kǽridʒ／キァリッヂ]　名馬車，客車，運搬車

☐**cast** [kǽst／キャスト]　動投げる，向ける

☐**catalog(-logue)** [kǽtəlɔ̀:g／キァタローグ]　名目録，カタログ

☐**celebrate** [séləbrèit／セレブレイト]　動祝う，公布する

☐**ceremony** [sérəmòuni／セレモウニ]　名儀式，形式的儀礼

☐**channel** [tʃǽnl／チァヌル]　名海峡，チャンネル

☐**chapter** [tʃǽptər／チァプタ]　名章

☐**charge** [tʃɑ́:rdʒ／チャーヂ]　名料金，告訴，責任，負担，充電　動請求する，積む，充電する，委託する

☐**charm** [tʃɑ́:rm／チャーム]　名魅力，まじない，お守り　動うっとりさせる，魔法をかける

☐**chase** [tʃéis／チェイス]　名追跡　動追いかける

☐**childhood** [tʃáildhùd／チャイルドフッド]　名幼年期

☐**circumstance** [sə́:rkəmstæns／サ〜カムスタァンス]　名〔通例-s〕事情，境遇，生活状態

☐**civilization** [sìvələzéiʃn／スィヴィリゼイシャン]　名文明，文化

☐**claim** [kléim／クレイム]　動（当然のこととして）要求する，〜であると主張する

☐**clothe** [klóuð／クロウズ]　動衣服を着せる，おおう

☐**collar** [kálər／カラ]　名カラー，襟

☐**combination** [kàmbənéiʃn／カンビネイシャン]　名結合，組み合わせ，配合

☐**combine** [kəmbáin／コンバイン]　動結合させる，結合する

☐**command** [kəmǽnd／コマァンド]　名命令，指揮　動命じる，支配する，（言葉を自由に）あやつる

☐**committee** [kəmíti／コミティ]　名委員（会）

☐**commodity** [kəmádəti／コマディテイ]　名（日常）必需品，日用品，便利な物

☐**competition** [kàmpitíʃn／カンペティシャン]　名競争，試合

☐**compose** [kəmpóuz／コンポウズ]　動組み立てる，構成する，創作する，作曲する，詩作する

☐**concentrate** [kánsəntrèit／カンセントゥレイト]　動集中する，集める，専念する

☐**concern** [kənsə́:rn／コンサ〜ン]　名関係，関心事，気づかい，心配　動関係がある，関心をもつ，心配する

☐**conclude** [kənklú:d／コンクルード]　動終える，結論をくだす，決定する

☐**conclusion** [kənklú:ʒn／コンクルージャン]　名結論，終わり，（条約などの）締結

☐**confidence** [kánfidəns／カンフィデンス]　名信頼，自信

☐**confuse** [kənfjú:z／コンフューズ]　動混同する，混乱させる

☐**confusion** [kənfjú:ʒn／コンフュージャン]　名混乱，騒動，取り違え，ろうばい

☐**congratulate** [kəngrǽtʃulèit／コングラァチュレイト]　動祝う，喜ぶ

☐**congratulation** [kəngrǽtʃəléiʃn／コングラァチュレイシャン]　名祝賀，〔-s〕お祝いの言葉

☐**connect** [kənékt／コネクト]　動つなぐ，連結する

☐**connection** [kənékʃn／コネクシャン]　名連結，連絡，関係，接続，縁故

☐**consist** [kənsíst／コンスィスト]　動〜から成る，構成される，存在する

☐**constant** [kánstənt／カンスタント]　形絶え間ない，休みなく続く，揺るぎのない，誠実な

☐**consult** [kənsʌ́lt／コンサルト]　動（専門家の）意見を求める，調べる，考慮に入れる，相談する

☐**consumer** [kənsú:mər／コンスーマ]　名消費者

☐**contact** [kántækt／カンタァクト]　名接触，連絡，縁故　動接触する

☐**content** [kántent／カンテント]　名〔-s〕（容器などの）中身，内容，容量

☐**continent** [kántənənt／カンティネント]　名大陸

☐**contrast** 名[kántræst／カントゥラァスト]　名対照　動[kəntrǽst／コントゥラァスト]　動よい対照をなす

☐**copper** [kápər／カパ]　名銅，銅貨

☑**cord** [kɔ́:rd／コード]　图綱，縄，コード

☑**cough** [kɔ́:f／コーフ]　图咳
動咳をする

☑**crash** [kræʃ／クラァッシ]　图大音響，衝突
動衝突する，墜落する，ガチャンとこわれる

☑**crawl** [krɔ́:l／クロール]　图徐行，〔水泳〕クロール
動這う，(乗物・仕事などが)ゆっくり進む

☑**crime** [kráim／クライム]　图犯罪

☑**cruel** [krú:əl／クルーエル]　形残酷な，悲惨な，ひどい

☑**cultivate** [kʌ́ltəvèit／カルティヴェイト]　動耕す，栽培する，(才能などを)養う

☑**cultural** [kʌ́ltʃərəl／カルチュラル]　形文化の，教養の，栽培上の

☑**cure** [kjúər／キュア]　图治療(法)，治癒，回復，救済法
動治療する，(病気が)直る，治す

☑**current** [kə́:rənt／カ〜レント]　图流れ，電流，風潮
形現在通用している，現在の

☑**curve** [kə́:rv／カ〜ヴ]　图カーブ，曲線
動曲がる，曲げる

D

☑**dare** [déər／デア]　图挑戦
動思い切って〜する，物ともしない

☑**debt** [dét／デット]　图借金，負債

☑**decision** [disíʒən／ディスィジャン]　图決定，結論，決心，決断力

☑**decorate** [dékərèit／デコレイト]　動装飾する

☑**decrease** 图[dí:kri:s／ディークリース]　图減退，減少
動[dikrí:s／ディクリース]　動減らす，減る

☑**defeat** [difí:t／ディフィート]　图敗北
動負かす

☑**defend** [difénd／ディフェンド]　動守る，弁護する

☑**delay** [diléi／ディレイ]　图遅延，遅滞，猶予，延期
動遅らせる，延期する，手間どる

☑**delicate** [délikit／デリケット]　形繊細な，精巧な，きゃしゃな，敏感な，微妙な

☑**deny** [dinái／ディナイ]　動否定する，拒絶する

☑**describe** [diskráib／ディスクライブ]　動描写する，述べる

☑**description** [diskrípʃn／ディスクリプシャン]　图描写，叙述，人相(書)

☑**detail** [dítéil／ディテイル]　图詳細，細部
動詳しく述べる

☑**determine** [ditə́:rmin／ディタ〜ミン]　動決定する，決心する

☑**development** [divéləpmənt／ディヴェロプメント]　图発達，成長，開発，現像

☑**devil** [dévl／デヴル]　图悪魔

☑**digest** 图[dáidʒest／ダイヂェスト]　图要約
動[daidʒést／ダイヂェスト]　動消化する，よく理解する，要約する

☑**dine** [dáin／ダイン]　動食事をする

☑**director** [diréktər／ディレクタ]　图指揮者，重役，部長，局長，監督

☑**discount** [dískaunt／ディスカウント]　图割引
動割り引く

☑**display** [displéi／ディスプレイ]　图陳列，展示，表示，誇示
動陳列する

☑**distinct** [distíŋkt／ディスティンクト]　形はっきりした，別の

☑**disturb** [distə́:rb／ディスタ〜ブ]　動かき乱す，不安にする，妨害する

☑**dive** [dáiv／ダイヴ]　图飛び込み，潜水
動潜る，(水に)飛び込む，打ち込む

☑**domestic** [dəméstik／ドメスティック]　形家庭の，家事の，国内の，国産の

☑**drawer** [drɔ́:r／ドゥローア]　图引出し，〔-s〕タンス

☑**due** [djú:／デュー]　形当然支払われるべき正当な，十分な，〜するはずで

☑**dumb** [dʌ́m／ダム]　形口のきけない

E

☑**economic** [ì:kənámik／イーコナミック]　形経済の，経済学の

☑**economical** [ì:kənámikl／イーコナミクル]　形倹約を重んじる，経済的な

☑**editor** [éditər／エディタ]　图編集者，校訂者，論説委員

☑**effective** [iféktiv／イフェクティヴ]　形効果的な，(法律が)有効な

☑**embarrass** [imbǽrəs／インバァラス]　動まごつかせる，めんどうにする，邪魔する，妨げる

☑**emergency** [imə́:rdʒənsi／イマ〜ヂェンスィ]　图緊急事態，非常の場合

☑**employee(-ploye)** [implɔ́ii:／インプロイイー，emplɔ̀ií:／エンプロイイー]　图従業員，使用人

☑**employer** [implɔ́iər／インプロイア]　图雇い主，雇用者

☑**employment** [implɔ́imənt／インプロイメント]　图雇用，職

☑**encourage** [inkə́:ridʒ／インカ〜リッヂ]　動勇気づける，自信(希望)を与える，励ます

☑**engage** [ingéidʒ／インゲイヂ]　動雇う，約束する，従事する

☑**environment** [inváirənmənt／インヴァイロンメント]　图環境，周囲，事業

☑**envy** [énvi／エンヴィ]　图羨望，嫉妬
動羨む，妬む

☑**essential** [isénʃl／イセンシャル]　图本質的な要素，特質，主要点
形不可欠の，本質的な

☑**estimate** [éstəmèit／エスティメイト]　图見積もり，評価
動見積もる，評価する

☑**evidence** [évidəns／エヴィデンス]　图証拠
動証言する

☑**evil** [í:vl／イーヴル]　图悪，害悪
形邪悪な，不運な

☑**exhibition** [èksibíʃn／エクスィビシャン]　图展覧会，博覧会，見せること

☑ **existence** [igzístəns／イグズィステンス] 　名存在，生存，生活

☑ **expand** [ikspǽnd／イクスパァンド] 　動広がる，広げる

☑ **expense** [ikspéns／イクスペンス] 　名支出，費用

☑ **expert** [ékspə:rt／エクスパ〜ト] 　名専門家，大家

☑ **explore** [iksplɔ́:r／イクスプローア] 　動探険する

☑ **extend** [iksténd／イクステンド] 　動延長する，広げる，（手足・からだを）伸ばす，広がる

☑ **extension** [iksténʃn／イクステンシャン] 　名延長，内線，拡大

☑ **extent** [ikstént／イクステント] 　名範囲，広さ，大きさ，長さ

☑ **extra** [ékstrə／エクストゥラ] 　名号外，臨時雇い　形余分の，追加の，臨時の

☑ **extreme** [ikstrí:m／イクストゥリーム] 　名極端（なもの）　形極度の，過激な，先端の

☑ **eyesight** [áisàit／アイサイト] 　名視力，視覚

F

☑ **failure** [féiljər／フェイリャ] 　名失敗，不成功，不足，不作

☑ **faith** [féiθ／フェイス] 　名信仰，信頼

☑ **fancy** [fǽnsi／ファンスィ] 　名空想，想像，きまぐれ，思いつき　動想像する，心に描く

☑ **fare** [féər／フェア] 　名運賃，料金

☑ **fashionable** [fǽʃnəbl／ファショナブル] 　形流行の，上流社会の

☑ **fate** [féit／フェイト] 　名運命，行く末，非運　動運命づける

☑ **fearful** [fíərfl／フィアフル] 　形恐ろしい

☑ **fierce** [fíərs／フィアス] 　形どう猛な，荒れ狂う，激しい

☑ **figure** [fígjər／フィギャ] 　名姿，人物，図形，数字　動数字で表す，心に描く，〜と判断する

☑ **flame** [fléim／フレイム] 　名炎，情熱　動燃え立つ

☑ **flash** [flǽʃ／フラァッシ] 　名ひらめき，閃光　動光を発する

☑ **flour** [fláuər／フラウア] 　名粉，小麦粉

☑ **fluent** [flú:ənt／フルーエント] 　形（ことばが）よどみのない，能弁な

☑ **fold** [fóuld／フォウルド] 　動折る，（腕，足などを）組む，抱きしめる

☑ **forehead** [fɔ́:rid／フォーリッド] 　名ひたい

☑ **frank** [frǽŋk／フラァンク] 　形率直な，ざっくばらんな

☑ **freezer** [frí:zər／フリーザ] 　名冷凍器〔庫〕，フリーザー

☑ **frequent** [frí:kwənt／フリークウェント] 　形ひんばんに起こる，いつもの

☑ **frost** [frɔ́:st／フロースト] 　名霜，結氷，厳寒

☑ **fuel** [fjú:əl／フューエル] 　名燃料，（感情を）あおるもの

☑ **funeral** [fjú:nərəl／フューネラル] 　名葬式

G

☑ **garbage** [gá:rbidʒ／ガーベッヂ] 　名ごみ，くず

☑ **generation** [dʒènəréiʃn／ヂェネレイシャン] 　名世代，同時代の人々

☑ **generous** [dʒénərəs／ヂェネラス] 　形気前のよい，寛大な，たくさんの

☑ **ghost** [góust／ゴウスト] 　名幽霊，幻影

☑ **glance** [glǽns／グラァンス] 　名ちらりと見ること　動ちらりと見る，ざっと目を通す

☑ **globe** [glóub／グロウブ] 　名地球，地球儀，球

☑ **goods** [gúdz／グッヅ] 　名商品，財産

☑ **grammar** [grǽmər／グラァマ] 　名文法

☑ **grave** [gréiv／グレイヴ] 　名墓　形重大な，まじめな，厳粛な

☑ **grief** [grí:f／グリーフ] 　名悲しみ，嘆き

☑ **guarantee** [gærəntí:／ギャランティー] 　名保証，保証人　動保証する，約束する

☑ **guilty** [gílti／ギルティ] 　形有罪の，罪の意識のある

H

☑ **halfway** [hǽfwéi／ハァフウェイ] 　形中途の，中途半端の，部分的な　副中途で，ほとんど

☑ **handicap** [hǽndikæp／ハァンディキァップ] 　名ハンディキャップ，不利な条件　動ハンディをつける

☑ **harmful** [há:rmfl／ハームフル] 　形有害な，危険な

☑ **harmony** [há:rməni／ハーモニ] 　名調和，一致，和音

☑ **hesitate** [hézitèit／ヘズィテイト] 　動ためらう，ちゅうちょする

☑ **hire** [háiər／ハイア] 　名賃借り，臨時雇用　動雇う，賃借りする

☑ **holy** [hóuli／ホウリ] 　形神聖な，神事に関する，気高い

☑ **honesty** [ánəsti／アネスティ] 　名正直，誠実

☑ **hook** [húk／フック] 　名鈎，ホック，つり針

☑ **horizon** [həráizn／ホライズン] 　名地平線，水平線

☑ **horn** [hɔ́:rn／ホーン] 　名角，角笛，警笛

☑ **human** [hjú:mən／ヒューマン] 　形人間の，人間的な

☑ **humid** [hjú:mid／ヒューミッド] 　形しめっぽい，湿気の多い

☑ **humorous** [hjú:mərəs／ヒューモラス] 　形こっけいな

I

☑ **ideal** [aidí:əl／アイディーアル] 　名理想　形理想的な

☑ **identify** [aidéntəfài／アイデンティファイ] 　動見分ける，確認する，共鳴する

☑ **imitate** [ímitèit／イミテイト] 　動まねる，模造する，見習う

☑ **imitation** [ìmitéiʃn／イミテイシャン] 　名まね，偽物，模造

☑ **impress** [imprés／インプレス] 　名押印　動印象を与える，感銘を与える

☑ **impression** [impréʃn／インプレシャン] 　名印象，感銘

☑ **improve** [imprúːv／インプルーヴ] 　動改良する，上達させる，向上する

☑ **improvement** [imprúːvmənt／インプルーヴメント] 　名改善，進歩，改良個所

☑ **include** [inklúːd／インクルード] 　動含む

☑ **income** [ínkʌm／インカム] 　名収入，所得

☑ **incredible** [inkrédəbl／インクレディブル] 　形信じられない，非常な，すばらしい

☑ **independence** [ìndipéndəns／インディペンデンス] 　名独立

☑ **indicate** [índikèit／インディケイト] 　動指し示す，～の徴候である

☑ **individual** [ìndəvídʒuəl／インディヴィヂュアル] 　名個人　形個人の，個々の，個性的な

☑ **inferior** [infíriər／インフィリア] 　名目下の者，後輩　形劣った，粗悪な，普通の，並の

☑ **inform** [infɔ́ːrm／インフォーム] 　動知らせる

☑ **initial** [iníʃl／イニシャル] 　名頭文字　動頭文字で署名する　形語頭の，初めの

☑ **injure** [índʒər／インヂャ] 　動傷つける，けがをさせる

☑ **injury** [índʒəri／インヂュリ] 　名負傷，損害，無礼

☑ **innocence** [ínəsns／イノセンス] 　名無罪，無邪気，無知

☑ **innocent** [ínəsnt／イノセント] 　形無罪の，無害な，無邪気な

☑ **inquire** [inkwáiər／インクワイア] 　動問い合わせる，質問をする

☑ **inquiry** [inkwáiri／インクワイリ] 　名問い合わせ，調査，質問

☑ **insist** [insíst／インスィスト] 　動主張する，強調する

☑ **inspect** [inspékt／インスペクト] 　動検査する，視察する

☑ **instrument** [ínstrəmənt／インストゥルメント] 　名道具，器具

☑ **insurance** [inʃúərəns／インシュアランス] 　名保険，保険金，保険業

☑ **intention** [inténʃn／インテンシャン] 　名意図，意思

☑ **investigate** [invéstigèit／インヴェスティゲイト] 　動（細かく）調査する，研究する

☑ **investigation** [invèstigéiʃn／インヴェスティゲイシャン] 　名調査，研究，捜査

☑ **investment** [invéstmənt／インヴェストメント] 　名投資，投資の対象

☑ **invoice** [ínvɔis／インヴォイス] 　名送り状，仕切り状　動送り状を送る

☑ **involve** [inválv／インヴァルヴ] 　動巻き込む，熱中させる，含む

☑ **issue** [íʃuː／イシュー] 　名問題，発行（物）

☑ **item** [áitəm／アイテム] 　名項目，品目，一つの記事　副ひとつ～

J

☑ **jail** [dʒéil／ヂェイル] 　名刑務所，拘置所，留置（場）

☑ **journal** [dʒə́ːrnl／ヂャ～ヌル] 　名機関誌，日刊新聞，日誌

☑ **judgment** [dʒʌ́dʒmənt／ヂャッヂメント] 　名判断，判決，思慮，見識

☑ **justice** [dʒʌ́stis／ヂャスティス] 　名公正，公平，正義

K

☑ **keen** [kíːn／キーン] 　形鋭い，きびしい

L

☑ **labo(u)r** [léibər／レイバ] 　名労働，（骨の折れる）仕事　動働く，骨折る

☑ **lawyer** [lɔ́ːjər／ローヤ] 　名弁護士

☑ **leak** [líːk／リーク] 　名漏れ口，漏れ　動漏る，（秘密などを）漏らす

☑ **lean** [líːn／リーン] 　動よりかかる　形やせた

☑ **leather** [léðər／レザ] 　名なめし皮，皮革製品

☑ **lecture** [léktʃər／レクチャ] 　名講義，講演　動講義する

☑ **librarian** [laibrériən／ライブレリアン] 　名図書館員

☑ **license** [láisns／ライセンス] 　名免許（状）

☑ **liquid** [líkwid／リクウィッド] 　名液体　形液体の，澄んだ

☑ **literature** [lítərətʃər／リテラチャ] 　名文学，文献

☑ **local** [lóukl／ロウクル] 　名普通列車　形地方の，各駅停車の

☑ **locate** [lóukeit／ロウケイト] 　動位置する，置く，落ち着く，定住する

☑ **luxurious** [lʌgʒúəriəs／ラグジュアリアス] 　形ぜいたくな，豪華な

☑ **luxury** [lʌ́kʃəri／ラクシャリ] 　名ぜいたく（品），楽しみ

M

☑ **majority** [mədʒɔ́ːrəti／マヂョーリティ] 　名大多数，大部分，多数派

☑ **manufacture** [mænjəfǽktʃər／マァニュファクチャ] 　名製造（業），生産　動製造する，生産する

☑ **mass** [mǽs／マァス] 　名かたまり，集り，全体，集合体

☑ **maximum** [mǽksəməm／マァクスィマム] 　名最大限，最高点　形最大の，最高の

☑ **mayor** [méiər／メイア] 　名市長，町長

☑ **means** [míːnz／ミーンズ] 　名手段，方法，財産

☑ **medical** [médikl／メディクル] 　形医学の

☑ **memorize** [méməràiz／メモライズ] 　動記憶する，覚える

☑ **mention** [ménʃn／メンシャン] 　名言及，陳述　動言及する，話す

☑ **merit** [mérit／メリット] 　名価値，長所，功績

☑ **method** [méθəd／メソッド] 　名方法，筋道

☑ **minimum** [mínəməm／ミニマム] 　名最小限，最低点　形最小の，最低の

☑ **minority** [minɔ́ːrəti／ミノーリティ，mainɔ́ːrəti／マイノーリティ] 　名少数，少数派，未成年

☑ **miracle** [mírəkl／ミラクル] 　名奇跡，驚異的な事実

☑ **miserable** [mízərəbl／ミゼラブル] 　形惨めな，悲惨な，不幸な，哀れな

☑ **modest** [mάdist／マデスト] 　形控えめな，謙虚な，しとやかな

☐ **monthly** [mΛnθli／マンスリ]	名月刊雑誌 形月1回の，毎月の 副月1回，毎月	
☐ **moral** [mɔ́:rəl／モーラル]	名道徳，教訓 形道徳的な，教訓的な，貞淑な	
☐ **moreover** [mɔːróuvər／モーアオウヴァ]	副その上，さらに	
☐ **motion** [móuʃn／モウシャン]	名運動，動作，動議	
☐ **mutual** [mjú:tʃuəl／ミューチュアル]	形相互の，共同の，共通の	
☐ **mysterious** [mistíriəs／ミスティリアス]	形神秘的な，不思議な，不可解な	
☐ **mystery** [místəri／ミステリ]	名不思議，推理小説，謎，神秘，奥義	

N

☐ **neat** [ní:t／ニート]	形整頓された，きちんとした
☐ **negative** [négətiv／ネガティヴ]	名（写真の）ネガ，否定 動否定する 形否定の，マイナスの
☐ **neglect** [niglékt／ネグレクト]	名怠慢，無視，放置 動怠る，無視する
☐ **neighbo(u)rhood** [néibərhùd／ネイバフッド]	名近所，付近，近所の人々
☐ **nephew** [néfju:／ネフュー]	名甥
☐ **niece** [ní:s／ニース]	名姪
☐ **normal** [nɔ́:rml／ノームル]	名標準，典型，正常 形正常な，普通の
☐ **nuclear** [njú:kliər／ニュークリア]	形原子力の，核の

O

☐ **obedient** [oubí:diənt／オウビーディエント]	形従順な，素直な
☐ **observation** [àbzərvéiʃn／アブザヴェイシャン]	名観察（力），注目，観測
☐ **observe** [əbzá:rv／オブザ～ヴ]	動観察する，（法律などを）守る，（儀式などを）行う，（誕生日などを）祝う
☐ **occasional** [əkéiʒənl／オケイジョヌル]	形時折の，たまの，臨時の
☐ **occupation** [àkjəpéiʃn／アキュペイシャン]	名職業，占領
☐ **occupy** [ákjəpài／アキュパイ]	動占領する，占める，従事させる
☐ **occur** [əká:r／オカ～]	動起こる，生じる，ふと心に浮ぶ
☐ **omit** [oumít／オウミット]	動省く，～をぬかす，しそこなう
☐ **opportunity** [àpərtjú:nəti／アパテューニティ]	名機会，出世のチャンス
☐ **oppose** [əpóuz／オポウズ]	動反対する
☐ **oral** [ɔ́:rəl／オーラル]	名口述試験 形口頭の，口述の，口の
☐ **organization** [ɔ̀:rgənəzéiʃn／オーガニゼイシャン]	名組織（化），団体，協会，組合，機関
☐ **organize** [ɔ́:rgənàiz／オーガナイズ]	動組織する，編成する，体系づける

☐ **otherwise** [Λðərwàiz／アザワイズ]	形別の 副別のやり方で，他の点では，さもなければ
☐ **oxygen** [áksidʒən／アクスィヂャン]	名酸素

P

☐ **parcel** [pá:rsl／パースル]	名小荷物，小包
☐ **passage** [pǽsidʒ／パァセッヂ]	名通行，推移，通路，（引用された）箇所
☐ **paste** [péist／ペイスト]	名のり，すりつぶした物，ペースト
☐ **pause** [pɔ́:z／ポーズ]	名小休止，中断 動休止する，ちょっと休む
☐ **pavement** [péivmənt／ペイヴメント]	名（道路の）舗装，歩道
☐ **payment** [péimənt／ペイメント]	名支払い，返済
☐ **performance** [pərfɔ́:rməns／パフォーマンス]	名遂行，成就，演奏，芸当，できばえ
☐ **permanent** [pá:rmənənt／パ～マネント]	名パーマネント 形永久的な
☐ **permission** [pərmíʃn／パミシャン]	名許可，許し
☐ **persuade** [pərswéid／パスウェイド]	動説得する，説得して～させる
☐ **philosophy** [filásəfi／フィラソフィ]	名哲学，人生観
☐ **pigeon** [pídʒən／ピヂョン]	名はと
☐ **pile** [páil／パイル]	名積み重ね，（～の）山 動積み重ねる，積み上げる，積もる
☐ **planet** [plǽnit／プラァネット]	名惑星
☐ **poison** [pɔ́izn／ポイズン]	名毒
☐ **policy** [páləsi／パリスィ]	名政策，方針，保険，証券
☐ **political** [pəlítikl／ポリティクル]	形政治の
☐ **politician** [pàlitíʃn／パリティシャン]	名政治家，政治屋
☐ **politics** [pálitiks／パリティックス]	名政治学，政治（問題）
☐ **positive** [pázitiv／パズィティヴ]	名（写真の）ポジ，正数 形積極的な，確信した，明白な
☐ **possibility** [pàsəbíləti／パスィビリティ]	名可能性，起こりうること
☐ **poverty** [pávərti／パヴァティ]	名貧乏，欠乏，不足
☐ **praise** [préiz／プレイズ]	名称賛 動ほめたたえる
☐ **pray** [préi／プレイ]	動（神に）祈る
☐ **preparation** [prèpəréiʃn／プレパレイシャン]	名準備，心構え，覚悟，調製品，調理
☐ **pretend** [priténd／プリテンド]	動～のふりをする
☐ **principle** [prínsəpl／プリンスィプル]	名原理，原則，主義，信条，本質
☐ **process** [práses／プラセス]	名過程，製法，工程，進行，経過 動加工する，（食物を）化学的に処理する，整理する
☐ **profession** [prəféʃn／プロフェシャン]	名職業，公言，告白，宣誓
☐ **professor** [prəfésər／プロフェサ]	名教授，〔肩書きで〕～教授
☐ **profit** [práfit／プラフィット]	名利益，利息 動得をする，役立つ

☑**project** 图[prádʒekt／プラヂェクト]　图計画，企画，（国家的）開発事業，集団住宅

　　動[prədʒékt／プラヂェクト]　動計画する，提案する，企画する，映写する

☑**pronounce** [prənáuns／プロナウンス]　動発音する

☑**pronunciation** [prənʌnsiéiʃn／プロナンスィエイシャン]　图発音，発音法

☑**proposal** [prəpóuzl／プロポウズル]　图提案，結婚の申し込み

☑**provide** [prəváid／プロヴァイド]　動供給する，（便宜などを）与える，扶養する，（将来の災難などに）備える

☑**purchase** [pə́:rtʃəs／パ～チェス]　图購入，購入品　動購入する，獲得する

Q

☑**qualification** [kwàləfikéiʃn／クワリフィケイシャン]　图資格，能力，制限

R

☑**radar** [réidɑ:r／レイダー]　图レーダー，電波探知(法)

☑**rapid** [rǽpid／ラァピッド]　形速い，めまぐるしい，敏捷な，（坂が）急な，けわしい

☑**rate** [réit／レイト]　图割合，率，速度，料金，相場　動評価する，査定する，みなされる

☑**ray** [réi／レイ]　图光線，ひらめき　動光線をだす，輝く

☑**reasonable** [rí:znəbl／リーズナブル]　形論理的な，分別のある，適度な，（値段が）手ごろな

☑**receiver** [risí:vər／リスィーヴァ]　图受取り人，（電話の）受話器，受信機

☑**recipe** [résəpi／レセピ]　图（料理の）調理法，こつ

☑**recognition** [rèkəgníʃn／レコグニシャン]　图わかること，認めること，承認，報酬

☑**recommend** [rèkəménd／レコメンド]　動推薦する，勧める，提示する

☑**recreation** [rèkriéiʃn／レクリエイシャン]　图娯楽，休養，レクリエーション

☑**reduce** [ridjú:s／リデュース]　動減らす，縮小する，変える，移す

☑**refer** [rifə́:r／リファー]　動参照する，言及する，関連する，紹介する

☑**reflect** [riflékt／リフレクト]　動反射する，反映する，熟考する

☑**regret** [rigrét／リグレット]　图後悔，残念，哀悼　動後悔する，残念に思う

☑**relationship** [riléiʃnʃip／リレイシャンシップ]　图結び付き，関連，関係

☑**reliable** [riláiəbl／リライアブル]　形信頼できる，当てになる

☑**relieve** [rilí:v／リリーヴ]　動（不安・苦痛などを）取り除く，安心させる，救助する，救援物資を送る，（人を）交替させる

☑**religion** [rilídʒən／リリヂョン]　图宗教，信仰

☑**religious** [rilídʒəs／リリヂャス]　形宗教の，信心深い

☑**rely** [rilái／リライ]　動信頼する，あてにする

☑**replace** [ripléis／リプレイス]　動～に取って代る，～のあとを継ぐ，代理を務める，もどす，償う

☑**represent** [rèprizént／レプリゼント]　動表現する，代表する，代理を務める，描く，説明する

☑**representative** [rèprizéntətiv／レプリゼンタティヴ]　图代表，後継者，相続人，代理人，代議士，国会議員

☑**research** [risə́:rtʃ／リサ～チ]　图調査，研究　動調査する，研究する

☑**resemble** [rizémbl／リゼンブル]　動似ている，～のようである

☑**reservation** [rèzərvéiʃn／レザヴェイシャン]　图（権利などの）保留，制限，差し控え，遠慮，控え目にすること，予約

☑**responsibility** [rispànsəbíləti／リスパンスィビリティ]　图責任，責務，負担

☑**responsible** [rispánsəbl／リスパンスィブル]　形責任がある，～の原因である，信頼できる

☑**retire** [ritáiər／リタイア]　動退職〔引退〕する，退く，回収する，逃げる，避難する

☑**reward** [riwɔ́:rd／リウォード]　图報酬，懸賞金，ほうび，償い，礼金　動報いる，返礼する，償う

☑**rid** [ríd／リッド]　動（障害物などを）取り除く，なくする，自由にする

☑**ripe** [ráip／ライプ]　形熟した，円熟した，準備の整った，機が熟した

☑**risk** [rísk／リスク]　图危険，冒険，（危害・損害を受ける)恐れ　動危険にさらす，思い切ってやってみる，～を覚悟でやる

☑**rob** [ráb／ラブ]　動奪う，～から盗む

☑**robber** [rábər／ラバ]　图強盗，どろぼう

☑**role** [róul／ロウル]　图役割，役目

☑**route** [rú:t／ルート]　图道，ルート，道筋　動道筋を定める

☑**rubber** [rʌ́bər／ラバ]　图ゴム，消しゴム，こする物，磨く物，砥石，あんま　形ゴム製の，ゴムの

☑**ruin** [rú:in／ルーイン]　图破滅，荒廃，廃墟，崩壊，残骸　動崩壊させる，荒らす，損う，だいなしにする，破産させる

S

☑**sacrifice** [sǽkrəfàis／サァクリファイス]　图犠牲，いけにえ　動犠牲にする，ささげる

☑**sake** [séik／セイク]　图〔for the ～ of, for one's ～ の形で]動機，ため，利益，目的

☑**satisfaction** [sætisfǽkʃən／サァティスファクシャン]　图満足，（願望の）実現，達成，納得

□**satisfactory** [sætisfǽktəri／サァティスファクトリ]	形満足な，申し分ない，十分な
□**scale** [skéil／スケイル]	名目盛り，尺度，段階，規模，天秤，はかり
□**scholar** [skálər／スカラ]	名学者，学問のある人，奨学生
□**scholarship** [skálərʃip／スカラシップ]	名奨学金，学問
□**score** [skɔ́:r／スコーア]	名得点，成績
	動得点する
□**scream** [skrí:m／スクリーム]	名金切り声，悲鳴
	動悲鳴をあげる，金切り声で叫ぶ
□**seize** [sí:z／スィーズ]	動つかみ取る，つかむ
□**seldom** [séldəm／セルダム]	副めったに～しない
□**select** [silékt／セレクト]	動選ぶ，抜粋する
	形精選した，極上の，より好みをする
□**sensible** [sénsəbl／センスィブル]	形思慮のある，気のきいた，気づいて
□**sensitive** [sénsitiv／センスィティヴ]	形感じやすい，敏感な，物事を気にしやすい
□**series** [síri:z／スィリーズ]	名連続，双書，シリーズ
□**severe** [səvíər／セヴィア]	形きびしい，厳格な，(苦痛などが)激しい
□**shade** [ʃéid／シェイド]	名日陰，(電灯などの)かさ，日よけ，(人目につかない)場所，色合い
□**shallow** [ʃǽlou／シァロウ]	動浅くする(なる)
	形浅い，深みのない
□**shame** [ʃéim／シェイム]	名恥ずかしさ，羞恥心，不名誉，恥辱
	動恥じさせる
□**shortage** [ʃɔ́:rtidʒ／ショーテッヂ]	名不足，欠乏
□**sightseeing** [sáitsì:iŋ／サイトスィーイング]	名観光，見物
□**signature** [sígnətʃər／スィグナチャ]	名署名，サイン
□**silly** [síli／スィリ]	形ばかな，愚かな，思慮のない
□**similar** [símələr／スィミラ]	形同じような，似通った
□**sincere** [sinsíər／スィンスィア]	形本心からの，本気の，誠実な
□**situation** [sìtʃuéiʃn／スィチュエイシャン]	名位置，情勢，立場，境遇，状態
□**skill** [skíl／スキル]	名熟練，技能，技術
□**skillful** [skílfl／スキルフル]	形熟練した
□**soil** [sɔ́il／ソイル]	名土，土地，汚れ
	動よごす，しみをつける
□**solution** [səlú:ʃn／ソルーシャン]	名解答，解決，溶けること，溶液
□**sorrow** [sárou／サロウ]	名悲しみ，後悔
□**source** [sɔ́:rs／ソース]	名水源(地)，源泉，出所，出典，資料
□**spite** [spáit／スパイト]	名悪意，いじわる，恨み
	動困らせる，いらいらさせる
□**spoil** [spɔ́il／スポイル]	名戦利品
	動だいなしにする，だめにする，増長させる，甘やかす

□**staff** [stǽf／スタァフ]	名〔集合的〕職員，部員，杖
□**stare** [stéər／ステア]	動じっと見つめる，にらみつける
□**starve** [stá:rv／スターヴ]	動餓死する，飢える，極貧に苦しむ，渇望する
□**steady** [stédi／ステディ]	動安定する，落着く
	形しっかりした，着実な，むらのない，落着いた
□**steep** [stí:p／スティープ]	名急な坂，断崖
	形険しい，法外な，おおげさな，信じられない
□**stock** [sták／スタック]	名在庫品，貯蔵，たくわえ，〔集合的〕家畜，株
	動備える，仕入れる，たくわえる
	形手持ちの，在庫の，標準的な
□**stormy** [stɔ́:rmi／ストーミ]	形あらしの，暴風の，荒れる
□**strain** [stréin／ストレイン]	名張りつめること，過労，緊張
	動痛める，緊張させる，精いっぱい努力する
□**stretch** [strétʃ／ストゥレッチ]	名張り，無理に使うこと，拡大解釈，広がった地域
	動いっぱいに伸ばす〔広げる〕，張りつめる，誇張する，乱用する，達する
□**struggle** [strʌ́gl／ストゥラグル]	名苦闘，もがき，努力，戦い
	動苦闘する，苦心する，もがく，争う，一生懸命努力する
□**stupid** [stjú:pid／ステューピッド]	形ばかな，無分別な，非常識な
□**substitute** [sʌ́bstitjù:t／サブスティテュート]	名身代り，補欠，代用品
	動代わりにする，代用する，取って代わる
□**suggestion** [səgdʒéstʃən／サ(グ)ヂェスチョン]	名提案，暗示
□**suitable** [sú:təbl／スータブル]	形適当な，ふさわしい
□**sum** [sʌ́m／サム]	名合計，総数，大意
□**superior** [supíriər／スピリア]	名上役，先輩，目上の人，すぐれた人
	形より上の，まさった，高級な，重要な
□**surround** [səráund／サラウンド]	動囲む，包囲する
□**survive** [sərváiv／サヴァイヴ]	動～の後まで生き残る，長生きする，生き残る
□**suspect** 動[səspékt／サスペクト]	動容疑をかける，怪しむ，気づく
名[sʌ́spekt／サスペクト]	名容疑者
□**swallow** [swálou／スワロウ]	名飲みこむこと，つばめ
	動飲みこむ，簡単に信じる，甘受する
□**symbol** [símbl／スィンブル]	名象徴，シンボル，称号，記号

☑**sympathy** [símpəθi／スィンパスィ] 　名同情，共感，思いやり，哀れみ，悔み状，一致，調和

T

☑**tank** [tǽŋk／タァンク] 　名戦車，貯水槽
☑**task** [tǽsk／タァスク] 　名仕事
☑**technical** [téknikl／テクニクル] 　形専門の，技術上の，工業の，規則上の
☑**technique** [tekníːk／テクニーク] 　名手法，技巧，技術
☑**technology** [teknálədʒi／テクナラヂィ] 　名科学技術，技術，方法
☑**telescope** [téləskòup／テレスコウプ] 　名望遠鏡
☑**temple** [témpl／テンプル] 　名神殿，寺院，殿堂，こめかみ
☑**tend** [ténd／テンド] 　動〜する傾向がある，（家畜・機械・店などを）番する，（病人などの）世話をする，気を配る
☑**theory** [θíːəri／スィーアリ] 　名理論，学説
☑**thermometer** [θərmámitər／サマミタ] 　名温度計，体温計
☑**throughout** [θruːáut／スルーアウト] 　前いたるところに，すみからすみまで／副まったく，初めから終りまでずっと
☑**thus** [ðʌ́s／ザス] 　副こうして，このように，だから，したがって
☑**tidy** [táidi／タイディ] 　形きちんとした，こぎれいな
☑**transfer** 動[trænsfə́ːr／トゥラァンスファ〜] 　動移す，転任〔転校〕させる，転勤〔転校〕する，乗り換える／名[trǽnsfər／トゥラァンスファ〜] 名譲渡，転勤，転校，乗り換え，転校生，転勤者
☑**transportation** [trænspərtéiʃn／トゥラァンスパテイシャン] 　名輸送（機関），運賃，乗り物，運輸
☑**treasure** [tréʒər／トゥレジャ] 　名宝物，富，財産／動秘蔵する，大事にする，尊ぶ
☑**tube** [tjúːb／テューブ] 　名管，くだ，チューブ，《英》地下鉄
☑**typical** [típikl／ティピクル] 　形典型的な

U

☑**ugly** [ʌ́gli／アグリ] 　形醜い，見苦しい
☑**uneasy** [ʌníːzi／アンイーズィ] 　形不安な，もじもじした
☑**unfortunate** [ʌnfɔ́ːrtʃənit／アンフォーチュネット] 　形不運な，不幸な，不成功の
☑**universal** [jùːnəvə́ːrsl／ユーニヴァ〜サル] 　形全世界の，普遍的な，万能の
☑**universe** [júːnəvə̀ːrs／ユーニヴァ〜ス] 　名宇宙，天地万物，全世界，領域
☑**urge** [ə́ːrdʒ／ア〜ヂ] 　名刺激，推進，衝動／動強力に推し進める，急がせる，早める，促す，かりたてる，強く主張する
☑**urgent** [ə́ːrdʒənt／ア〜ヂェント] 　形差し迫った，緊急の，執拗な

V

☑**variety** [vəráiəti／ヴァライエティ] 　名変化（に富むこと），多様性
☑**victory** [víktəri／ヴィクトゥリ] 　名勝利，優勝，克服，征服
☑**virus** [váirəs／ヴァイラス] 　名ビールス，ウイルス
☑**vote** [vóut／ヴォウト] 　名投票(権)，参政権／動投票する，投票によって支持する，決定する
☑**voyage** [vɔ́iidʒ／ヴォイエヂ] 　名航海，探険／動航海する，旅行する，渡る

W

☑**wage** [wéidʒ／ウェイヂ] 　名〔通例-s〕賃金，給料
☑**wander** [wándər／ワンダ] 　動ぶらぶら歩き回る，迷う，及ぶ，さまよう
☑**weave** [wíːv／ウィーヴ] 　名織り方，編み方／動織る，編む，作りあげる，まとめ上げる
☑**welfare** [wélfèər／ウェルフェア] 　名幸福，繁栄，福祉，社会福祉手当
☑**wheel** [hwíːl／(ホ)ウィール] 　名車輪，（自動車の）ハンドル，循環
☑**wisdom** [wízdəm／ウィズダム] 　名知恵，分別，見識，賢明，学問，知識
☑**worm** [wə́ːrm／ワ〜ム] 　名虫／動そろそろ動く
☑**worthy** [wə́ːrði／ワ〜ズィ] 　形立派な，価値のある